NELLY MAUCHAMP

I.R.E.S.C.O. (Institut de recherche sur les sociétés conte
Université de Paris III (Sorbonne No

LA FRANCE D'AUJOURD'HUI

C I V I L I S A T I O N

CLE INTERNATIONAL
27, rue de la Glacière - 75013 Paris

AVERTISSEMENT

La France d'aujourd'hui replace la France dans son contexte européen et offre un panorama de la société française contemporaine : organisation sociale et familiale, formation, travail, conditions de vie, loisirs, système de santé, institutions politiques, administratives et juridiques, économie.

Le texte est enrichi de documents divers : données quantitatives, articles de journaux*, sondages, dessins humoristiques et affiches publicitaires, reflets multiples et changeants d'une société qui tente de capter son image pour réfléchir sur elle-même.

Cet ouvrage s'adresse à des étudiants de niveaux moyen et avancé en français.
Sous la rubrique «Questions-Réflexions» le professeur trouvera en outre un appareil pédagogique par chapitre qui lui permettra de faire travailler ses élèves, individuellement ou en groupes, dans une perspective interculturelle.

Un lexique en fin d'ouvrage donne le sens des mots difficiles ou techniques. (Ces termes sont repérés par un *.)
Un dictionnaire de sigles et d'abréviations courantes facilitera la lecture de la presse en langue française.

* Les articles tirés de la presse apparaissent en italique dans le sommaire.
© Cle international, 1991, ISBN 2-19-033197-8

SOMMAIRE

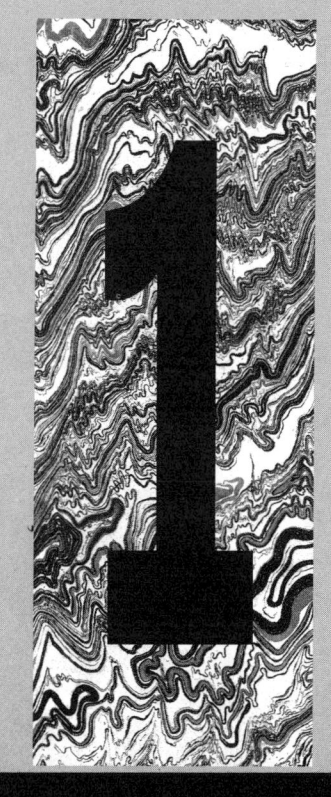

L'Europe : une affaire d'états

1

L'EUROPE EN PAIX

C'EST QUOI, DÉJÀ, LE SUJET DU JOUR ?

Aux lendemains de la Seconde Guerre mondiale, alors que la guerre froide divise le monde en deux blocs dominés à l'Ouest par les États-Unis, à l'Est par l'URSS, l'Europe occidentale veut prévenir de nouveaux conflits.
Peu à peu s'affirme l'idée, lancée par l'économiste français Jean Monnet, d'une solidarité économique et politique entre les peuples européens.

■ Les grandes dates

— En 1950, sur proposition du ministre français des Affaires Étrangères, Robert Schuman, des négociations s'engagent entre différents pays.

— En 1951, **le traité de Paris** est signé par « les Six » : France, Allemagne (RFA), Belgique, Luxembourg, Pays-Bas, Italie.

La Communauté européenne du charbon et de l'acier (CECA) organise la production européenne dans deux secteurs-clés de l'activité économique.

— En 1957, les Six élargissent leur coopération à toutes les activités économiques. **Les traités de Rome** donnent naissance à **la Communauté Économique Européenne** (CEE), ou **Marché Commun**. L'union doua-

nière est réalisée en 1968 : les droits de douane sont supprimés à l'intérieur de la Communauté.

— En 1973, l'Europe des Six devient **l'Europe des Neuf**, avec l'adhésion du Royaume-Uni, de l'Irlande et du Danemark.

— En 1981, les Neuf deviennent Dix avec l'adhésion de la Grèce.

— En 1986, la CEE est élargie à l'Espagne et au Portugal : c'est désormais **l'Europe des Douze**.

— En février 1986, tous les chefs d'État et de gouvernement des Douze signent **l'Acte Unique Européen**, qui affirme l'intégration européenne de manière irréversible.

PARIS POUR L'EUROPE

L'objectif essentiel de l'Acte unique est la création d'un grand marché intérieur unifié européen, avec libre circulation des personnes, des marchandises, des capitaux et des services.

L'Europe des Douze

	Capitale	Superficie (en milliers de km²)	Habitants (en millions)	Densité (hab./km²)
Belgique	Bruxelles	30	9,8	322
Danemark	Copenhague	43	5,1	118
Espagne	Madrid	505	38,6	76
France	Paris	551	55,5	100
Grèce	Athènes	132	10	75
Italie	Rome	301	57,1	190
Irlande	Dublin	70	3,5	50,8
Luxembourg	Luxembourg	3	0,36	139
Portugal	Lisbonne	92	10,2	111
Pays-Bas	Amsterdam	37	14,4	92,5
Allemagne	Bonn	357	79	221
Royaume-Uni	Londres	245	56,6	91,7
Europe des Douze		2 253	322,0	144

DÉCIDER
ET ARBITRER

Les États membres de la CEE gardent leur identité propre, mais ils ont des organismes de dialogue et de décision communs.

■ La Commission européenne

Elle est souvent appelée «le moteur» de la Communauté, car c'est elle qui propose la politique communautaire. Elle siège à **Bruxelles** et son président actuel est le Français Jacques Delors.

La Commission est indépendante des gouvernements. Ses dix-sept membres sont nommés pour quatre ans (renouvelables) par les gouvernements des États membres, mais ils agissent en toute indépendance vis-à-vis de leur pays d'origine. Chaque membre de la Commission est chargé de domaines particuliers, les décisions étant prises collégialement*.

La commission élabore les projets de lois européens, exécute les décisions communautaires, veille à l'application des traités, assure la gestion des finances.

■ Le Conseil européen

C'est l'élément inter-gouvernemental.

Il réunit au moins deux fois par an, dans l'une des capitales européennes, les chefs d'État ou de gouvernement des pays membres, assistés par leurs ministres des Affaires Étrangères.

Le Conseil européen a une fonction d'impulsion, de conciliation et d'arbitrage.

■ Le Conseil des ministres européens

C'est un organe de décision important. Sa composition varie selon la question à traiter. Il réunit à Bruxelles, sur proposition de la Commission, les ministres des douze pays concernés par le sujet.

Les travaux du Conseil des ministres sont préparés par des discussions entre la commission et le COREPER — le Comité des représentants permanents — qui regroupe les ambassadeurs des États membres auprès de la CEE.

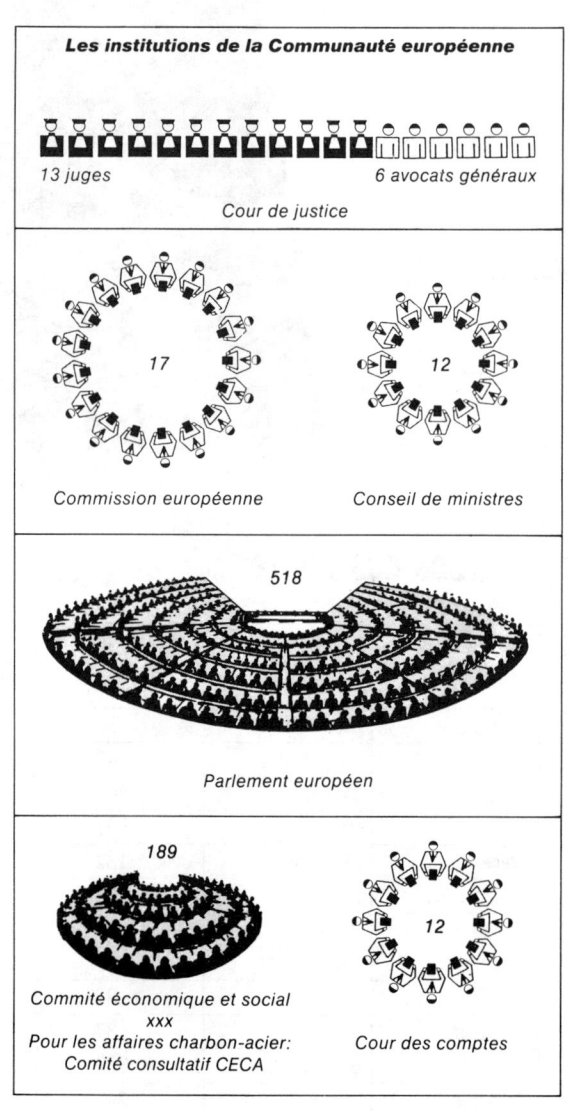

Les institutions de la Communauté européenne

13 juges — 6 avocats généraux
Cour de justice

17
Commission européenne

12
Conseil de ministres

518
Parlement européen

189
Comité économique et social
xxx
Pour les affaires charbon-acier:
Comité consultatif CECA

12
Cour des comptes

L'Europe en chiffres. 1989.

■ Le Parlement européen

C'est un organe de consultation et de contrôle. Il siège à **Strasbourg**.

Les 518 députés européens venant de tous les pays membres sont élus depuis 1979 au suffrage universel direct pour cinq ans. Ils se regroupent par tendances politiques et non par nationalités.

Le Parlement donne son avis sur les propositions de la commission, contrôle son action et dispose d'un certain pouvoir budgétaire.

■ La Cour de justice européenne

Elle est installée à **Luxembourg**, veille à l'application des traités. Elle est composée de treize juges et de six avocats, nommés pour six ans par les gouvernements des États.

Elle arbitre les éventuels conflits entre les États membres et peut juger si la législation* des différents pays est incompatible avec les traités européens.

■ Le Comité économique et social

Il émet des avis sur les propositions de la Commission. Il est composé de 189 représentants des diverses catégories de la vie économique et sociale — employeurs, travailleurs, groupes socio-professionnels.

■ La Cour des comptes européenne

Elle contrôle l'exécution du budget de la Communauté.

TREIZE SUPER-JUGES POUR LES DOUZE

À Luxembourg, la Cour de justice s'efforce de mettre l'Europe dans le droit chemin...

À coups d'arrêts, sans appel, elle construit « un nouvel ordre juridique, supranational, fondé sur une jurisprudence qui lie 320 millions de signataires des traités... »*

Les États ont parfois la tentation de lenteur à obtempérer mais, sur deux bons milliers d'arrêts rendus, la Cour n'a eu besoin de relancer la sanction par un nouvel arrêt que quatorze fois dans son histoire. Près de la moitié des affaires sont dénouées en cours de procédure et ne donnent pas lieu à arrêt.*

La réussite d'une justice européenne n'avait pourtant rien d'évident : douze pays de forte tradition juridique, et de deux inspirations opposées, le droit romain et la common law, *cohabitent sous la même toge et dans le même respect mutuel. Bien sûr, les juristes français trouvent les arrêts trop longs, les Italiens trop courts, ils souhaiteraient plus de citations, plus de doctrine. Les Allemands les voudraient plus didactiques. Les Anglais conçoivent mal des juges qui ne peuvent exprimer une opinion personnelle, voire dissidente, ils dénoncent le « Luxembourg style » et le manque d'humour. On leur répond que la forme neutre est le corollaire de la supranationalité et que la Cour ne peut apparaître divisée, elle doit asseoir son autorité. [...]*

Libération 25.5.1990

COMMENT SE PREND UNE DÉCISION DANS LA COMMUNAUTÉ EUROPÉENNE.

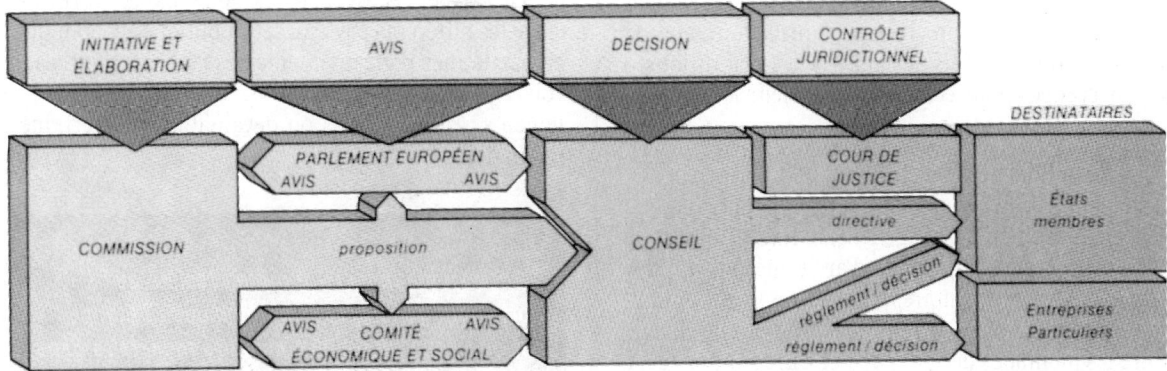

L'Europe en chiffres. 1989.

LES GRANDES RÉALISATIONS

■ La politique agricole commune

Dès 1962, les pays de la Communauté se sont efforcés de mettre en place une politique agricole commune (PAC).

L'objectif est d'assurer l'autonomie alimentaire de la CEE en modernisant l'agriculture et de garantir un niveau de vie correct aux agriculteurs.

La PAC met en application les principes suivants :

— **La libre circulation des produits agricoles** dans tous les pays de la Communauté.

— **La préférence communautaire**, qui encourage les États membres à se fournir sur le marché européen et protège les produits agricoles communautaires contre les fluctuations des cours mondiaux.

Les produits importés à bas prix de pays extérieurs sont frappés d'une taxe qui les aligne sur les prix communautaires.

Inversement, des taxes sur les exportations incitent les producteurs à approvisionner* prioritairement le marché européen. Mais des aides (« des restitutions ») sont accordées pour écouler à l'extérieur les productions excédentaires.

— **La solidarité financière**, qui doit permettre aux agriculteurs de bénéficier d'un revenu garanti. Chaque année, les ministres de l'agriculture fixent un prix de base pour certains produits. Par le mécanisme des « montants compensatoires monétaires », la Communauté intervient pour corriger les variations de change entre les monnaies des pays de la CEE, et uniformiser les prix.

L'Europe verte est effectivement devenue une grande puissance agricole — le deuxième exportateur mondial de produits agricoles — grâce à la modernisation de l'agriculture. Mais l'augmentation de la production a été telle que la CEE a accumulé des surplus de produits invendables. Pour limiter la quantité d'excédents, les ministres de l'agriculture ont dû mettre en place une politique de contrôle : les quotas* laitiers limitent strictement la quantité de lait que chaque pays a le droit de produire, et des subventions* encouragent dans certaines régions les paysans à arracher leurs vignes ou à laisser leurs terres en jachère*.

■ L'union monétaire

La solidarité monétaire européenne a été longue à mettre en œuvre. Dans un contexte d'instabilité internationale, pour tenter de maintenir une cohérence entre les monnaies européennes et favoriser les échanges à l'intérieur de la Communauté, celle-ci a d'abord créé, en 1972, « un serpent monétaire ». Il a été remplacé en 1979 par le **Système Monétaire Européen** (le SME).

Le SME repose sur un maintien des parités entre les monnaies européennes et l'instauration d'une unité de compte commune, l'**ECU** (European Currency Unit).

L'écu est une unité monétaire composée d'une quantité fixe de chacune des monnaies des différents pays membres du SME, en tenant compte du poids relatif de leur économie dans l'ensemble. La valeur de l'écu est définie chaque jour en fonction des cours du change international.

Le SME et l'écu supposent donc une concertation entre les différents pays sur leur politique économique, en particulier pour maintenir des rythmes d'inflation voisins. Ils ont nécessité à plusieurs reprises des ajustements : réévaluations ou dévaluations de certaines monnaies.

> *Le système monétaire a bien résisté au flottement généralisé des monnaies : l'Europe est une zone de relative stabilité monétaire dans le monde.*

*S*i l'écu n'est pas matérialisé par des billets et des pièces, son usage dans les transactions économiques et financières internationales ne cesse de s'accroître. De plus, les particuliers peuvent utiliser des chèques de voyage libellés en écus pour leurs vacances à l'étranger, même hors de la Communauté, acheter des titres en écus, faire des dépôts et même, dans certains pays, obtenir d'une banque un prêt en écus.

La Belgique et le Luxembourg ont été les premiers pays à autoriser l'ouverture d'un compte en écus auprès d'une banque ; depuis le 1er juillet 1990 c'est possible dans huit des douze États membres.

D'abord instrument financier, l'écu est la cinquième devise la plus utilisée dans les émissions d'emprunts obligataires* internationaux. Il s'affirme de plus en plus comme une devise internationale.

Son usage dans les transactions internationales, encore limité, gagne du terrain. L'avantage de l'écu, à la fois pour les opérateurs européens et ceux d'autres pays, est principalement sa stabilité relative supérieure à celle de la plupart des monnaies nationales. [...]

L'écu sera-t-il un jour la monnaie commune aux pays de la CEE ? Les particuliers comme les entreprises bénéficieraient alors d'une facilité d'usage nouvelle en Europe, de la stabilité de sa valeur, et on n'aurait plus besoin de changer de l'argent à chaque fois qu'on traverse une frontière.

L'Europe en chiffres. 1989

Poids des monnaies du SME dans le panier ECU (en %)

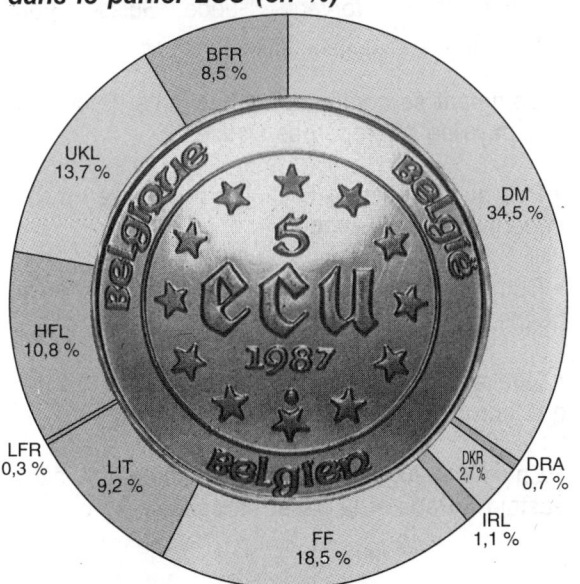

■ La coopération scientifique

Les pays européens se sont associés dans certains domaines pour réaliser des projets scientifiques et technologiques de très haut niveau.

— « **L'Europe des étoiles** » : l'Agence spatiale européenne travaille sur plusieurs programmes :
- le lanceur de satellites Ariane
- le laboratoire de station orbitale Colombus
- la navette spatiale Hermes.

— **Eureka** mobilise les industries de pointe, des centres de recherche et des universités de différents pays, dans des domaines aussi variés que la micro-informatique, l'automatisation des usines, le diagnostic des maladies, la lutte contre la pollution, etc.

— **Airbus industrie** associe les entreprises de plusieurs pays pour la construction d'avions de transport.

*L*e programme ERASMUS permet aux étudiants ressortissants d'un des douze pays de la CEE d'effectuer une partie de leurs études dans un ou plusieurs des autres États membres. Il propose même des bourses.

Plus de 1000 «programmes inter-universitaires de coopération» (PIC) existent déjà dans presque toutes les disciplines.

On peut par exemple commencer des études dans une université française, faire ensuite une année en Grande-Bretagne, puis une autre année en Espagne, et terminer dans l'université d'origine.

■ Les relations extérieures

La CEE n'a pas de politique étrangère propre mais elle cherche à coordonner les politiques des États membres.

Elle a un statut d'observateur à l'ONU et participe à de nombreuses conférences internationales.

La Communauté européenne signe des traités de commerce et de coopération avec de nombreux pays.

— **L'aide au tiers-monde** : les accords de Lomé (1984) donnent aux États ACP (Afrique, Caraïbes, Pacifique) le libre accès au marché européen pour écouler leurs produits sans droits de douane, sans limitation et sans réciprocité, c'est-à-dire qu'ils peuvent acheter des produits où ils veulent.

— **L'Europe de l'Est** est soutenue dans son processus de démocratisation par une assistance technique et financière.

4

HORIZON 92 :
UNE EUROPE SANS FRONTIÈRES

Pour réaliser son programme, l'Acte unique s'est fixé comme échéance l'horizon 1992, c'est-à-dire le 31 décembre 1992.
Le 1ᵉʳ janvier 1993, la communauté européenne deviendra le Grand Marché Européen.

■ Le marché unique

Il regroupera plus de 320 millions de consommateurs ; c'est une immense ouverture pour les économies des pays européens, mais c'est aussi une menace.

L'ouverture totale des frontières signifiera la remise en cause des marchés protégés, la nécessité d'harmoniser les normes* de fabrication. Elle aboutira à une concurrence* accrue entre les industries. Les grands groupes ont modernisé leur appareil productif en accélérant les fusions et les redistributions d'activités, mais les petites et moyennes entreprises sont inquiètes.

Les États devront harmoniser leur fiscalité, en particulier la fiscalité indirecte (la TVA).

SI JE NE PEUX PAS OUVRIR UN CABINET A BRUXELLES, JE MONTE UNE PIZZERIA A MUNICH !

■ Le citoyen européen

Il pourra s'installer dans le pays de son choix, quelle que soit sa profession. L'équivalence des diplômes universitaires sera reconnue dans tous les pays.

Actuellement, les ressortissants de la CEE peuvent travailler dans les autres pays sans autorisation de travail, mais la non-reconnaissance de certains diplômes est souvent un obstacle fondamental.

QUESTIONS-RÉFLEXIONS

• Quelles sont les différentes expressions que l'on utilise pour désigner l'unité européenne ? (CEE, etc.)

• Parmi ces pays d'Europe, quels sont ceux qui ne font pas partie de la Communauté européenne ? Angleterre, Autriche, Espagne, Finlande, Grèce, Hongrie, Italie, Norvège, Suède, Suisse, Yougoslavie.

• Comment se nomment les habitants de chacun des pays de l'Europe des Douze ?

• Pourquoi la ville de Bruxelles joue-t-elle un rôle important dans l'Europe ?

• Comment sont désignés les députés européens ?

• Quelles seront les conséquences du marché unique européen sur l'éducation et sur l'emploi ?

• En août 1990, un Italien peut-il acheter une carte postale à Paris et la payer en écus ?

Société : tel père, tel fils ?

1

DIS-MOI QUI TU ES...

La société française est souvent présentée, à juste titre, comme une société très hiérarchisée,
marquée par de fortes inégalités. Mais, pour la décrire, on peut utiliser plusieurs critères.
Les classes sociales font référence à des différences de culture et de mode de vie. Les
catégories socioprofessionnelles (CSP) prennent en compte uniquement la situation
professionnelle et les revenus.

La fin des privilèges ?

ni noble, ni clergé

Sous l'Ancien Régime*, la France était divisée en trois ordres : la noblesse, le clergé, le tiers état*. La Révolution française, en abolissant les privilèges la nuit du 4 août 1789, a transformé fondamentalement cette organisation de la société.

L'abolition des privilèges liés à l'aristocratie* a permis à la bourgeoisie de faire valoir les prétentions que lui donnait sa force économique. Le XIXᵉ siècle est marqué par l'épanouissement de la bourgeoisie : elle dirige la vie politique et économique, diffuse ses valeurs morales et sociales.

On a utilisé le terme de classes sociales pour rendre compte du nouveau clivage de la société, fondé non plus sur des catégories juridiques liées à la naissance (les ordres), mais sur des critères économiques.

La France du XIXᵉ siècle est partagée en deux grandes classes sociales : d'une part **la bourgeoisie** — la classe possédante —, d'autre part le peuple — **le**

prolétariat. Le terme de bourgeoisie englobe en fait l'ensemble de la classe dominante. La distinction entre bourgeois et nobles s'estompe en effet : ils s'unissent par les mariages, reçoivent la même éducation, partagent le même mode de vie.

La notion de classes sociales est utilisée par les sociologues pour désigner des groupes sociaux aux limites floues, caractérisés non seulement par leurs revenus, mais aussi leur niveau d'éducation, leur mode de vie, leur rapport au pouvoir et à la culture.

■ La classe dirigeante

Au sommet de la pyramide sociale, la classe dirigeante est constituée par les élites qui détiennent le pouvoir économique, politique et idéologique.

On dit parfois que la France est dominée depuis deux siècles par une caste* de 200 familles qui contrôlent à elles seules, de père en fils, les finances, la vie politique, la haute administration, la presse.

des juifs

La société française a cependant évolué au XXᵉ siè-cle, en particulier avec le développement du salariat. On englobe dans la classe dirigeante les patrons de l'industrie et du commerce, les professions libérales, mais aussi les cadres supérieurs, les hauts fonctionnaires*, les professions intellectuelles prestigieuses. *travail pour l'état les biens de familles*

Cette classe dirigeante dispose d'un patrimoine* et de revenus importants : 10 % des ménages possèdent à eux seuls 1/5 du patrimoine et perçoivent 30 % des revenus.

Mais plus encore que les privilèges financiers, ce sont les pratiques sociales et culturelles qui distinguent cette classe dirigeante. Les « nouveaux riches » ont bien du mal à se faire accepter.

> **BCBG : BON CHIC, BON GENRE**
> *Cette expression, souvent utilisée comme adjectif, qualifie un style propre à la bourgeoisie traditionnelle : un goût discret, de bonnes manières, le respect des conventions sociales.*

◼ Le monde ouvrier

En bas de l'échelle sociale se situe le monde ouvrier. On peut se demander si les ouvriers constituent encore une classe sociale, car c'est un groupe qui s'est profondément modifié et diversifié. On parle parfois d'« embourgeoisement » des ouvriers parce que beaucoup ont une voiture, sont propriétaires de leur logement, etc.

Les ouvriers sont des travailleurs manuels salariés, ayant un bas niveau de qualification. Ils travaillent dans l'industrie et le bâtiment, dans le secteur tertiaire* ou comme salariés agricoles. Leurs chances d'ascension sociale sont très faibles ; ils se marient entre eux, leurs enfants sont souvent en échec scolaire.

Mais les ouvriers ne constituent pas un groupe homogène. L'identité ouvrière a été bouleversée par l'arrivée de nouvelles populations depuis la fin de la Seconde Guerre mondiale :

• les paysans devenus ouvriers après l'exode rural des années 50 ont des traditions culturelles différentes ;

• les immigrés, qui constituent en 1986 un huitième des ouvriers, sont souvent sans qualification. La distance peut être très grande entre un immigré manœuvre* et un Français ouvrier qualifié ;

• les femmes se sont mises à travailler massivement et représentent en 1986 un cinquième de la population ouvrière, mais elles travaillent surtout dans le tertiaire.

On peut aussi relever de fortes disparités selon les branches professionnelles (dans certaines branches, les salaires sont beaucoup plus élevés que dans d'autres), selon la taille de l'entreprise (les petites entreprises ont les salaires les plus bas), ou selon le lieu géographique (les traditions ouvrières sont beaucoup plus fortes dans les grandes villes que dans les petites villes).

◼ Les classes moyennes

Les classes moyennes se sont considérablement développées au XXᵉ siècle, et en particulier depuis la Seconde Guerre mondiale. Ce terme imprécis désigne en fait les classes intermédiaires — celles qui se situent entre les classes dirigeantes et les classes populaires.

On peut distinguer deux sous-ensembles :

• **Les classes moyennes traditionnelles**

C'est « **la petite bourgeoisie** » constituée par les petits commerçants, les artisans, les paysans. Leur niveau d'instruction est souvent assez bas, leurs revenus ne sont pas toujours très élevés, mais ils se singularisent par leur statut de non-salarié : ils sont leur propre patron.

La distinction entre petits commerçants et artisans n'est pas toujours facile : elle relève du droit commercial plus que de la pratique.

— **Les petits commerçants** sont ceux qui tiennent un commerce employant deux salariés au maximum et qui sont inscrits au registre de la Chambre de commerce*. Généralement, ils habitent au-dessus de la boutique et travaillent en famille : l'épouse tient la caisse, les enfants font leur apprentissage sur le tas. Le fonds de commerce est transmis de père en fils.

— **Les artisans** sont inscrits au répertoire des métiers tenu par la Chambre des métiers* et ont au maximum cinq salariés. Ce sont souvent d'anciens salariés qui ont réussi à s'installer (ils redeviennent ouvriers si leur affaire ne marche pas). Leur femme tient généralement la comptabilité.

Très attachés à leur affaire, qui constitue leur patrimoine à la fois professionnel et personnel, les commerçants et les artisans constituent un électorat traditionaliste et conservateur qui s'est à plusieurs reprises organisé en puissant mouvement de défense de ses intérêts (le mouvement poujadiste* dans les années 50, le CID-UNATI dans les années 70).

17

— Dans cette petite bourgeoisie, il faut inclure **les dirigeants des PME** (petites et moyennes entreprises). Souvent peu diplômés, à la fois propriétaires et gestionnaires de leur entreprise, ils sont très dynamiques et s'engagent dans la vie municipale. Il est fréquent qu'ils ne transmettent pas leur affaire à leurs enfants, car ceux-ci préfèrent faire des études.

— **Les paysans**, dont le nombre a considérablement diminué depuis quarante ans, ne forment pas un groupe homogène. Seuls les gros paysans (15 % environ) — ceux qui possèdent une exploitation de plus de 100 hectares, généralement dans les régions céréalières — peuvent être considérés comme appartenant à cette petite bourgeoisie.

Les petits paysans, souvent âgés, tirent de maigres revenus de leurs exploitations familiales, vouées à l'élevage et à la polyculture*. Leur niveau de vie les rapproche plutôt des classes populaires.

• Les classes moyennes salariées

Avec l'extension de la fonction d'encadrement et du secteur public, la catégorie des classes moyennes salariées a plus que doublé en quarante ans : ce sont les cadres moyens, les techniciens, les fonctionnaires y compris les enseignants. Elles constituent ce qu'on nomme parfois une sorte de « néo-bourgeoisie* », par leurs diplômes, leur niveau de vie, leur consommation culturelle.

Mais la crise économique des années 80 a fait éclater les différents intérêts représentés au sein de cette catégorie. Les fonctionnaires bénéficient des privilèges incontestables que sont la garantie de l'emploi et l'assurance d'une retraite correcte, tandis que les cadres moyens vivent dans la menace permanente du chômage.

« L'INNÉ NARRABLE »
LA VIE EST UN LONG FLEUVE TRANQUILLE

Étienne Chatiliez, qui avait fait jusque-là de nombreux films publicitaires, réalise en 1988 son premier long-métrage, *La vie est un long fleuve tranquille*. Le film connaît un succès considérable et devient une référence lorsqu'on évoque les modes de vie et les comportements des deux pôles extrêmes de la société française :

• les Le Quesnoy, caricature de la famille bourgeoise traditionnelle et conventionnelle ;

• les Groseille, qui vivent dans des conditions proches de la misère, mais qui savent aussi s'amuser et se débrouiller dans toutes les circonstances... ce ne sont pas les principes moraux qui les en empêchent !

Chez les Le Quesnoy, tout est nickel. Chez les Groseille, tout est bordel. Étienne Chatiliez, dans un mouvement de balancier implacable, propose à notre perplexité réjouie le portrait sans retouches de deux familles nombreuses du nord de la France, là où les murs sont de brique rouge et le plafond de nuages gris.

Que peuvent avoir en commun ces gens-là ? On s'interroge. Les Le Quesnoy sont bourgeois, riches, catholiques, industrieux. *Chez eux, « le lundi, c'est raviolis ». Les Groseille sont prolos, chômeurs, athées, cossards et carburent à la Valstar. Sous les frondaisons de l'avenue du Général-Leclerc s'épanouissent cinq enfants bien élevés. Dans la HLM du Moulin-de-la-Vierge grouillent cinq moutards dessalés. Aucune chance qu'ils se rencontrent jamais. Leurs destins pourtant vont se trouver mêlés. Et même sacrément emmêlés. À cause d'une déesse ex machina d'une pernicieuse médiocrité, une petite femme frisottée et frustrée, assistante et maîtresse du médecin accoucheur local. Et qui, pour se venger de n'être pas celle qu'on épouse, va révéler à tous les intéressés un taraudant secret vieux de douze ans. Un soir de particulière exaspération, à la maternité, elle a échangé deux nouveau-nés. Momo, le plus hirsute des Groseille, est en fait un Le Quesnoy ; Bernadette, la plus coquette des Le Quesnoy, est en fait une Groseille.*

Dès ce coup de théâtre porteur de désastres désirés, le premier film d'Étienne Chatiliez prend toute sa force corrosive, devient une grande farce décapante sur l'inné et l'acquis, n'épargne rien mais respecte tout le monde, laissant entendre et voir que le vice n'est pas exempt de vertu et vice versa. [...] On rit d'abord, on pense après, chronologie idéale pour une comédie réussie. [...]

Danièle Heymann, *Le Monde*, 4.02.88

■ Et les employés ?

Les employés sont 6,8 millions en 1989 : plus d'un actif sur quatre est employé. Les employés sont d'ailleurs massivement des employées (78 %). Mais on ne sait pas trop comment les classer : ils sont mis tantôt dans les classes moyennes, tantôt avec les ouvriers.

C'est une catégorie floue qui regroupe aussi bien des employés peu qualifiés — vendeuses, personnels de services — que des « presque cadres » : comptables, secrétaires de direction.

Beaucoup ont des conditions de travail tendant à les rapprocher des ouvriers. Leur niveau de formation et de salaire est à peu près équivalent et leur emploi n'est pas plus prestigieux. Les femmes employées épousent très souvent des hommes ouvriers.

Mais les employés travaillent souvent dans des quartiers chics des grandes villes alors que les ouvriers sont dans les usines des banlieues ouvrières. Les aspirations des employés sont souvent plus proches de celles de la bourgeoisie en ce qui concerne l'éducation de leurs enfants et leur promotion sociale.

Savoir lire les statistiques

L'INSEE (Institut national de la statistique et des études économiques) a élaboré en 1954 un système de classification destiné à classer l'ensemble de la population active française en un nombre restreint de grandes catégories présentant chacune une certaine homogénéité sociale. Les catégories retenues, regroupées en six groupes socio-professionnels, résultent de plusieurs critères : le métier, le secteur d'activité, le statut juridique (employeur, salarié, travailleur indépendant), la qualification et sa place dans la hiérarchie*.

La nomenclature* a été modifiée en 1982 pour tenir compte des transformations survenues dans la structure des emplois : les CSP ont été remplacées par les PCS (professions et catégories socioprofessionnelles).

La classification de l'INSEE est celle qui est la plus utilisée dans toutes les enquêtes de l'État et de la presse. Son grand intérêt : un système de classement clair, unifié, qui permet des comparaisons entre plusieurs études effectuées à des époques différentes ou sur des thèmes différents. Ses limites : elle présume que toutes les personnes appartenant à une même profession ont des attitudes, des opinions et des intérêts proches, sans prendre en compte les comportements culturels liés aux classes sociales.

LES GRANDES CATÉGORIES SOCIOPROFESSIONNELLES en 1989 (INSEE)	
Agriculteurs exploitants	**5,19 %**
Agriculteurs sur petite exploitation	
Agriculteurs sur moyenne exploitation	
Agriculteurs sur grande exploitation	
Artisans, commerçants et chefs d'entreprise	**7,20 %**
Artisans	
Commerçants	
Chefs d'entreprise de 10 salariés ou plus	
Cadres et professions intellectuelles supérieures	**9,60 %**
Professions libérales	
Cadres de la fonction publique	
Professeurs, professions scientifiques	
Professions de l'information, des arts et des spectacles	
Cadres administratifs et commerciaux d'entreprise	
Ingénieurs et cadres techniques d'entreprise	
Professions intermédiaires	**19,30 %**
Instituteurs et assimilés	
Professions intermédiaires de la santé et du travail social	
Professions intermédiaires administratives de la fonction publique	
Professions intermédiaires administratives et commerciales d'entreprise	
Techniciens	
Contremaîtres, agents de maîtrise	
Employés	**28,60 %**
Employés civils et agents de service de la fonction publique	
Policiers et militaires	
Employés administratifs d'entreprise	
Employés de commerce	
Personnels des services directs aux particuliers	
Ouvriers	**30,20 %**
Ouvriers qualifiés de type industriel	
Ouvriers qualifiés de type artisanal	
Chauffeurs	
Ouvriers qualifiés de la manutention, du magasinage et du transport	
Ouvriers non qualifiés de type industriel	
Ouvriers non qualifiés de type artisanal	
Ouvriers agricoles	
Effectif total de la population active : 24 007 000 (chiffre incluant les demandeurs d'emploi)	

INSEE, *Données sociales*, 1990

MON GRAND-PÈRE ÉTAIT MINEUR. MON PÈRE ÉTAIT MINEUR. MON FILS SERA AU CLUB-MED.

PESSIN 19

Je rêve d'une carrière passionnante, que j'abandonnerais pour un beau mariage !

PESSIN

Les rois n'épousent pas les bergères

Les hommes politiques de la IIIᵉ République étaient convaincus que l'instauration de l'école gratuite et obligatoire pour tous allait entraîner un formidable brassage social. L'expansion économique devait permettre une meilleure répartition des richesses.

Il est vrai que depuis la Seconde Guerre mondiale les disparités* de revenus se sont considérablement réduites (l'écart est de 1 à 3,3 en 1980, alors qu'il était de 1 à 18 en 1939), le niveau de vie des ouvriers s'est beaucoup amélioré, les modes de vie sont moins différenciés qu'auparavant.

De nombreux individus ont changé de catégorie socioprofessionnelle : on peut donc dire qu'il y a eu une forte mobilité professionnelle. Mais ces transformations incontestables traduisent avant tout une mobilité structurelle, c'est-à-dire des changements dans la structure même des emplois :

— la diminution des emplois agricoles explique que de nombreux fils d'agriculteurs soient devenus ouvriers,

— le développement du secteur tertiaire a multiplié les professions intermédiaires,

— l'extension de la fonction d'encadrement a permis à des techniciens et des employés de devenir cadres,

— l'afflux de travailleurs immigrés sans qualification a rendu possible la promotion de certains ouvriers français.

En fait, si on analyse la mobilité sociale en France, on constate une incroyable stabilité du statut social d'une génération à l'autre. Tel père, tel fils... C'est pourquoi certains parlent d'une « société bloquée ».

La reproduction sociale est très forte, en particulier aux extrémités de l'échelle sociale : 1 fils d'ouvrier sur 10 seulement devient cadre, alors que sur 10 fils de cadres, 6 sont cadres comme leur père. On est souvent fonctionnaire de père en fils. C'est pour les professions intermédiaires* que la mobilité est la plus importante, les fils d'instituteurs par exemple ont plus de chances de faire des études.

L'ascension sociale passe par les diplômes : l'école joue donc un rôle important. Mais l'accès au diplôme est souvent lié au statut social : les fils d'ouvriers et d'agriculteurs sont peu nombreux à avoir le baccalauréat. Depuis sa fondation en 1900, l'École polytechnique a accueilli chaque année, sur une promotion de 300, à peine 1 % de fils d'ouvriers. Et à diplôme égal, l'origine sociale continue à jouer : les chances de réussite sont moindres pour ceux qui sont issus des milieux défavorisés parce qu'ils n'ont pas les relations familiales, le code des bonnes manières...

L'ascension sociale se réalise rarement grâce au mariage ; en général le conjoint a la même origine sociale. Les filles d'ouvriers restent dans le milieu ouvrier (elles ne sont que 6 % à vivre avec un cadre) et les filles d'agriculteurs épousent le plus souvent un agriculteur ou un ouvrier.

20

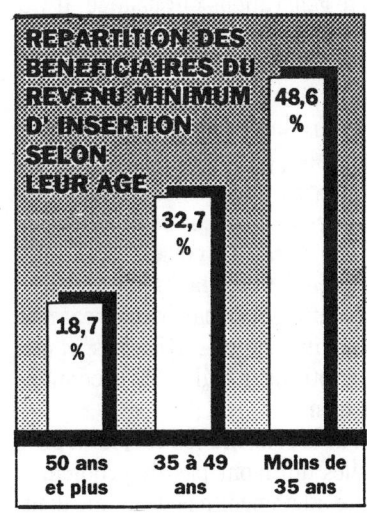

1 FRANÇAIS SUR 100 N'A RIEN A BECQUETER.

TÉL. 16 (1) 42.53.91.12

BANQUE ALIMENTAIRE

Pour la lutte contre la faim en France

Les nouveaux pauvres

Alors qu'on avait cru à une élévation générale du niveau de vie, les institutions caritatives* ont mis en évidence dans les années 1980 l'importance du phénomène de pauvreté en France. De plus en plus de gens « font la manche* » dans la rue, se pressent aux distributions gratuites de nourriture de l'Armée du Salut ou des Restaurants du cœur (fondés par Coluche en 1985). Sur 56 millions d'habitants, on estime à 300 000 ou 400 000 le nombre de personnes sans domicile fixe.

Ces personnes pauvres ne font pas partie de la population traditionnelle des clochards. Elles se sont trouvées dans des situations difficiles et n'ont pas pu être soutenues par leur entourage. Ce sont souvent des femmes abandonnées, des étrangers, des handicapés, des sortants de prisons.

En décembre 1988, la France, comme beaucoup de pays européens, a adopté le principe d'un revenu minimum pour essayer d'éviter la marginalisation ou l'exclusion totale, il s'agit d'un **revenu minimum d'insertion** (RMI) : la somme versée est temporaire et assortie d'un dispositif d'insertion* professionnelle (stage de formation, aide à la recherche d'un travail, etc.).

Cette aide peut être perçue par toute personne de plus de vingt-cinq ans, ou de moins de vingt-cinq ans avec personne à charge. Elle complète éventuellement des ressources existantes pour atteindre le minimum fixé par la loi. En 1990, un demi-million de personnes reçoivent le RMI.

REPARTITION DES BENEFICIAIRES DU REVENU MINIMUM D'INSERTION SELON LEUR AGE

50 ans et plus	35 à 49 ans	Moins de 35 ans
18,7 %	32,7 %	48,6 %

La pauvreté a changé de visage. La protection sociale a profité aux personnes âgées et aux familles nombreuses. Ce sont les jeunes qui sont le plus touchés par la pauvreté, en particulier ceux qui ont quitté le système scolaire sans qualification.

Libération, 23 novembre 1989.

21

GÉNÉRATION JEUNES

Les jeunes de 15 à 25 ans constituent généralement dans les enquêtes une catégorie spécifique. La jeunesse est une notion floue qui correspond à cette période de la vie qui fait la transition entre le statut d'enfant et celui d'adulte.

A partir de la puberté, l'enfant est un adolescent ; mais il va à l'école, il est toujours dépendant affectivement et matériellement de ses parents.

L'adulte acquiert son autonomie* en s'engageant dans la vie professionnelle, en quittant ses parents pour fonder lui-même une famille.

Or ces critères sont remis en cause par les évolutions de la société.

L'adolescence commence de plus en plus tôt et finit de plus en plus tard. Les adolescents (13-18 ans environ) ont une plus grande autonomie. Ils ont leur argent de poche, font eux-mêmes certains achats (magazines, billets de cinéma), choisissent leurs vêtements. Leur vie sexuelle est plus précoce (les enquêtes situent l'âge moyen des premiers rapports sexuels entre 16 et 17 ans).

La majorité légale est fixée à 18 ans (depuis 1974), mais avec la prolongation de la scolarisation, les difficultés à trouver un emploi stable, l'entrée sur le marché du travail est plus tardive ; les jeunes continuent donc à habiter chez leurs parents et à être dépendants financièrement (ceci quelque soit le milieu social). Entre 20 et 24 ans, plus d'un garçon sur deux et presque une fille sur deux vivent encore chez leurs parents.

Les rapports entre générations ont changé. Il y a vingt ans, les jeunes aspiraient à être indépendants pour se libérer de la tutelle* de leurs parents (« Familles ! je vous hais ! », écrivait André Gide dans *Les Nourritures terrestres*). Aujourd'hui, les relations sont plus égalitaires ; les parents sont plus tolérants, acceptent que les jeunes vivant encore sous leur toit aient leur autonomie, leur mode de vie, amènent éventuellement à la maison leur petit(e) ami(e). La cohabitation sans contraintes présente bien des avantages pour les jeunes ; ils ne sont donc pas pressés de partir et les parents qui ont des ressources financières suffisantes, et qui ont parfois peur de se retrouver seuls, s'en accommodent également très bien.

Si la prolongation de la cohabitation est plutôt bien vécue dans les familles qui n'ont pas de problèmes financiers, il n'en est évidemment pas de même dans les milieux défavorisés qui cumulent les difficultés

subies par les parents et par les enfants, offrant ainsi un terrain favorable à la délinquance*.

Il est donc hasardeux de se référer à la catégorie spécifique des « jeunes » sans tenir compte des classes sociales et des critères économiques.

On peut cependant repérer des similitudes dans les modes de vie et les loisirs des jeunes. Ils regardent moins la télévision que les adultes, écoutent plus souvent de la musique. Ils vivent beaucoup à l'extérieur de la maison, vont au café, au cinéma ou aux concerts de rock.

J'AI PAS DE BOULOT, PAS D'APPART, PAS DE NANA, À PART ÇA, ÇA VA !

MIREILLE PERRIER
UN MONDE SANS PITIÉ
ERIC ROCHANT

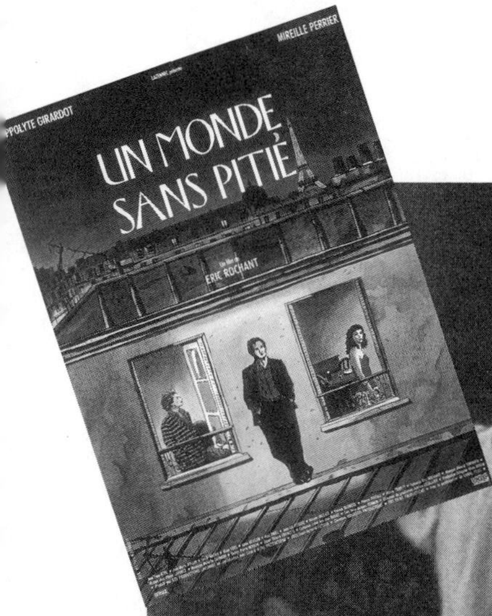

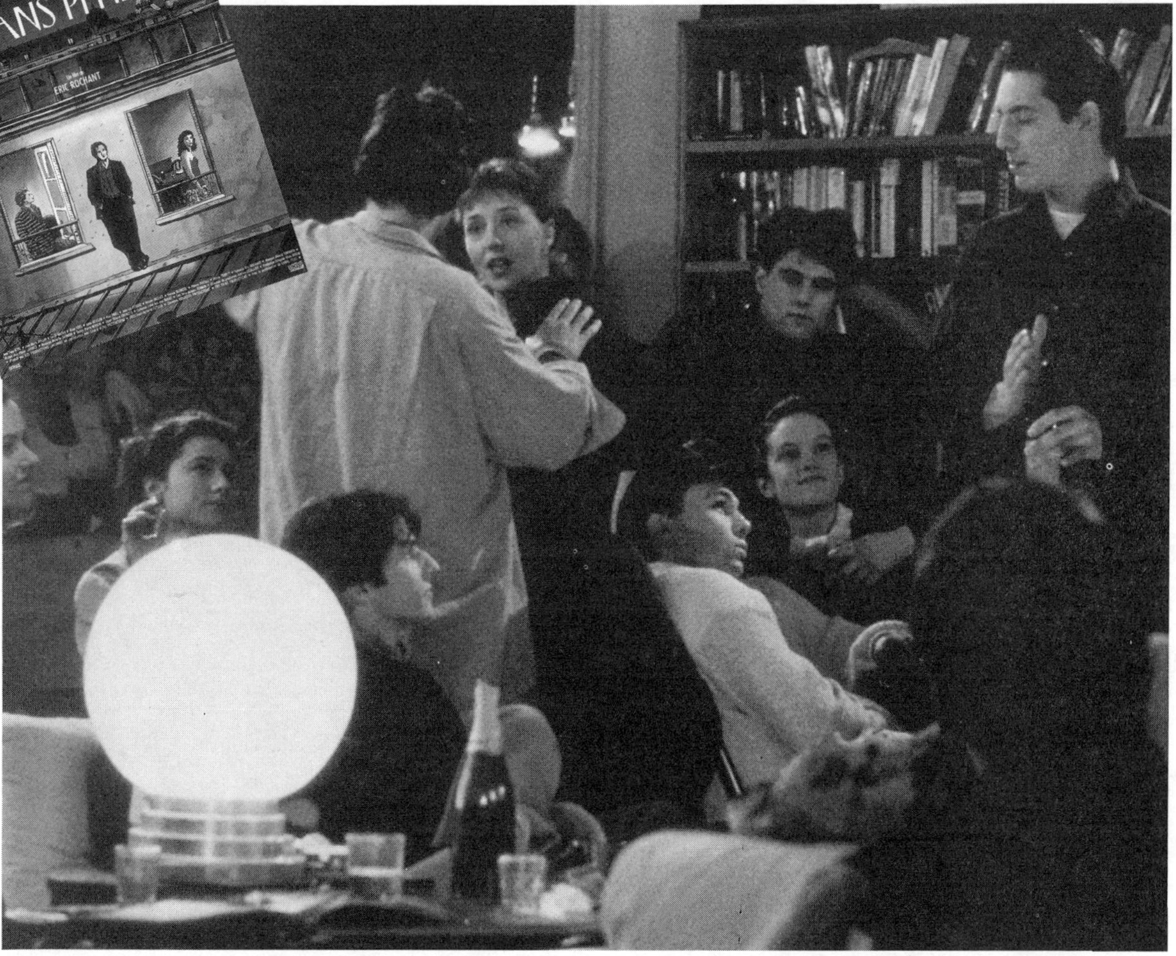

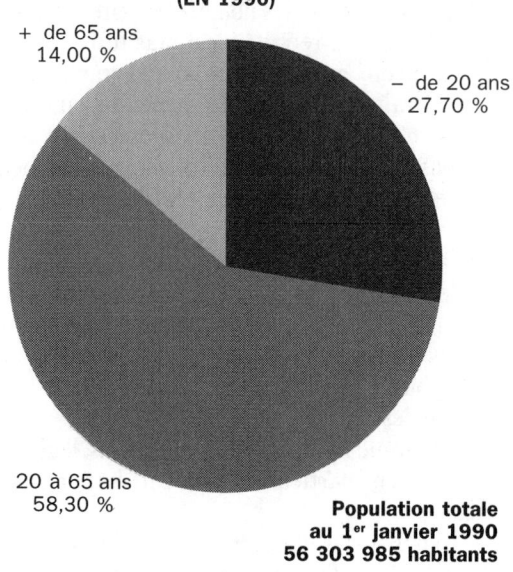

Photo du film : *Un Monde sans pitié*

MAIS QU'EST-CE QU'ILS VEULENT ?

41 % des interviewés pensent qu'il est plus facile de vivre dans le monde d'aujourd'hui que dans celui qu'ont connu leurs parents à leur âge. 40 % sont d'un avis contraire (35 % des garçons, 44 % des filles).

La société dans laquelle nous vivons est violente (81 %), raciste (71 %), avancée (57 %). 61 % des garçons affrontent l'avenir avec confiance, 38 % avec crainte. Les filles se partagent en deux moitiés égales de 49 %. 73 % de l'ensemble des interviewés pensent que l'Europe est une chance pour les jeunes.

Leur bonheur dépendra de l'intérêt pour leur travail (49 %), de l'amour (35 %), de l'argent (14 %). 74 % estiment qu'une femme doit être indépendante de son mari financièrement, mais 50 % jugent qu'il est souhaitable qu'elle interrompe son activité professionnelle pour élever ses enfants.

Les 17-20 ans ne croient pas à l'efficacité de l'action politique (65 %), syndicale (54 %). Par contre, ils plébiscitent l'action humanitaire (72 %).

Échantillon 404 jeunes 17 à 20 ans.
Sondage BVA pour Femme Pratique, *septembre 1989.*

LES GRANDS GROUPES D'ÂGE
(EN 1990)
+ de 65 ans
14,00 %
– de 20 ans
27,70 %
20 à 65 ans
58,30 %
Population totale
au 1er janvier 1990
56 303 985 habitants

3

VIEILLE FRANCE

14 % de la population française a soixante-cinq ans et plus, soit près de huit millions de personnes. On ne sait pas très bien comment les nommer : personnes âgées, troisième âge, retraités... ?

— *Voulez-vous que je vous dise ?... Nous sommes nées trop tôt !*

Pendant longtemps, retraite* était synonyme de vieillesse. Mais avec l'avancement de l'âge de la retraite à 60 ans, et les nombreuses pré-retraites prises à 55 ans, un retraité n'est plus forcément vieux. Il peut avoir encore ses parents en vie (c'est le cas d'un retraité sur trois !). Beaucoup de jeunes retraités de 60 ans sont en pleine possession de leurs moyens physiques et intellectuels et sont heureux d'arrêter de travailler pour profiter vraiment de la vie.

La retraite n'entraîne pas l'isolement. Même lorsque les familles sont dispersées, elles restent unies. Les deux tiers des personnes âgées voient leurs enfants et petits-enfants au moins une fois par semaine, notamment pour le rituel « repas de famille ». Les visites sont complétées par des coups de téléphone.

Les grands-parents gardent parfois leurs petits-enfants, en particulier pendant une partie des vacances.

Toutes sortes d'activités sont organisées pour les retraités. Près d'une personne âgée sur deux fait partie d'un club ou d'une association. Des clubs du troisième âge existent à peu près partout : ils offrent la possibilité de se retrouver pour des jeux de société, pour danser, faire du sport ou partir en excursion. Les universités du troisième âge* organisent des cycles de conférences sur des thèmes scientifiques et culturels. Les activités artistiques amateur (musique, théâtre, dessin, etc.) ont un grand succès. Les agences de voyage proposent des voyages en France et à l'étranger, en dehors des périodes les plus fréquentées, donc à tarif réduit. Les retraités peuvent également voyager seuls, en train, à prix réduit (avec la « carte vermeil »). Le troisième âge constitue donc un véritable marché en terme de consommation de loisirs.

Les revenus des personnes âgées sont généralement inférieurs à ceux des actifs, mais la période de la retraite n'est pas forcément synonyme de pauvreté.

Tout le monde a droit à une retraite grâce au système de protection sociale développé en 1945 :

— le régime de base de la Sécurité sociale* verse à tous les anciens actifs une retraite à peu près égale au montant du SMIC. Beaucoup ont également une retraite complémentaire (c'est obligatoire depuis 1972);

— les veuves* reçoivent une partie de la retraite de leur mari décédé (« une pension de reversion »),

— le Fonds national de solidarité (créé en 1956 par l'État) garantit aux personnes âgées un minimum de ressources (qui peut venir éventuellement en complément d'autres ressources) : une personne âgée sur cinq en bénéficie, en particulier des femmes seules. Car les personnes âgées sont en majorité des femmes, puisque leur espérance de vie est nettement supérieure à celle des hommes. On compte cinq fois plus de veuves que de veufs chez les plus de 60 ans, et plus des trois quarts des plus de 85 ans sont des femmes. Or les femmes âgées n'ont souvent jamais travaillé, elles ne perçoivent que la demi-retraite de leur mari.

La vie des retraités pourrait apparaître fort agréable si on ne considérait que les jeunes retraités alertes, mais la situation est difficile pour les plus vieux.

Les personnes âgées préfèrent en général vivre le plus longtemps possible chez elles. Mais lorsqu'arrive le moment où elles ne peuvent plus vivre seules, si elles n'ont pas d'enfants qui puissent les accueillir, il n'y a pas d'autre solution que la maison de retraite. Or les places disponibles dans les institutions publiques (les hospices) sont très nettement insuffisantes. Les institutions privées (les résidences du troisième âge) sont trop chères pour de modestes retraités et elles n'accueillent que les personnes valides. La situation est donc encore plus dramatique pour les personnes âgées « dépendantes » qui nécessitent des soins médicaux et une assistance permanente. 6 % seulement des personnes âgées vivent dans des institutions.

Comme dans la plupart des pays industrialisés l'allongement de la durée de vie en France est considéré comme un grand progrès. Mais deux problèmes majeurs se posent :

— si les inactifs deviennent plus nombreux que les actifs, qui alimentera les caisses de retraite pour financer les retraites des personnes âgées ?

— comment prendre en charge correctement les personnes très âgées ?

À PARTIR DE QUEL ÂGE EST-ON VIEUX ?

Les plus de 50 ans ne craignent guère la vieillesse. « Selon vous, en règle générale, à partir de quel âge commence-t-on à être vieux ? » Pour 52 %, il n'y a pas d'âge. Pour les 44 % qui citent un chiffre, l'âge moyen est de 68 ans.

Le fait que « de nos jours, avec la mise à la retraite ou en pré-retraite, on arrête son activité professionnelle de plus en plus jeune » est « plutôt une bonne chose, car cela permet de profiter vraiment de sa retraite » pour 56 % des personnes interrogées, « plutôt une mauvaise chose, car c'est pour la société un gâchis d'énergie et d'expérience » pour 37 % d'entre eux. Cette dernière opinion est cependant majoritaire chez les 75 ans et plus. Pour bien vivre leur vieillesse, les hommes comptent beaucoup sur leur conjoint (61 %), mais pas les femmes (33 %). Les femmes comptent surtout sur leurs enfants (41 %) ou... sur personne.

Sondage SOFRES pour *Le Nouvel Observateur* et Antenne 2, 25 mars - 2 avril 1988.

Les plus de 85 ans sont 700 000 en 1990 et on estime qu'ils seront un million en l'an 2000.

"C'est Mamie!"

Les Etats-Unis. Un coup de fil et vous y êtes.

Enfants et grand-mères ont toujours parlé un langage bien à eux. Ils semblent connaître l'un sur l'autre plein de choses que nous ignorons. Alors, même s'ils vivent sur des continents différents, c'est vraiment bon de savoir qu'ils peuvent se retrouver au téléphone.

Avec AT&T et France Télécom, leaders mondiaux des télécommunications, les lignes entre la France et les Etats-Unis sont ouvertes à tous. Pour un prix bien moindre que vous ne le pensez, le téléphone peut vous rapprocher de ceux qui vous sont chers aux Etats-Unis.

AT&T

FRANCE TELECOM

4

LES ÉTRANGERS : LE MELTING POTES

La politique française en matière d'immigration a connu une rupture spectaculaire en 1974 : avec la crise économique, la France a fermé ses frontières aux étrangers (excepté les ressortissants* des pays du Marché commun). En 1977, elle a même institué une « aide au retour » (financière) pour les étrangers qui acceptaient de rentrer dans leur pays. Cette crise économique a eu pour conséquence le développement, dans certaines couches de la population, de sentiments xénophobes à l'égard des étrangers, accusés de « prendre le travail des Français ».

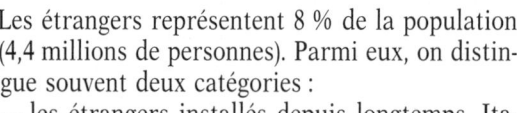

Je fais rien qu'à être black.

Les étrangers représentent 8 % de la population (4,4 millions de personnes). Parmi eux, on distingue souvent deux catégories :
— les étrangers installés depuis longtemps, Italiens, Polonais et Espagnols par exemple : ils sont souvent bien intégrés.
— « les immigrés », Portugais et Maghrébins (algériens ou marocains), auxquels l'économie française a fait appel à partir des années 60, alors qu'elle était en pleine expansion.
Les Asiatiques constituent une population à part ; ce sont les *boat-people* que la France a accueillis massivement pour des raisons politiques.
Officiellement, la France n'accueille plus de nouveaux immigrants depuis 1974, sauf pour des cas particuliers : regroupement de familles, personnes susceptibles d'obtenir le statut de réfugié politique, spécialistes dont le pays a besoin. Une immigration clandestine a cependant continué.
Lorsque la gauche est arrivée au pouvoir en 1981, elle a lancé une opération exceptionnelle de régularisation des travailleurs étrangers clandestins vivant à cette date en France et pouvant prouver qu'ils occupaient un emploi stable.
En 1983, le gouvernement a créé, pour tous les étrangers en situation légale, un titre unique de séjour et de travail valable dix ans, renouvelable automatiquement, leur permettant d'exercer la profession de leur choix. Mais le contrôle des frontières a été renforcé, et le travail clandestin est sévèrement réprimé.
Un étranger de plus de seize ans ne peut pas séjourner en France plus de trois mois sans posséder une carte de séjour.

TOUCHE PAS A MON POTE SOS racisme

Les immigrés d'Europe représentent la majorité de l'immigration en France.
Part des immigrés par zone d'origine et période d'arrivée.

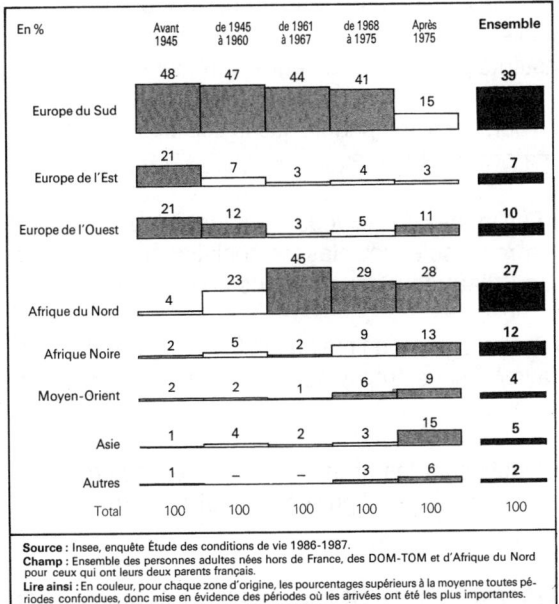

En %	Avant 1945	de 1945 à 1960	de 1961 à 1967	de 1968 à 1975	Après 1975	Ensemble
Europe du Sud	48	47	44	41	15	39
Europe de l'Est	21	7	3	4	3	7
Europe de l'Ouest	21	12	3	5	11	10
Afrique du Nord	4	23	45	29	28	27
Afrique Noire	2	5	2	9	13	12
Moyen-Orient	2	2	1	6	9	4
Asie	1	4	2	3	15	5
Autres	1	–	–	3	6	2
Total	100	100	100	100	100	100

Source : Insee, enquête Étude des conditions de vie 1986-1987.
Champ : Ensemble des personnes adultes nées hors de France, des DOM-TOM et d'Afrique du Nord pour ceux qui ont leurs deux parents français.
Lire ainsi : En couleur, pour chaque zone d'origine, les pourcentages supérieurs à la moyenne toutes périodes confondues, donc mise en évidence des périodes où les arrivées ont été les plus importantes.

INSEE, *Données sociales*, 1990.

■ Travailler

C'est dans les grandes villes qu'il y a le plus d'étrangers (Paris, Marseille).

En 1988, 57 % des actifs étrangers sont ouvriers. Les hommes sont très nombreux dans les métiers du bâtiment ou de l'industrie (l'industrie automobile en particulier). Les femmes travaillent fréquemment comme femmes de ménage, concierges, ou agents de service vacataires dans des secteurs dépendant de l'État (hôpitaux, établissements scolaires).

Les étrangers sont plus touchés par le chômage que les Français.

Peu d'entre eux (un tiers) parviennent à sortir de leur condition de vie très modeste. En revanche, leurs enfants — la seconde génération — sont plus nombreux à accéder à une situation sociale meilleure.

■ Être respecté

Les étrangers, lorsqu'ils sont résidents en France, ont les mêmes droits que les Français sur différents plans : scolarisation* des enfants, prestations sociales*, droit de se syndiquer ou d'adhérer à une association. Mais ils ne peuvent pas être fonctionnaires, et ils n'ont pas de droits civiques*, en particulier le droit de vote, ce qui fait l'objet d'une vaste controverse* dans les débats politiques.

Il existe depuis 1972 une loi qui interdit et punit toute discrimination* et toute forme de racisme. Si une discrimination contre un étranger est constatée dans un lieu public, ou bien du fait d'un employeur, ou d'un propriétaire d'appartement par exemple, des actions peuvent être engagées soit par les victimes, soit par une association.

Il existe en effet plusieurs associations très actives dans la lutte contre le racisme :
— la Ligue des droits de l'homme
— Le MRAP : Mouvement contre le racisme et pour l'amitié entre les peuples
— La LICRA : Ligue internationale contre le racisme et l'antisémitisme
— SOS Racisme : la dernière née, la plus implantée chez les jeunes avec son slogan « Touche pas à mon pote ».

LES RÉFUGIÉS POLITIQUES

Ils constituent un cas particulier parmi les étrangers. Une carte de résident leur est automatiquement attribuée.

Le statut *de réfugié politique est défini par la Convention de Genève : le droit d'asile* *est accordé pour permettre d'échapper aux persécutions subies pour des raisons politiques ou religieuses.*

L'OFPRA (Office français de protection des réfugiés et apatrides) reçoit et examine les demandes, et rejette celles qui lui paraissent relever de motifs économiques (57 % de refus sur 29 000 demandes en 1986). Au 31 décembre 1986, la France accueillait 177 678 réfugiés politiques dont :

— 52 303 originaires d'Europe (par ordre décroissant : Polonais, Arméniens, Russes, Yougoslaves, Roumains);

— 104 394 Asiatiques (Vietnamiens, Cambodgiens, Laotiens);

— 11 394 originaires d'Amérique (dont 8 032 d'Amérique du Sud et d'Amérique centrale);

— 9 077 Africains.

Source : *Quid 1989.*

■ S'intégrer

Les principes révolutionnaires de 1789 défendaient l'idée d'homme universel. La France considérait que l'intégration des étrangers sur son sol devait se faire par assimilation, c'est-à-dire par abandon des particularismes culturels des pays d'origine.

La plupart des étrangers qui s'installaient en France étaient européens. Ils se référaient aux mêmes valeurs judéo-chrétiennes* que les Français de souche*, apprenaient la langue française et s'intégraient rapidement par l'école, le service militaire. En une ou deux générations, seuls le nom de famille et quelques traditions familiales rappelaient l'origine étrangère.

Mais l'assimilation est moins facile pour les étrangers qui viennent d'Afrique du Nord et d'Afrique noire. Les différences culturelles sont plus marquées. L'importance de la population de religion musulmane nécessite que soit engagé dans la société française d'aujourd'hui un débat sur « le droit à la différence ».

■ Devenir français ?

100 000 personnes deviennent françaises chaque année. Le code français reconnaît la double nationalité.

La nationalité française peut être acquise de différentes façons :

— par une demande de naturalisation. (Près de 60 000 naturalisations en 1989.)

— par mariage : après six mois de mariage avec un Français ou une Française, une demande peut être faite, mais elle n'est pas obligatoirement acceptée. (Les mariages mixtes représentent 6,9 % du total des mariages.)

Les enfants de couples mixtes sont français par application du droit de sang.

— Par réintégration* : les étrangers nés dans une ancienne colonie française peuvent demander à retrouver la nationalité française, qu'ils ont perdue lorsque leur pays est devenu indépendant.

— Les enfants d'étrangers nés en France, et qui y résident entre 13 et 18 ans, ont la possibilité de devenir Français à leur majorité. C'est le cas de nombreux enfants d'immigrés que l'on appelle « la seconde génération » (les jeunes Arabes de la seconde génération se sont donné le nom de « Beurs »).

QUESTIONS-RÉFLEXIONS

• À quelle catégorie socioprofessionnelle (CSP) et à quelle classe sociale peut-on rattacher ces métiers : instituteur - avocat - facteur - plombier - boulanger ?

• Pourquoi dit-on parfois que la société française est une société bloquée ?

• Les modes de vie vous semblent-ils radicalement différents selon les classes sociales en France ? et dans d'autres pays que vous connaissez ?

• À quel âge est-on majeur en France ? Et dans votre pays ? Est-ce trop vieux ? trop jeune ? Expliquez pourquoi.

• Quels sont les titres de séjour nécessaires à un étranger pour qu'il puisse s'installer et travailler en France ?

Recensement : l'INSEE refait le compte des âmes
« Pour l'INSEE, le recensement ne sert pas simplement à compter le nombre des Français (...), c'est surtout une base de données incomparable sur l'état de la société : comment vivent les gens, où, comment travaillent-ils, comment ils migrent d'une région à l'autre. (...) Le recensement est obligatoire. (...)
Recenser ou pas, un débat qui revient tous les huit ans en France. Pro et anti-recensement s'affrontent cycliquement. Les premiers mettent en avant l'utilité publique : l'opération permet, en évaluant les besoins, de prévoir des politiques économiques et sociales. Sa confidentialité est aussi mise en avant. Les adversaires de la « mise en fiche » tirent argument de sa fiabilité relative et insistent sur les risques d'utilisation abusive des fichiers. (...) »

Libération, 17 février 1990.

• Organisez un débat présentant les avantages et les inconvénients du recensement :
Pour : un outil pour les chercheurs en sciences sociales, et pour différentes administrations.
Contre : les craintes que peuvent avoir certaines personnes d'être fichées.

À RETENIR - À RETENIR - À RETENIR

les bourgeois	la seconde génération
les cols bleus	les mariages mixtes
les cols blancs	les nouveaux pauvres
la mobilité sociale	faire la manche

TABLEAUX DE FAMILLE

1 SCÈNES DE LA VIE CONJUGALE

Autrefois, en particulier à la campagne, plusieurs générations vivaient sous le même toit : les époux et leurs enfants, leurs parents et souvent aussi leurs grands-parents. Dans ce système de cohabitation, il était évidemment impensable d'épouser quelqu'un qui ne soit pas admis par la famille. Les mariages étaient donc généralement « arrangés » par les parents des jeunes gens.

La première moitié du XXᵉ siècle a été marquée par la disparition de « la famille élargie ».

VOILÀ, Y'A PLUS QU'À ATTENDRE QUE ÇA SE DÉGRADE.

La famille s'est réduite aujourd'hui à ce qu'on appelle **la famille nucléaire**, composée uniquement des époux (qui se choisissent librement) et de leurs enfants.

C'est le modèle familial prédominant, celui que l'on qualifie de « modèle traditionnel de la famille ».

On oppose souvent le couple « moderne » au couple « traditionnel ».

Dans le couple traditionnel, — le cas de figure le plus courant chez les plus de 50 ans — la femme ne travaille pas, elle est « femme au foyer », s'occupe de la maison ; le mari qui travaille à l'extérieur et gagne l'argent du ménage ne fait rien à la maison, si

ce n'est éventuellement un peu de bricolage, considéré comme une activité virile. La femme s'occupe de l'éducation des enfants ; le père intervient dans les cas graves de désobéissance, car c'est lui qui représente l'autorité.

Le couple moderne est conçu différemment. Le développement du travail féminin, et sans doute aussi la prise de conscience suscitée par les mouvements féministes des années 70, ont rendu les rapports plus égalitaires dans le couple, où les décisions sont désormais prises en commun dans de nombreux domaines.

Depuis la fin des années 60, la société française, comme la plupart des pays occidentaux, a connu de profondes mutations* et une diversification* des modèles familiaux : diminution du nombre des mariages, progression de l'union libre, multiplication des divorces, baisse du nombre d'enfants (mais dans le même temps augmentation du nombre des naissances hors mariage), développement des familles « monoparentales » et des familles « recomposées », accroissement* du nombre des personnes vivant seules.

MAIS QU'EST-CE QU'UN COUPLE ?

Le couple est parfois difficile à définir...
« Non seulement le couple associe de plus en plus souvent deux personnes qui ne sont pas mariées ensemble, mais il n'est pas forcément synonyme de ''cohabitation'', c'est-à-dire de corésidence : 7 à 8 % des couples non mariés au moment de l'enquête avaient conservé deux résidences, et 2 à 3 % des couples mariés. »
(Enquête effectuée par l'INED en janvier 1986.)

30

Les nouveaux couples

Après être resté stable pendant 200 ans, le nombre de mariages a baissé de 25 % entre 1972 et 1982 ; et beaucoup de mariages sont en fait des remariages (plus de 16 % en 1987).

On explique ce phénomène par la libéralisation des mœurs et la généralisation de la contraception : les relations sexuelles hors mariage sont généralement admises, il n'y a plus de mariage « obligé » par convenance sociale lorsqu'une jeune fille est enceinte.

En 1988, pour la première fois depuis 1972, on constate une légère augmentation des mariages (2,2 % de plus qu'en 1987). Cette légère remontée traduit-elle l'amorce d'un changement durable d'attitude vis-à-vis du mariage, un retour aux traditions ? Il est encore trop tôt pour le dire.

■ On se marie plus tard

L'âge légal du mariage est fixé à 18 ans (l'âge de la majorité) et les filles peuvent se marier à 15 ans avec le consentement des parents. Mais les jeunes se marient de plus en plus tard : un homme se marie en moyenne à 27 ans, une femme à 25 ans, et un peu plus tard encore en région parisienne.

La moitié des couples qui se marient ont vécu ensemble avant le mariage. On constate que la cohabitation juvénile constitue pour beaucoup un nouveau modèle de fiançailles ou de « mariage à l'essai ». Dans bien des cas, elle se termine par un passage devant le maire lorsque le jeune couple désire ou attend un enfant.

LES CONDITIONS POUR SE MARIER

— Le mariage n'est possible... qu'entre un homme et une femme !
— Les jeunes filles doivent avoir au minimum 15 ans, et les jeunes hommes 18 ans.
— Les mineurs* doivent avoir l'autorisation de leurs parents.
— Les veufs et les divorcés doivent respecter un délai de trois cents jours pour se remarier.
— Des démarches doivent être faites auprès de la mairie* deux mois avant la date du mariage. Une visite médicale est obligatoire.
— Il est interdit de se marier avec ses ascendants* et descendants*, ainsi que leurs conjoints*, mais il est également interdit d'épouser son oncle, sa tante ou son neveu.
— La polygamie* est interdite.

LE NOM DE LA FEMME MARIÉE

Après son mariage, une femme peut choisir de garder son nom de jeune fille ou se faire appeler par le nom de son mari.
L'usage voulait que, la plupart du temps, les femmes prennent le nom de leur mari. Mais il est de plus en plus courant que des femmes conservent leur propre nom, notamment pour des raisons professionnelles.
Elles peuvent aussi accoler les deux noms (Françoise Durand-Jardin).
De toutes façons, le nom légal d'une femme reste toute sa vie celui qu'elle a reçu à sa naissance.
Les enfants ne peuvent porter qu'un seul nom, le nom du père si les parents sont mariés ; ils ne peuvent pas porter un double nom.

RÉGIMES MATRIMONIAUX

— S'il n'y a pas de contrat de mariage effectué chez un notaire*, le régime légal s'applique : «la communauté de biens réduite aux acquêts». Les biens communs (les acquêts) sont ceux acquis à titre onéreux* pendant le mariage. Chaque époux peut gérer comme il veut ses biens propres, y compris ceux qui lui sont légués* pendant le mariage.
— Le régime de communauté : tous les biens sont mis en commun. Chaque époux est solidaire des dettes* de l'autre.
— La séparation de biens : les biens sont distincts et gérés par chaque époux comme il l'entend.
Quel que soit le régime choisi, les deux conjoints sont tenus de participer aux dépenses liées à l'entretien du ménage et aux enfants, et ils sont solidaires pour le paiement de l'impôt.

■ On divorce plus facilement

Auparavant on se mariait pour la vie, « pour le meilleur et pour le pire ». Le divorce a été instauré sous la Révolution (en 1792), aboli par la Restauration en 1816, puis rétabli par la IIIe République en 1884. Mais l'église catholique considérait le mariage comme un lien indissoluble et la morale dominante désapprouvait fortement le divorce jusque dans les années 60.

La situation a considérablement changé puisque actuellement un mariage sur trois se termine par un divorce (un sur deux à Paris). La présence ou non d'enfants ne semble pas avoir d'incidence sur la fréquence des divorces. Ce sont les femmes qui demandent le plus souvent le divorce.

« On se contentait jadis d'une harmonie partielle. Aujourd'hui, on attend du couple une réussite parfaite dans tous les domaines : affectif, sexuel, matériel. Souvent, rien n'est fait pour sauver une union branlante. Au nom de l'authenticité, on se sépare » (Louis Roussel - INED).

Certains couples divorcés restent d'ailleurs en bons termes et continuent à se voir en amis.

Les dispositions légales du divorce

La loi de 1975 a considérablement libéralisé la procédure en instituant la possibilité du divorce par consentement mutuel.

• Le divorce peut être demandé dans trois cas :
— par consentement mutuel, soit sur demande conjointe des époux, soit sur demande de l'un des époux, avec acceptation par l'autre (51,5 % des jugements en 1984)
— par rupture de la vie commune, lorsque les époux vivent séparés de fait depuis 6 ans, ou lorsque l'un des époux souffre d'une maladie mentale grave depuis 6 ans.
— pour faute, lorsque l'un des époux a été condamné à une peine infamante ou bien lorsqu'on peut reprocher à l'un des époux « des faits constituant une violation grave ou renouvelée des devoirs et obligations du mariage » — adultère, insultes, ivrognerie, refus de relations sexuelles... (47,3 % des cas).

C'est un magistrat spécialisé, **le juge aux affaires matrimoniales**, qui suit le dossier, statue sur la garde des enfants, le droit de visite, la pension alimentaire.

La loi oblige à prendre un avocat. (Les époux qui demandent le divorce conjointement peuvent prendre un seul avocat.)

• Les obligations financières. Le jugement de divorce prévoit généralement une pension alimentaire versée pour les enfants par l'époux qui n'en a pas la garde, en fonction de ses ressources. (Mais les pensions alimentaires restent trop souvent impayées.)

Il alloue parfois une prestation compensatoire à l'un des époux — une pension destinée à compenser la baisse du niveau de vie entraînée par la rupture du mariage — mais c'est assez rare (environ 8 % des cas).

• La garde des enfants. Dans 85 % des cas, la garde des enfants est confiée à la mère. Mais elle peut aussi être confiée au père (9,3 %), à une tierce personne (1,75 %) ou bien encore aux deux parents (5 %) : c'est le système de la « garde conjointe » qui permet aux deux parents de déterminer eux-mêmes les conditions de l'exercice parental. La « garde alternée » n'est pas reconnue par la loi, mais c'est une pratique qui se développe : les enfants vivent tantôt chez leur mère, tantôt chez leur père.

■ Unions libres

Ce n'est pas parce que les Français se marient moins que le couple est en perdition*. Beaucoup vivent en couple sans être mariés. Ce qu'on appelait le concubinage* jusque dans les années 60 — terme à connotation péjorative — est désormais devenu une situation banale : **l'union libre** ou **la cohabitation**.

En 1968, on comptait seulement 2,8 % de couples non mariés ; en 1987, la proportion est de 10 % pour l'ensemble de la population, atteignant 20 % pour les moins de trente-cinq ans et 50 % pour les moins de vingt-cinq ans habitant la région parisienne.

L'union libre* est en augmentation dans toutes les catégories sociales. Elle est cependant beaucoup plus répandue dans les milieux favorisés (cadres et professions intellectuelles) et dans les grandes villes (dans la région parisienne, 45 % des jeunes couples sans enfants ne sont pas mariés). Elle est moins répandue dans les zones rurales et dans les milieux catholiques où la norme sociale reste plus traditionnelle.

Ce n'est pas seulement un mariage à l'essai, mais un mode de vie qui peut être de longue durée. La naissance d'un ou plusieurs enfants ne conduit pas forcément un couple à se marier : en 1981, un couple « illégitime » sur quatre a un ou plusieurs enfants.

La législation* a évolué et donne aux concubins pratiquement les mêmes droits qu'aux couples mariés. Elle est même souvent avantageuse sur le plan fiscal* pour ceux qui ont des enfants.

PRISE DE DÉCISION
ET DE PARTAGE DES TÂCHES
AU SEIN DU COUPLE

En %

Réponses de la femme		Prépondérance masculine *"Toujours mon mari" ou "mon mari plus que moi"*	Égalitarisme *"Mon mari et moi égalitairement"*	Prépondérance féminine *"Toujours moi" ou "moi plus que mon mari"*	Total en %
Qui effectue	- les petites réparations	84	7	9	100
	- le lavage de la voiture	74	14	12	100
Qui décide	- du choix entre plusieurs situations pour votre mari	72	26	2	100
Qui effectue	- la déclaration de revenus	63	11	26	100
Qui effectue	- les achats de vêtements pour votre mari	21	50	29	100
Qui décide	- des lectures communes	18	62	20	100
	- du lieu de vacances	10	78	12	100
	- du choix d'un appartement	11	78	11	100
	- du choix des amis	5	90	5	100
	- des décisions à prendre pour les enfants	5	73	22	100
	- des aménagements à apporter au logement	9	61	30	100
Qui effectue	- les visites dans les magasins pour l'achat d'électroménager	6	58	36	100
Qui décide	- de l'achat d'un appareil électroménager	8	53	39	100
Qui effectue	- la gestion du budget	21	33	46	100
Qui décide	- si la femme doit travailler ou non	10	38	52	100
Qui décide	- des achats du mois	3	29	68	100
Qui effectue	-les préparatifs pour l'invitation de parents ou amis	2	32	66	100
	- les correspondances pour les fêtes	13	20	67	100
	- les courses courantes	6	21	73	100
	- les achats de vêtements pour vous	1	25	74	100
	- la vaisselle	4	19	81	100
	- les achats de vêtements pour les enfants	1	18	77	100
	- le nettoyage des sols	3	11	86	100
	- la préparation des repas	2	10	88	100

Source : INSEE, enquête Budget de famille 1979 sur 5 252 couples.

INSEE, *Données sociales* 1987.

Plutôt seul(e) que mal accompagné(e)

J'ai aimé Marc, adoré Pascal, détesté Jean-Charles, épousé Frédéric, largué Frédéric, rencontré Thomas, avant de prendre un studio toute seule.

Lee Cooper

On finit toujours par se trouver.

Il y a aujourd'hui 18 millions de Français qui vivent seuls, soit 35 % de l'ensemble de la population.

Le phénomène est particulièrement important dans les grandes villes. À Paris, un ménage sur deux est une personne seule...

Parmi ces personnes seules, il y a bien sûr les personnes âgées, souvent des veuves. Mais il y a aussi beaucoup de célibataires et de divorcés, pour lesquels la vie solitaire est plus ou moins choisie ou subie.

Les hommes et les femmes célibataires sont à peu près en nombre équivalent, mais ils n'appartiennent pas aux mêmes catégories sociales. Les hommes célibataires sont plus souvent de milieu modeste, avec un faible niveau d'instruction. Les petits paysans, notamment, ont du mal à trouver une épouse. Pour les femmes, ce sont au contraire les femmes diplômées qui vivent moins souvent en couple que celles ayant un bas niveau de qualification. Mais on peut supposer que c'est parce que leur situation matérielle leur permet de vivre seules si elles le souhaitent.

En fait, étant donné la fragilité des couples, de plus en plus de gens alternent dans leur vie des périodes de vie en couple et des périodes de vie sans conjoint, avec ou sans enfant.

LE BONHEUR CÉLIBATAIRE

« On ne se marie plus, on ne cohabite plus sans aimer (...) On choisit le célibat moins par "souci de soi", par assomption triomphante du "moi" que par attente profonde d'une "vraie" rencontre avec autrui », constate Gilles Lipovetski.

Le célibat, un art de vivre ? Sans aucun doute, mais à moitié subi : 38 % seulement des célibataires ont vraiment choisi leur condition. Les autres (45 %) la vivent plutôt comme une attente. Quelques petites histoires de cœur, quelques petites aventures nocturnes... Le JCU (jeune célibataire urbain), lucide, n'en attend pas grand-chose. Il se réconforte lui-même. Il constitue 70 % des habitués des clubs de gym. Tout ce qui est facile à consommer et luxueux lui convient parfaitement : il prend soin de lui-même, le moral ne doit pas craquer. « Le matin, je prends le temps de me dorloter, raconte Anne Maton, 31 ans, je me prépare souvent des œufs saucisses (qui empestent), je me trimbale avec un masque sur la tête et sur les cheveux, je passe des coups de fil glousseurs à mes copines... Un véritable auto-embaumement. »

Rarement à la maison, les JCU ne font pas la cuisine. Ils grignotent ou se réchauffent de bons petits plats surgelés que les industriels ont pris soin de leur concocter. Les JCU ne sont pas la catégorie de la population la plus nombreuse, mais ils constituent un marché à fort potentiel, au mode de consommation très spécifique. Selon Joelle Bavais, de l'Institut français de démoscopie, « ce sont des gens qui gèrent leur budget sans beaucoup de rigueur ». Les JCU consomment au coup de cœur. Normal, ils veulent plaire et se plaire. La consommation vestimentaire annuelle des célibataires est de 4 500 francs contre 2 500 pour la moyenne des Français. « Chez eux, poursuit Joelle Bavais, certains postes budgétaires sont largement plus importants que la moyenne : le restaurant, les accessoires, la presse, les week-ends, les vacances. » Ce qui est sympathique chez les JCU, c'est qu'ils sacrifient volontiers le nécessaire au superflu. Ils sont sous-équipés en électro-ménager, lave-linge, aspirateur et presse-purée : ils préfèrent acheter un magnétoscope ou une caméra vidéo.

Globe, février 1990.

LORSQUE L'ENFANT PARAÎT

Est-ce que j'ai une tête
de mesure gouvernementale.

LA FRANCE
A BESOIN
D'ENFANTS.

CAMPAGNE RÉALISÉE PAR AVENIR . DAUPHIN . GIRAUDY

■ Un, deux... trois ? On verra

La France pratique le contrôle des naissances depuis longtemps. Après une baisse continue de la natalité, il y a eu ce qu'on a appelé le « baby-boom » des années 1945-50.

Mais, depuis 1950 et surtout depuis 1963, le taux* de natalité n'a quasiment pas cessé de chuter à nouveau (avec cependant un léger redressement depuis 1984).

L'indice de fécondité* des femmes en âge d'avoir des enfants (de 15 à 49 ans) est légèrement inférieur à deux enfants par femme (1,8 en 1989), le taux de fécondité maximum se situant entre 25 et 30 ans.

Grâce aux progrès et à la généralisation de la contraception, les naissances d'enfants non désirés sont devenues rares.

Il y a en fait assez peu de familles sans enfant. Le schéma le plus courant est la famille comprenant un ou deux enfants. Pour des raisons financières et matérielles, rares sont les familles de trois enfants : un troisième enfant suppose en effet un appartement nettement plus grand et pose des problèmes aux femmes qui veulent poursuivre leur activité professionnelle (en 1987, 66 % des mères de deux enfants travaillent, alors que 36 % seulement des mères de trois enfants continuent à avoir un emploi).

Les familles nombreuses ont quasiment disparu. En 1982, il n'y a que 2,6 % de familles ayant quatre enfants et plus. Ce sont surtout des familles d'origine étrangère (40 %) ou bien des familles qui sont dans des situations matérielles et sociales très difficiles.

Ce n'est pas la diminution des mariages qui a entraîné une baisse de la natalité, puisqu'un enfant sur quatre naît hors mariage. Les enfants nés d'un couple non marié étaient autrefois qualifiés d'enfants illégitimes, d'enfants naturels et même de « bâtards » ; leur mère était une « fille-mère ». Actuellement les enfants nés hors mariage ont les mêmes droits que les enfants légitimes. L'enfant peut être reconnu à la fois par son père et sa mère. L'enfant porte le nom de la mère ou bien le nom du père si celui-ci le reconnaît, ce qui est le cas le plus fréquent.

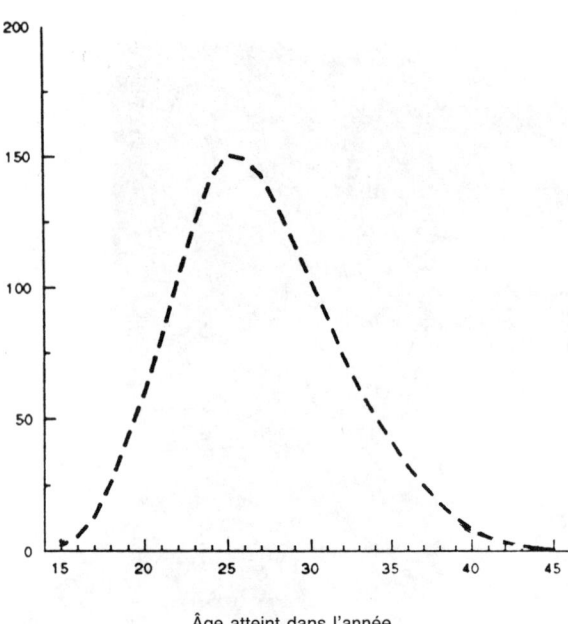

**TAUX DE FÉCONDITÉ PAR ÂGE (1988)
NOMBRE DE NAISSANCES POUR 1 000 FEMMES**

Âge atteint dans l'année

C'est à l'âge de 26 ans que les femmes ont le taux de fécondité le plus élevé.

Tableaux de l'économie française, 1990.

■ Les bébés ne naissent plus dans les choux

Même si ce n'est pas obligatoire, toutes les femmes accouchent en milieu hospitalier (4 sur 1 000 seulement accouchent à leur domicile), en présence d'une sage-femme et éventuellement de leur médecin gynécologue-accoucheur.

Elles ont généralement des cours de préparation à « l'accouchement sans douleur ».

Dans de nombreux établissements, on leur propose, si elles le souhaitent, une « péridurale », piqûre qui insensibilise à la douleur (ce fut le cas pour 40 % des naissances en 1987). Le père de l'enfant assiste très souvent à l'accouchement.

Le séjour à la maternité varie de quatre à sept jours.

L'allaitement* maternel a plus ou moins de succès selon les époques. Actuellement 70 % des femmes environ choisissent d'allaiter leur enfant, du moins pendant les premières semaines.

■ Qui va garder bébé ?

Les femmes qui travaillent doivent résoudre le problème de la garde des jeunes enfants et ce n'est pas toujours facile !

— Les crèches sont généralement la solution préférée des parents, mais le nombre de places est nettement insuffisant, les listes d'attente sont longues, même lorsqu'on inscrit l'enfant bien avant sa naissance !

Ce sont pour la plupart des crèches publiques de quartier, rarement des crèches d'entreprise sur les lieux de travail.

Elles offrent comme avantages majeurs des locaux spécialement adaptés aux enfants, une surveillance médicale, un personnel qualifié et des tarifs qui sont proportionnels aux revenus des parents.

Mais elles présentent certaines contraintes difficilement compatibles avec les professions de certains parents : rigidité des horaires (7 h à 19 h en général), impossibilité d'y laisser un enfant souffrant.

— Les crèches parentales sont des crèches privées organisées et autogérées par des parents. Elles fonctionnent avec un faible nombre d'enfants, des puéricultrices* professionnelles, mais aussi une présence des parents à tour de rôle. C'est une solution qui coûte cher, en argent et en temps, et qui est donc limitée à des catégories favorisées.

— Les nourrices (appelées légalement assistantes maternelles) gardent un ou plusieurs enfants chez elles et fixent elles-mêmes leurs tarifs. Elles travaillent « au noir* » ou sont déclarées et agréées par les services médico-sociaux. C'est un mode de garde plus facile à trouver que la crèche, souvent plus pratique aussi pour les parents parce que proche du domicile, avec des horaires flexibles et la possibilité de laisser les enfants même s'ils sont un peu malades. Mais les conditions d'accueil laissent parfois à désirer, en particulier dans l'agglomération parisienne : certaines nourrices gardent plusieurs enfants dans des appartements minuscules, au détriment de toute activité éducative.

— La garde à domicile est une formule séduisante mais coûteuse ; elle est assurée par une jeune fille « au pair » (il y a peu de garçons au pair), logée, nourrie et rémunérée moyennant un certain nombre d'heures de garde d'enfants ou bien par une employée de maison.

— Les « haltes-garderies », publiques ou privées, accueillent les enfants de façon occasionnelle pour quelques heures, ou bien de façon régulière, mais jamais à temps plein.

LES MESURES EN FAVEUR DE LA MATERNITÉ...

— Les femmes ont droit à un congé maternité rémunéré* (par l'employeur ou par la Sécurité sociale) d'un montant pratiquement équivalent à leur salaire :

• pour le premier et le deuxième enfant : 6 semaines avant l'accouchement et 10 semaines après.

• pour le troisième enfant et les suivants : 8 semaines avant l'accouchement et 18 semaines après.

— Une femme n'est pas obligée d'avertir son futur employeur qu'elle est enceinte, et un employeur ne peut pas refuser légalement l'embauche d'une femme parce qu'elle est enceinte.

— Il est interdit de licencier* une femme pendant sa grossesse, son congé de maternité et le mois qui suit son retour au travail.

— Les mères de famille ayant élevé plusieurs enfants sans travailler ont droit à une retraite.

... ET DE LA NATALITÉ

— Des allocations familiales sont versées à partir du deuxième enfant et augmentent considérablement avec le nombre d'enfants.

— Un complément familial est versé à partir du troisième enfant.

— Une allocation parentale peut être accordée à l'un des parents lorsqu'à l'occasion d'un troisième enfant il réduit son activité professionnelle.

— Une carte de famille nombreuse est attribuée aux familles de trois enfants et plus : elle permet d'obtenir des réductions dans les transports, certains cinémas, etc.

UN ENFANT VENU D'AILLEURS

Pour qu'un enfant soit susceptible d'être adopté, il faut qu'il ait été totalement abandonné ou que ses parents aient consenti à l'**adoption**.

En France, contrairement à beaucoup d'autres pays, une femme peut accoucher sans donner son nom et abandonner son enfant en demandant le secret ; elle peut aussi demander le secret pour un abandon plus tardif. Cette mesure est destinée à éviter que des mères en détresse n'abandonnent leur enfant n'importe où, mais elle est contestée, car elle empêche à tout jamais certaines personnes de connaître leurs origines.

En fait, avec la diminution du nombre d'enfants non désirés, le nombre d'enfants abandonnés adoptables n'a pas cessé de baisser, alors que les demandes d'adoption sont très nombreuses. (En 1988, 20 000 couples attendaient un enfant à adopter.) C'est pourquoi se développent les adoptions d'enfants étrangers.

L'adoption est prononcée par les tribunaux. La loi prévoit deux possibilités :

— l'**adoption plénière**, qui coupe tout lien avec la famille d'origine ; un nouvel acte d'état civil est établi, qui ne contient aucune mention des parents par le sang ;

— l'**adoption simple**, qui donne à l'enfant une filiation s'ajoutant à sa filiation d'origine.

Une femme qui adopte un enfant a les mêmes congés que pour une naissance.

■ L'art d'être parents

Dans le couple moderne, les parents s'occupent tous les deux des enfants, considérés d'emblée comme des personnes à part entière : les relations de confiance, d'écoute et de tendresse l'emportent sur la discipline et l'autoritarisme*. Les enfants doivent pouvoir « s'exprimer » : on discute avec eux, on les punit peu. Garçons et filles sont élevés de la même façon.

Les éventuels conflits ne portent plus tellement sur le choix des copains, les vêtements ou les sorties... mais plutôt sur les résultats scolaires !

La famille éclatée

20 % des enfants ne vivent pas avec leur père et leur mère selon le modèle familial traditionnel. Les familles « éclatées » ne sont donc plus des cas marginaux*.

— Les familles monoparentales

Près d'un million et demi d'enfants sont élevés par un seul de leurs parents (en 1986), ce parent étant la mère dans 80 % des cas. Elle peut être veuve (30 %), mère célibataire (10 %) mais le plus souvent c'est une femme divorcée.

— Les familles « recomposées »

Le parent avec lequel vit l'enfant peut s'être remarié ou vivre avec un conjoint qui peut lui-même avoir un ou plusieurs enfants. Dans ces familles, les enfants sont élevés comme des frères et des sœurs sans avoir entre eux aucune parenté. Il n'y a pas encore de terme pour désigner les liens qui unissent ces enfants appartenant à une même famille « recomposée ».

LES PARENTS, LES ENFANTS, L'ÉDUCATION

71 % des parents interrogés estiment que c'est facile d'élever ses enfants, 27 % que c'est assez ou très difficile.

Ne pas faire de caprice, se coucher à l'heure dite, se tenir bien à table sont les choses les plus difficiles à obtenir. Quand il y a problème, 77 % des parents crient et 20 % giflent leur enfant.

Pour les parents, il est important de partager, prêter (96 %), dire merci (95 %), lire pour le plaisir (93 %), se brosser les dents (89 %), travailler seul (86 %).

Si 47 % des enfants déclarent que l'un ou l'autre de leurs parents les écoute quand ils ont quelque chose à dire, c'est toujours la mère qui accompagne l'enfant chez le médecin (66 %), l'aide à se préparer le matin (64 %), l'aide à faire ses devoirs et lui fait des câlins (45 %).

Enfin, 62 % des parents ne voient pas l'utilité d'une éducation religieuse.

Échantillon : 800 parents d'enfants —10 ans ; 200 enfants 5-9 ans.
Sondage IFOP *Pomme d'Api/Sud-Ouest*
© BAYARD PRESSE - POMME D'API, 1989.

LES RELATIONS PARENTS-ADOS VUES PAR LES 13-17 ANS : PAS TROP DE REVENDICATIONS

Pour chacun des domaines suivants, estimez-vous que vos parents vous laissent suffisamment libre ou pas suffisamment libre ?

En pourcentage, sur 100 %	Suffisamment libre	Pas suffisamment libre	Sans opinion
Les sorties, le soir ou le week-end	51	42	7
La façon dont vous parlez	60	38	2
L'organisation de vos vacances	65	32	3
L'heure à laquelle vous vous couchez	67	32	1
Les relations avec votre petit(e) ami(e)	67	13	20
L'utilisation de l'argent que vous avez mis de côté	71	25	4
La façon de vous tenir avec les adultes	72	24	4
Les contraintes familiales (visites dans la famille, cérémonies familiales, etc.)	74	24	2
Le choix des films que vous voyez	79	20	1
Les amis que vous amenez à la maison	82	14	4
La façon dont vous décorez votre chambre	86	13	1
La façon dont vous vous habillez	90	9	1
Vos lectures	90	5	5
Les amis que vous voyez	92	8	0
Le choix des études que vous voulez faire	95	3	2

Sondage SOFRES pour Madame Figaro, *1er février 1989.*

3 LE DEUXIÈME SEXE ET SES CONQUÊTES

Le code Napoléon* soumettait la femme à l'autorité de son mari. Les temps ont heureusement changé dans tous les domaines, qu'ils soient juridiques, professionnels ou personnels.

■ Histoire de femmes

— 1944 : les femmes obtiennent le droit de vote ; elles votent pour la première fois en 1945.

— 1946 : la Constitution de la IVᵉ République pose le principe de l'égalité des droits entre hommes et femmes dans tous les domaines.

— 1965 : une femme a le droit d'exercer une profession sans le consentement* de son mari.

— 1967 : la loi Neuwirth légalise la contraception.

— 1972 : la loi précise qu'à travail égal, les hommes et les femmes doivent recevoir un salaire égal.

— 1974 : la contraception est remboursée par la Sécurité sociale ; les jeunes filles mineures peuvent obtenir des contraceptifs sans autorisation parentale.

— 1975 : la loi Veil légalise l'interruption volontaire de grossesse (l'IVG), c'est-à-dire l'avortement, qui était interdit en France depuis 1920.

— 1983 : la loi sur l'égalité professionnelle interdit de tenir compte du sexe ou de la situation de famille pour recruter* ou licencier* quelqu'un.

— 1983 : l'IVG est remboursée par la Sécurité sociale.

■ Un enfant quand je veux !

La contraception est la conquête essentielle des femmes dans la deuxième moitié du XXᵉ siècle.

Les Françaises sont les plus grandes utilisatrices de moyens contraceptifs en Europe.

En 1988, 68 % des femmes en âge de procréer utilisent une méthode contraceptive : la pilule est la plus utilisée (33 %), suivie par le stérilet (19 %). La stérilisation est illégale sauf pour raisons médicales.

Les préservatifs étaient très peu employés jusqu'à ces dernières années mais ils ont l'avantage d'être en même temps un moyen de protection contre le SIDA.

L'avortement n'est pas considéré comme un moyen contraceptif, mais comme un ultime recours*. L'IVG doit être effectuée avant la fin de la dixième semaine de grossesse par un médecin consentant* (pour préserver la liberté de conscience des médecins), dans un établissement hospitalier, et après un délai de réflexion obligatoire. Il peut être pratiqué soit par méthode chirurgicale, soit par absorption d'un médicament (le RU 846). L'autorisation du mari n'est jamais exigée.

Manifestations féminines de soutien à la loi Veil qui a abouti, en 1974, à un vote à l'Assemblée nationale donnant aux femmes la possibilité d'avorter sous certaines conditions.

PORTRAIT-ROBOT DE L'HOMME SÉDUISANT...

Hommes de 30 à 40 ans, vous pouvez vous réjouir : 41 % des femmes considèrent que vous êtes dans la tranche d'âge la plus séduisante. Seules 23 % d'entre elles préfèrent les 25-30 ans et 16 % les 40-50 ans.

Il ne suffit plus d'être Rambo ou Rothschild pour conquérir les cœurs : les femmes sont attirées par l'intelligence (65 % des réponses) ou l'humour (41 %) et n'ont que du dédain pour la force physique (seulement 13 % des réponses) ou la fortune (6 %).

Pour plaire, ces messieurs doivent participer également à l'éducation des enfants (ce que souhaitent 56 % des femmes), respecter l'indépendance de leur conjointe (48 %) ou avoir les mêmes idées qu'elle (32 %). Forts de ces qualités, les hommes ne devront pas pour autant négliger l'habillement, et on ne saurait que leur conseiller une tenue sport. Un blouson de cuir, un pull cachemire et un pantalon de velours, qui constituent aux yeux de 44 % des femmes la tenue vestimentaire masculine préférée. Ells ne sont pas indifférentes au costume gris, à la chemise blanche et à la cravate (37 % des réponses), ni au jean, blazer et Lacoste (35 %). En revanche, nulle hésitation à se débarrasser d'un smoking ; il n'attire l'attention que de 3 % des femmes.

Sportif ou homme d'affaires, telle doit être la profession du conjoint idéal (respectivement 33 % et 31 % des réponses des femmes). À la rigueur, elles acceptent un scientifique (27 %) ou un intellectuel (22 %), mais refusent un présentateur de télévision (6 %), ou pire, un député (5 %).

Exigeantes, elles ne supportent plus de leur conjoint qu'il boive, ne range pas ses affaires et ronfle la nuit.

Parmi les petits défauts suivants, quels sont ceux que vous ne supportez pas chez un homme ?

Il lui arrive de trop boire	51 %
Il ne range pas ses affaires	45 %
Il ronfle la nuit	40 %
Il passe ses soirées devant la télévision	24 %
Il se retourne sur les femmes dans la rue	14 %
Il amène ses copains à la maison	13 %
Il ne referme pas le tube de dentifrice	7 %
Aucun de ceux-ci	5 %
Sans opinion	3 %

Échantillon de 535 femmes tiré d'un échantillon national de 1 000 personnes. Sondage SOFRES pour *Madame Figaro*, 15-18 octobre 1986.

... ET DE LA FEMME IDÉALE

S'ils devaient choisir, les hommes préféreraient une femme intelligente à une femme belle (69/24 %), une femme au foyer à une superwoman (72/18 %), une femme active à une femme passive (87/6 %), une femme forte à une femme fragile (68/22 %), une bonne cuisinière à une intellectuelle (68/23 %), une femme mûre à une jeune (54/35 %).

Face aux femmes qui leur plaisent, 54 % des hommes interrogés sont plutôt émotion, 11 % érection.

Les principaux reproches que les hommes adressent aux femmes : être envahissantes (33 %), infidèles (30 %), s'occuper de moins en moins des hommes (26 %), avoir de moins en moins besoin des hommes (24 %).

Échantillon : 968 hommes 15 ans et plus. Sondage IFOP J.P. DORMAN/*ELLE*, avril 1989.

Au cours des vingt dernières années, qu'est-ce qui a le plus contribué, selon vous, à changer la vie des femmes ?

	Ensemble des femmes	Génération			
		15-25 ans	25-34 ans	35-54 ans	55 ans et plus
La contraception (la pilule)	59	50	59	65	59
L'accès des femmes aux responsabilités	43	38	45	44	44
Les progrès dans les équipements ménagers	39	21	31	40	53
La possibilité d'accéder à des nouveaux métiers réservés aux hommes	37	53	37	33	31
La législation de l'avortement	31	28	34	36	26
Le développement de l'union libre	21	24	23	22	16
Les changements de mentalité des hommes	17	21	20	15	15
La simplification du divorce	13	13	10	13	14
Les mouvements féministes (MLF, etc.)	9	11	8	11	8
Les nouvelles techniques de procréation	7	6	7	6	7
Sans opinion	2	0	2	0	5

Le total des pourcentages est supérieur à 100, les personnes interrogées ayant pu donner plusieurs réponses.

Sondage SOFRES effectué par Le Nouvel Observateur, *FR3 «La Marche du siècle» du 7 au 15 novembre 1990 sur un échantillon de 800 femmes.*

QUESTIONS-RÉFLEXIONS

• À propos de famille, savez-vous ce que signifie l'expression : «laver son linge sale en famille»?

• Qu'est-ce qui a changé dans la famille? Composition, répartition des rôles dans le couple, éducation des enfants?

• Classer les droits acquis par les femmes dans ces trois domaines : juridique, professionnel, personnel.

• Commentez ce passage :
«(...) La non-demande en mariage chantée par Georges Brassens se propage si vite que la France est en passe de détenir le record européen de célibat : bientôt, si rien ne change, un jeune pourrait avoir une chance sur deux de se retrouver officiellement célibataire à cinquante ans! (...)»

Bernard Préel, *La Société des enfants gâtés*, Paris, La Découverte, 1989.

Elles assurent en maman solo
«(...) Entre le bureau, la crèche surchargée, la jeune fille au pair et les petits boutons (''il ne me ferait pas une rougeole?''), elle n'est pas toujours drôle, la vie, galère des mères célibataires. (...)»

Le Journal du Dimanche, 26 mars 1989.

• Imaginez et décrivez une journée de l'une de ces «nouvelles femmes», avec ses inconvénients et ses avantages.

• Dites si c'est vrai ou faux :
— On peut se marier en France à partir de 15 ans.
— Catherine et Alain se rencontrent dans un bal. C'est le coup de foudre, ils veulent se marier tout de suite. La date du mariage est fixée au samedi suivant leur rencontre.
— La plupart des femmes continuent à travailler lorsqu'elles ont un enfant.
— Une famille est considérée comme «famille nombreuse» à partir du cinquième enfant.

• En groupes, cherchez et découpez, dans des revues de votre centre de documentation, les images qui pour vous illustrent le mieux la famille française. Faites-en un montage pour la classe, commentez-le.

À RETENIR - À RETENIR - À RETENIR

la nuptialité
la monogamie
la polygamie
la cohabitation
l'union libre
le taux de natalité
le taux de fécondité
la contraception

À BONNE ÉCOLE

1

« LAÏQUE ET OBLIGATOIRE » : LES GRANDS PRINCIPES

La Révolution française affirmait dès 1793 le principe du droit à l'enseignement pour tous, sans distinction de naissance ou de fortune.

Mais il faut attendre la IIIe République pour que ce principe devienne réalité. C'est avec les lois de Jules Ferry (1881-1882) que l'instruction est généralisée. Les instituteurs sont « les hussards noirs de la République » : ils doivent vaincre l'ignorance et œuvrer ainsi pour la démocratie.

Les grands principes de l'école de Jules Ferry sont toujours en vigueur :

— **L'école est obligatoire**, à partir de six ans, et (depuis 1959) jusqu'à seize ans. Une famille qui n'enverrait pas un enfant à l'école se verrait infliger une amende* et la suspension* des allocations familiales*.

— **L'enseignement public est gratuit.** Les livres sont fournis aux élèves, seules restent à la charge des famil-les les fournitures scolaires, les dépenses de cantine ou d'internat.

— **L'enseignement public est laïc**, c'est-à-dire neutre en matière de religion et de politique.

Mais le principe de la liberté de l'enseignement n'est pas mis en cause, puisque les parents peuvent envoyer leurs enfants dans des écoles privées, confessionnelles* ou non. (Les écoles catholiques sont d'ailleurs appelées souvent « les écoles libres ».)

*L*e financement de l'éducation est assuré essentiellement par des fonds publics (84 %), que ce soit directement par l'État ou par les administrations locales.
L'Éducation nationale en 1990-1991, c'est :
— plus de 12 millions d'élèves
— 1,1 million d'étudiants
— 1,1 million de fonctionnaires
— un budget de plus de 227 milliards de francs, soit 18,6 % du budget de l'État.

■ Garder le rythme

Les élèves français ont des horaires très lourds, mais de longues vacances.

La rentrée scolaire a lieu dans toute la France aux environs du 10 septembre. L'année scolaire va de septembre à juin, elle est ponctuée, toutes les sept semaines, de « petites vacances » de dix jours, pour la Toussaint (novembre), Noël, février et Pâques (avril). Les « grandes vacances » durent deux mois et demi, de fin juin à mi-septembre. Les élèves ont donc au total à peu près 175 jours de vacances par an !

L'année scolaire est divisée en trois trimestres : le premier va de septembre à Noël, le second de janvier à Pâques et le troisième de Pâques à juin. À la fin de chaque trimestre les parents reçoivent le bulletin scolaire de leur enfant, avec la moyenne des notes, le classement par matière, les observations de chaque enseignant et un avis général du conseil de classe.

Le conseil de classe réunit une fois par trimestre les enseignants de la classe, en présence de délégués des élèves et des parents. Il examine le cas de chaque élève et décide de l'orientation des élèves (à partir de la rentrée de septembre 1990, les vœux des familles devraient davantage être pris en compte).

Les prix n'existent plus que dans certains établissements, sous forme de mentions sur les bulletins trimestriels (tableau d'honneur, encouragements, félicitations).

LA LAÏCITÉ

*L*a France est un des rares pays où la laïcité est inscrite dans la Constitution et dans les principes de fonctionnement de l'école. Si la laïcité est parfois confondue avec « l'anti-religion », c'est que cette notion s'est affirmée dans la lutte menée par les hommes politiques de la troisième République contre l'ingérence de la toute-puissante église catholique dans tous les domaines, et notamment l'éducation. Jules Ferry déclarait à propos de l'éducation des jeunes filles : « Il faut choisir, citoyen ! Il faut que la femme appartienne à la science ou qu'elle appartienne à l'Église. »
Depuis un siècle, la notion de laïcité a évolué vers l'idée d'indépendance à l'égard de tout groupe politique ou religieux, de respect du pluralisme et de la démocratie.
La neutralité scolaire ne signifie pas l'absence d'opinions et de croyances personnelles, mais « les querelles politiques et religieuses doivent s'arrêter au seuil de l'école » (Extrait d'un texte de recommandations adressé aux enseignants par le ministre de l'Éducation nationale).

L'ENSEIGNEMENT PRIVÉ

*I*l existe deux catégories d'établissements :
• Les établissements privés «sous contrat» sont les plus nombreux. Ils sont pour la plupart catholiques (93 %), quelques-uns sont protestants ou israélites. L'État paie les enseignants et les frais de fonctionnement, la participation des parents est faible.
Les parents qui mettent leurs enfants dans le privé ne le font pas toujours pour des raisons religieuses, mais parce que les établissements privés ont des effectifs plus réduits et ont la réputation d'être plus attentifs au suivi des élèves et à la discipline.
• Les établissements privés «hors contrat» sont généralement laïcs*. L'État ne participe pas au financement, les frais de scolarité sont donc élevés. Certains sont ce qu'on appelle des «écoles parallèles», appliquant une pédagogie particulière (Montessori, Steiner, etc.). D'autres sont parfois appelés «des boîtes à bac», parce qu'ils permettent à des enfants en situation d'échec scolaire de rattraper leur retard et d'obtenir malgré tout... leur bac !

2

LE CHEMIN DES ÉCOLIERS

*À l'époque de Jules Ferry, « l'école » signifiait, pour la plupart
des enfants, l'école primaire, c'est-à-dire la période de scolarité obligatoire (de 6 à 13 ans).
Actuellement, le système éducatif accueille les enfants de plus en plus jeunes — à partir de
deux ans — et de plus en plus longtemps. En 1990, 45 % des enfants d'une classe d'âge
atteignent le niveau du baccalauréat, et l'objectif est d'atteindre 80 %. C'est dire que
l'organisation de l'école est un enjeu important dans la société française et a fait l'objet de
plusieurs modifications, mais la structure fondamentale reste la même. Même si les intitulés
sont modifiés au gré des réformes, le système éducatif se divise en quatre grands secteurs :
l'école maternelle, l'école primaire, l'enseignement secondaire, et l'enseignement supérieur.*

L'école maternelle

L'école maternelle accueille les enfants à partir de deux ans — dans la limite des places disponibles — et jusqu'à six ans. L'enseignement pré-élémentaire n'est pas obligatoire, mais pratiquement tous les enfants de trois à six ans vont à l'école.

Les écoles maternelles sont souvent considérées comme la plus belle réussite du système éducatif français. Les classes sont jolies, les enfants y sont heureux. Ils jouent, tout en apprenant de leur instituteur (le plus souvent une institutrice) beaucoup de choses et en développant des capacités de socialisation*. Les enfants sont répartis en trois sections. La petite section — de deux à quatre ans — est entièrement consacrée au jeu. La moyenne section — de quatre à cinq ans — est centrée sur l'expression orale, les activités d'expression manuelle et corporelle. La grande section — cinq-six ans — prépare à l'apprentissage de la lecture, de l'écriture et du calcul.

L'école fonctionne cinq jours par semaine, six heures par jour (trois heures le matin, trois heures l'après-midi). Mais, dans les grandes villes, certaines écoles organisent des garderies pour accueillir les enfants dont les parents travaillent, tôt le matin, le soir jusqu'à 18 ou 19 heures, le mercredi et pendant les vacances.

*P*our tout l'enseignement public, la carte scolaire *détermine dans quelle école doit aller un enfant en fonction de son lieu de résidence. Les parents ne peuvent pas, en principe, choisir l'établissement.*

L'enseignement primaire

L'école primaire — ou école élémentaire — se terminait auparavant à quatorze ans — la fin de la scolarité obligatoire — par le passage d'un examen final : le certificat d'études primaires (le CEP).

Elle dure actuellement cinq années, soit de six à onze ans pour les enfants qui n'ont pas de difficultés scolaires :
— le cours préparatoire (CP)
— le cours élémentaire 1re année (CE1)
— le cours élémentaire 2e année (CE2)
— le cours moyen 1re année (CM1)
— le cours moyen 2e année (CM2)

Le passage de l'école maternelle à la « grande école » (le CP) est souvent rude pour certains enfants, car il les fait basculer brusquement dans un univers où la discipline est plus pesante.

Les horaires sont lourds : vingt-sept heures de cours par semaine (9 h-12 h et 14 h à 17 h avec quelques variantes possibles), quatre jours par semaine, plus le samedi matin. Les enfants sont libres le mercredi et le dimanche.

En principe, il est interdit dans le primaire de donner aux enfants du travail à faire à la maison, c'est pourtant une pratique courante.

Toutes les classes sont maintenant mixtes, même lorsque sur la façade des écoles on lit encore les anciennes inscriptions « École de garçons », « École de filles ». C'est généralement le même instituteur qui enseigne toutes les matières dans une classe : français, mathématiques, histoire-géographie, éducation physique, disciplines artistiques, etc.

L'enseignement du second degré

L'enseignement secondaire comporte deux blocs : le premier cycle (c'est-à-dire le collège) et le second cycle.

■ Le collège

— 6ᵉ et 5ᵉ : le cycle d'observation

Tous les enfants sont admis dorénavant dans l'enseignement secondaire : c'est « **le collège pour tous** ». Les enfants suivent tous les mêmes programmes d'enseignement, avec apprentissage obligatoire d'une langue vivante.

À la fin de la classe de 5ᵉ, certains enfants qui ont de gros problèmes d'adaptation scolaire ou de déficience mentale sont « orientés » vers des « sections d'enseignement spécialisé ».

— 4ᵉ-3ᵉ : le cycle d'orientation

Les élèves commencent l'apprentissage d'une seconde langue vivante et peuvent prendre certaines options : latin, grec, etc.

À la fin de la classe de 3ᵉ, les élèves passent un examen : **le brevet des collèges** qui s'appelait auparavant BEPC.

L'orientation à la fin de la 3ᵉ n'est pas subordonnée à l'obtention du brevet. Elle est primordiale, puisqu'elle décide si les enfants poursuivront des études courtes ou des études longues.

À tous les niveaux, l'orientation des élèves est proposée par les conseils de classe après consultation des élèves et des familles. Les parents peuvent faire appel* s'ils jugent l'orientation mauvaise.

■ Le 2ᵉ cycle court : l'enseignement professionnel

Les lycées professionnels (LEP) préparent en deux ans à un diplôme professionnel :

— le **CAP** (certificat d'aptitude professionnelle) correspond à un métier précis ;

— le **BEP** (brevet d'enseignement professionnel) forme plutôt à un ensemble d'activités (transports, hôtellerie, etc.).

Dans le système français, l'enseignement professionnel et la formation générale sont beaucoup plus séparés que dans d'autres pays, et l'enseignement professionnel est assez dévalorisé.

Les LEP ont une mauvaise image parce qu'ils sont considérés comme « des voies de garage » : il est vrai qu'avec la scolarisation obligatoire jusqu'à seize ans, on a systématiquement « orienté » vers l'enseignement professionnel les mauvais élèves.

Parmi les élèves qui obtiennent le BEP, plus de la moitié continuent ensuite des études techniques pour passer un baccalauréat technique, grâce à la mise en place de classes « passerelles ».

■ Le 2ᵉ cycle long : le lycée

Le lycée prépare en trois années au **baccalauréat** :

— **la seconde** est une classe « indéterminée », c'est-à-dire pas encore spécialisée.

— **La première** comporte plusieurs filières* menant aux différentes options du baccalauréat. Dès la fin de la première, les élèves passent l'épreuve de français, dont la note est comptabilisée l'année suivante pour les résultats du baccalauréat.

— **La terminale** s'achève par le passage du baccalauréat.

Le bac n'est pas un diplôme qui a une valeur en soi. Il conduit normalement vers des études supérieures.

EFFECTIFS LANGUES VIVANTES AU COLLÈGE EN CLASSE DE TROISIÈME 1988-1989

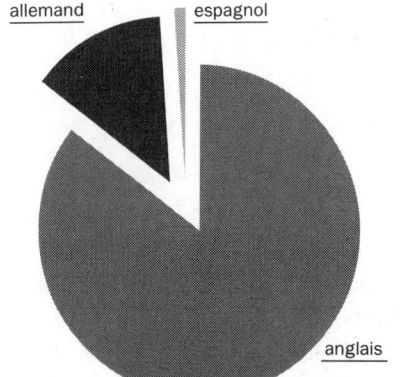

Langue vivante 1

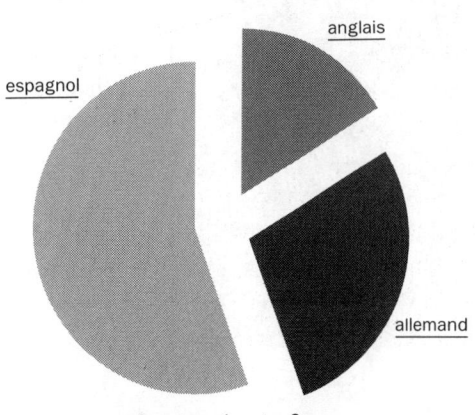

Langue vivante 2

Les différents baccalauréats

Baccalauréat d'enseignement général
A : Philosophie et lettres
B : Économique et social
C : Mathématiques et sciences physiques
D : Mathématiques et sciences de la nature
D' : Sciences agronomiques et techniques
E : Sciences et techniques

Baccalauréat de technicien
F : Techniques industrielles
F : Sciences médico-sociales
F : Musique, danse, arts plastiques
G : Secteur économique
H : Techniques informatiques

Baccalauréat professionnel

La vie d'élève

Le cahier de texte est le carnet de bord de l'élève ! Il y inscrit son emploi du temps mais il doit aussi noter lui-même les devoirs qu'il a à faire pour les cours suivants. Il est indispensable que le cahier de texte soit bien tenu, pour l'élève, pour les professeurs, mais aussi pour les parents s'ils veulent contrôler que l'élève a bien fait ses devoirs.

Les devoirs à la maison représentent en effet une part importante du travail fourni par les élèves. Dès la sixième, ils passent une ou plusieurs heures à faire leurs devoirs le soir en rentrant de l'école, le mercredi et aussi le week-end. Ces devoirs sont obligatoires et sont notés.

Le carnet de correspondance sert de liaison entre l'école et les parents au collège et au lycée.

Les parents doivent signer le relevé mensuel des notes obtenues par l'élève dans les différentes disciplines — notes sur 20 ou appréciation par lettres de « A », correspondant à « Très bien », jusqu'à « E », très mauvais —.

Chaque élève doit avoir son carnet de correspondance en permanence dans son cartable pour que puisse être noté pour les parents tout ce qui concerne la vie à l'école, notamment les modifications de l'emploi du temps, dues par exemple à l'absence d'un professeur.

En raison de la pénurie de surveillants (« les pions »), les écoles ont des difficultés à assurer « les permanences », c'est-à-dire la prise en charge des élèves qui n'ont pas cours. C'est pourquoi en début d'année, on demande aux parents de signer une autorisation permanente de sortie de l'établissement, pour le cas où un cours n'a pas lieu.

Le bulletin trimestriel est envoyé par courrier postal aux parents à la fin de chaque trimestre. Il donne, pour chaque discipline, les notes que l'élève a eues aux « contrôles », les notes moyennes de l'ensemble de la classe, éventuellement un classement de l'élève par rapport aux autres élèves, les appréciations de chaque professeur et aussi une appréciation générale. Tout au long de la scolarité de l'élève, les bulletins trimestriels servent à constituer le **carnet scolaire**, dont il est tenu compte dans le passage des examens ou pour un changement d'établissement.

Le « professeur principal », désigné par le directeur du collège parmi les différents professeurs qui enseignent dans une classe, est plus spécialement chargé de suivre l'ensemble de la scolarité des élèves de cette classe et d'assurer les relations entre les enseignants et les parents. Il reçoit les parents chaque trimestre et peut leur conseiller d'aller voir tel ou tel professeur en cas de problèmes.

La discipline à l'école est un sujet de débats sans fin ! Certains parents considèrent que les enseignants font preuve de laxisme en matière de discipline et c'est souvent pour cette raison qu'ils choisissent de mettre leur enfant dans une école privée. Les professeurs se plaignent de ne pas avoir la possibilité de sanctionner les élèves... Les châtiments corporels sont bien sûr totalement interdits, et depuis longtemps. En cas de faute extrêmement grave de la part de l'élève, le conseil de discipline de l'établissement peut décider de lui adresser « un avertissement » ou de l'exclure pour deux ou trois jours, mais ces mesures sont très rares. Les sanctions que peuvent utiliser les enseignants sont quasiment limitées à l'attribution d'un « zéro de conduite », qui sera intégré dans les notes de la discipline, et aura donc comme effet de faire baisser la moyenne. Ils peuvent aussi donner des devoirs supplémentaires à faire à la maison ou des heures de « colle » : l'élève doit venir faire un devoir sur table en dehors des horaires scolaires, le mercredi ou le samedi. Encore faut-il que l'établissement dispose de personnel pour le surveiller...

L'emploi du temps en sixième

Français	4 h 30
Mathématiques	3 h
Langue vivante	3 h
Histoire, géographie, économie	2 h 30
Éducation civique	1 h
Sciences physiques	1 h 30
Biologie, géologie	1 h 30
Technologie	2 h
Éducation artistique (dessin, musique)	2 h
Éducation sportive	3 h
Soutien	3 h

Les trois heures de « soutien » permettent de répartir les enfants en plus petits groupes, constitués selon le niveau dans chaque discipline (français, maths, lan-

---

LES CLASSES DE DÉCOUVERTE

Chaque année des élèves partent en classe de découverte — classe verte (à la campagne), classe de neige (pour faire du ski), ou classe de mer — Qu'ils soient à l'école maternelle ou au lycée, les enfants partent pour deux ou quatre semaines avec leurs enseignants, pour pratiquer un sport, découvrir un univers nouveau, tout en continuant à suivre les cours habituels.

gue). Un élève peut ainsi être dans un groupe de niveau fort en maths et dans un groupe faible en français, avec possibilité d'en changer en cours d'année.

L'emploi du temps en seconde

Tronc commun :

Français	5 h
Maths	4 h
Histoire-géo	4 h
Langue vivante	3 h
Physique	3 h 30
Biologie	2 h
Éducation physique	2 h

Une option obligatoire : minimum 3 h
Option(s) facultative(s)

LA VOIX DES PARENTS D'ÉLÈVES

*L*es parents d'élèves élisent des délégués qui les représentent dans les conseils de classe, dans les conseils d'établissement, et dans différentes instances de concertation avec le ministère de l'Éducation Nationale.

Dans l'enseignement public, les délégués appartiennent la plupart du temps à l'une des deux grandes associations de parents d'élèves :
— la FCPE (Fédération des conseils de parents d'élèves des écoles publiques) a près de 600 000 adhérents et plus de 120 000 représentants dans les établissements scolaires. Elle se déclare à gauche et défend le principe de la laïcité de l'école
— la PEEP (Fédération des parents d'élèves de l'enseignement public) annonce 450 000 adhérents. Elle défend «le rôle fondamental et prioritaire de la famille dans l'éducation de l'enfant» et se veut indépendante de tout parti politique et de tout syndicat.

Les parents d'élèves de l'enseignement catholique sont essentiellement regroupés dans l'UNAPEL (Union Nationale des parents d'élèves de l'enseignement libre) qui revendique 800 000 adhérents.

LES PRINCIPAUX ITINÉRAIRES DE FORMATION
Janvier 1990

MINISTÈRE DE L'EDUCATION NATIONALE DE LA JEUNESSE ET DES SPORTS

ENSEIGNEMENT SUPERIEUR

DOCTORATS DE MEDECINE SPECIALISEE

DES + DOCTORAT DE PHARMACIE

DOCTORAT DE CHIRURGIE DENTAIRE

DOCTORAT DE MEDECINE GENERALE

DOCTORAT DE PHARMACIE

DOCTORATS

DEA — DESS — MAGISTERES

MAITRISES MST MSG MIAGE

MASTERES

DIPLOMES GRANDES ECOLES INGENIEUR COMMERCE

DIPLOME D'ARCHITECTE

DIPLOMES ECOLES SPECIALISEES

LICENCES — DEUG DEUST DU

DEFA

DUT — BTS*

UFR-SANTE

UFR LETTRES ARTS SCIENCES HUMAINES SCIENCES DROIT SPORTS SCIENCES ECONOMIQUES

ECOLES SPECIALISEES — UNIVERSITES — GRANDES ECOLES — CPGE — IUT — STS — ECOLES ARCHITECTURE

ENSEIGNEMENT SECONDAIRE

DIPLOMES ECOLES SPECIALISEES

BAC Général — BT* — BTn* — BEP CAP — BAC PRO — CAP

TERMINALE — PREMIERE — SECONDE

TERMINALE — PREMIERE — 2e ANNEE — 1re ANNEE

APPRENTISSAGE + ENTREPRISES

ECOLES SPECIALISEES — LYCEES — LYCEES PROFESSIONNELS C F A — C F A

15-16 ANS

BREVET

3e ANNEE — CAP

TROISIEME — 3e TECHNO — 3e TECHNO — 3e PREP. — C P A

QUATRIEME — 4e TECHNO — 4e TECHNO L P — 4e PREP. — C P P N

CINQUIEME

SIXIEME

COLLEGES

11-12 ANS

SCOLARITE OBLIGATOIRE 6 A 16 ANS

ENSEIGNEMENT ELEMENTAIRE

10-11 ANS

COURS MOYEN 2
COURS MOYEN 1
COURS ELEMENTAIRE 2
COURS ELEMENTAIRE 1
COURS PREPARATOIRE

ECOLES ELEMENTAIRES

6 ANS

ENSEIGNEMENT PRE-ELEMENTAIRE

6 ANS

GRANDE SECTION
SECTION MOYENNE
PETITE SECTION

ECOLES MATERNELLES

Diplômes

BAC PRO	BACCALAUREAT PROFESSIONNEL
BEP	BREVET D'ETUDES PROFESSIONNELLES
BT	BREVET DE TECHNICIEN
BTn	BACCALAUREAT TECHNOLOGIQUE
BTS	BREVET DE TECHNICIEN SUPERIEUR
CAP	CERTIFICAT D'APTITUDE PROFESSIONNELLE
DEA	DIPLOME D'ETUDES APPROFONDIES
DEFA	DIPLOME D'ETUDES FONDAMENTALES EN ARCHITECTURE
DES	DIPLOME D'ETUDES SPECIALISEES (PHARMACIE)
DESS	DIPLOME D'ETUDES SUPERIEURES SPECIALISEES
DEUG	DIPLOME D'ETUDES UNIVERSITAIRES GENERALES
DEUST	DIPLOME D'ETUDES UNIVERSITAIRES SCIENTIFIQUES ET TECHNIQUES
DU	DIPLOME D'UNIVERSITE
DUT	DIPLOME UNIVERSITAIRE DE TECHNOLOGIE
MIAGE	MAITRISE DE METHODES INFORMATIQUES APPLIQUEES A LA GESTION
MSG	MAITRISE DE SCIENCES DE GESTION
MST	MAITRISE DE SCIENCES ET TECHNIQUES

Sections

CPA	CLASSE PREPARATOIRE A L'APPRENTISSAGE
CPGE	CLASSES PREPARATOIRES AUX GRANDES ECOLES
CPPN	CLASSE PREPROFESSIONNELLE DE NIVEAU
PCEM	PREMIER CYCLE DES ETUDES MEDICALES
STS	SECTION DE TECHNICIENS SUPERIEURS
UFR	UNITE DE FORMATION ET DE RECHERCHE

Etablissements

CFA	CENTRE DE FORMATION D'APPRENTIS
IUT	INSTITUT UNIVERSITAIRE DE TECHNOLOGIE
LP	LYCEE PROFESSIONNEL

Passages

Les itinéraires de formation présentés ici donnent les grands schémas d'études. Les flèches rouges indiquent les passages d'une formation à une autre. D'autres passages sont parfois possibles à différents niveaux, entre différentes voies. Se renseigner auprès des établissements ou dans les centres d'information et d'orientation (CIO).

Concours ou examens

*Ces diplômes peuvent être aussi préparés par la voie de l'apprentissage.

Onisep

ONISEP Office National d'Information sur les Enseignements et les Professions
Ministère de l'Education Nationale de la Jeunesse et des Sports

3

L'ÉCOLE EN QUESTIONS

Le système éducatif français est marqué par certaines spécificités. La réflexion sur les finalités de l'école et l'amélioration de son fonctionnement constitue un éternel sujet de débats. Il est peu d'institutions qui ont fait l'objet d'autant de réformes de la part des ministres qui se sont succédé à l'Éducation nationale!

■ Une grande centralisation

Le système éducatif est entièrement sous le contrôle de l'État. Les programmes sont déterminés au niveau national par l'Inspection générale. Le ministère de l'Éducation nationale nomme les enseignants sans que les responsables d'établissements soient consultés. L'État a le monopole* de la délivrance des diplômes.

■ Des horaires très lourds

Les élèves français ont des semaines de cours très chargées — vingt-sept heures dans l'enseignement primaire et jusqu'à trente-cinq heures dans certaines sections techniques du secondaire. En revanche, ils ont beaucoup de vacances. La question des « rythmes scolaires » est difficile à régler : tout le monde s'accorde à trouver les horaires trop lourds, mais personne ne veut remettre en cause les sacro-saintes vacances d'été...

■ Des conditions matérielles souvent peu attrayantes

Les vieilles écoles ressemblent bien souvent à des casernes : bâtiments gris, cours de récréation sinistres, préaux trop petits. Les constructions nouvelles sont heureusement plus adaptées et plus agréables à vivre.

Les équipements sportifs, culturels, audiovisuels sont insuffisants. Les élèves disposent rarement d'une cafétéria, de salles pour travailler seuls ou en petits groupes, pour se réunir ou faire de la musique, du théâtre, etc. comme cela existe dans certains pays.

La traditionnelle disposition des salles de classe n'a pas totalement disparu : le bureau de l'enseignant est sur une estrade face aux tables d'élèves alignées les unes derrières les autres, les bons élèves sont au premier rang et les mauvais élèves au fond de la classe...

■ Une pédagogie peu «active»

L'enseignement français a la réputation d'avoir un niveau élevé : les élèves doivent acquérir des connaissances très étendues.

Mais on leur demande d'apprendre beaucoup de choses «par cœur», parfois au détriment de la réflexion et de la découverte personnelle. L'enseignement est encore souvent dispensé sous forme de cours magistraux et les élèves ont tendance à être trop passifs. Bien que les travaux de groupes se soient développés, le travail individuel reste privilégié. Les élèves sont jugés essentiellement sur les devoirs personnels effectués en classe ou à la maison.

■ Peu d'ouverture sur l'extérieur

En raison des problèmes complexes de transports, d'encadrement, d'autorisations administratives, les écoles françaises organisent encore trop peu de sorties à l'extérieur : visites de musées, d'expositions, d'établissements divers.

De même, rares sont les intervenants extérieurs à l'Éducation nationale dans les écoles : artistes, artisans, responsables d'entreprises ou d'associations, parents d'élèves, etc.

Cette coupure entre l'école et l'extérieur, et en particulier entre l'école et le monde du travail, ne contribue pas suffisamment à préparer les jeunes à la vie sociale et professionnelle.

> **UN SUJET DE FRANÇAIS AU BACCALAURÉAT 1988.**
>
> « **V**ous voilà armé pour la lutte », a fait mon professeur en me disant adieu. «Qui triomphe au collège entre vainqueur dans la carrière. »
> Jules Vallès, Le Bachelier, 1881.
> La possession des diplômes est souvent présentée comme la solution au problème de l'entrée dans la vie active. Partagez-vous ce point de vue ?

Dans leurs revendications, les lycéens réclament des «moyens», mais aussi des «droits» et une «meilleure élaboration» des programmes.

■ Trop d'échec scolaire

La généralisation de l'enseignement jusqu'à seize ans est un grand progrès mais une des critiques fondamentales adressée au système éducatif français est l'importance de l'échec scolaire : plus de 10 % des jeunes quittent l'école sans aucun diplôme.

L'école est faite pour les bons élèves et ne sait pas prendre en compte ceux qui ont des difficultés. Un enfant qui «ne suit pas» doit redoubler, c'est-à-dire recommencer la même classe. 10 % des élèves redoublent dès la première année de primaire (le CP), les deux tiers seulement des élèves arrivent en sixième sans avoir redoublé une classe. Or on a constaté qu'un élève qui a redoublé une petite classe a peu de chances de suivre par la suite une scolarité normale.

L'école n'a pas résolu le problème des inégalités, puisque l'échec est souvent lié à l'origine sociale. Les enfants qui ont des difficultés sont souvent ceux qui sont issus de milieux modestes (ouvriers, immigrés) parce qu'ils ne peuvent pas être aidés au niveau scolaire par leurs parents et qu'ils vivent dans un environnement où on ne maîtrise pas bien le langage et le raisonnement.

■ Une sélection qui ne dit pas son nom

Malgré la volonté affirmée d'instituer « une égalité des chances pour tous », une sélection plus ou moins cachée s'exerce à tous les niveaux.

Aujourd'hui, tous les enfants entrent en sixième et se retrouvent dans les mêmes classes. Mais pour que leur enfant soit dans une classe d'un bon niveau, certains parents choisissent comme première langue l'allemand, langue réputée plus difficile que l'anglais.

Les mathématiques sont considérées comme une discipline prioritaire et un moyen pour détecter les bons élèves. Le bac C (mathématiques) est le seul qui permette l'accès à toutes les filières de l'enseignement supérieur. Tous les élèves essaient donc d'intégrer des sections scientifiques, même ceux qui ont plutôt des aspirations littéraires. Cette pratique est d'ailleurs très critiquée par les mathématiciens car elle tend à donner aux mathématiques un rôle uniquement instrumental et fait oublier sa spécificité en tant que discipline scientifique.

Ce qu'on appelle « l'orientation scolaire » est plutôt en réalité une sélection par l'échec. On « oriente » les élèves non pas en fonction de leurs aptitudes ou de leurs aspirations, mais lorsqu'ils ont été refusés dans les bonnes sections. C'est ainsi qu'on trouve tout spécialement dans les filières techniques et professionnelles des élèves qui viennent majoritairement de milieux très modestes et qui ont de gros problèmes scolaires.

■ La recherche de solutions

Le ministère de l'Éducation Nationale, conscient de tous ces problèmes, réfléchit à la nécessaire rénovation du système éducatif, et en particulier à la réduction de l'échec scolaire, en développant la concertation au sein de groupes de travail associant les enseignants, les associations de parents d'élèves, etc.

La plupart des propositions vont dans le même sens : la mise sur pied d'équipes d'enseignants, le suivi individuel des élèves, le développement de l'évaluation, une organisation plus souple permettant de pratiquer une « pédagogie différenciée ».

Aujourd'hui, plusieurs dispositifs — « les projets d'éducation éducative », « les projets d'établissements » — permettent aux établissements scolaires d'engager une réflexion et des expérimentations pour traiter leurs problèmes spécifiques en faisant participer les enseignants, les élèves, l'administration, les parents, et des partenaires extérieurs (collectivités locales, associations, etc.).

L'ENSEIGNEMENT EST SANS PITIÉ

— 80 % des élèves qui ne savent pas lire correctement sont d'origine populaire.

— Un enfant d'OS a trois fois plus de chances de redoubler son cours préparatoire qu'un enfant de cadre.

— 40 % des élèves d'origine populaire disparaissent du cursus* général dès la quatrième.

— Près de la moitié des enfants d'origine étrangère sont en retard, contre un tiers chez les Français.

— 200 000 jeunes quittent le système scolaire chaque année sans diplôme.

— Six enfants sur dix d'origine populaire passent un bac professionnel.

— 10 % seulement des élèves des prestigieuses terminales C sont issus de milieu défavorisé.

— 0,05 % des enfants d'immigrés accèdent à l'enseignement supérieur.

— 40 % d'une classe d'âge « décroche » son bac en région parisienne, contre 25 % en Normandie.

— À l'université, 13 % des étudiants sont de milieu défavorisé.

— Il y a 200 000 boursiers seulement pour 1,1 million d'étudiants. Le montant maximum est de 15 000 F par an, alors que le budget annuel d'un étudiant est de 40 000 F.

— En 1989, un étudiant sur dix peut se loger en résidence universitaire, contre un sur sept en 1970.

— L'étudiant en université coûte en moyenne 16 000 F par an, 30 000 F en classe préparatoire et 50 000 F en école d'ingénieurs.

Laurent CATHERINE, L'Événement du jeudi, 22 mars 1990.

ET POURTANT LE NIVEAU MONTE

Le niveau général est encore faible puisque plus d'un Français sur deux (ayant plus de quinze ans) est sorti de l'école sans aucun diplôme ou seulement avec le certificat d'études primaires (le CEP); 10 % seulement des adultes ont un diplôme supérieur au baccalauréat. Les hommes sont un peu plus diplômés que les femmes. Les personnes âgées sont bien sûr les moins diplômées (et ce sont souvent des femmes!).

*Bien que la scolarisation soit obligatoire et ce depuis longtemps, on parle encore beaucoup d'**illétrisme**. Sur 37 millions de personnes valides* de plus de 18 ans vivant en France métropolitaine, on estime que 9,1 % sont touchées par l'illétrisme, c'est-à-dire incapables de parler, lire, écrire et bien comprendre le français. Il s'agit de 1,9 million de Français souvent âgés ayant été peu scolarisés et de 1,4 million d'étrangers, en particulier des femmes d'origine étrangère.*

Mais les progrès réalisés en vingt-cinq ans en matière d'éducation sont considérables. En 1990 on considère que 44 % d'une classe d'âge a obtenu son baccalauréat, l'objectif est de parvenir à 80 %.

NIVEAU DE FORMATION DE LA POPULATION

Seule a été prise en compte la population de plus de 15 ans qui ne va plus à l'école (1988).

HOMMES		FEMMES	
• Aucun diplôme ou CEP seul	46,6 %	• Aucun diplôme ou CEP seul	50,4 %
• BEPC seul	6,0 %	• BEPC seul	7,2 %
• CAP, BEP ou autre diplôme de ce niveau	24,7 %	• CAP BEP ou autre diplôme de ce niveau	20,5 %
• Bac, BP, ou autre diplôme de ce niveau	9,0 %	• Bac, BP, ou autre diplôme de ce niveau	8,9 %
• Diplôme du 1er cycle universitaire, BTS, DUT	4,6 %	• Diplôme du 1er cycle universitaire, BTS, DUT	5,5 %
• Diplôme du 2e ou 3e cycle universitaire	7,2 %	• Diplôme du 2e ou 3e cycle universitaire	5,6 %
• Diplômes non déclarés	1,9 %	• Diplômes non déclarés	1,9 %

D'après les *Tableaux de l'économie française*, 1989.

PETITES FACS ET GRANDES ÉCOLES

L'enseignement supérieur est accessible en principe uniquement après le baccalauréat. Le système français est très particulier puisqu'il comporte plusieurs filières extrêmement différenciées : l'enseignement supérieur court, les universités, les grandes écoles.

L'enseignement supérieur court

Il s'agit de formations qui, pour la plupart, durent seulement deux ans. Elles connaissent un grand succès parce qu'elles offrent de réels débouchés professionnels. Le recrutement s'effectue de manière sélective sur dossier car il y a trop de candidats pour le nombre de places disponibles.

— **Les sections de techniciens supérieurs** des lycées. Elles préparent au BTS (brevet de technicien supérieur).

— **Les instituts universitaires de technologie** (IUT) sont rattachés aux universités et débouchent sur un DUT (diplôme universitaire de technologie).

— **Les écoles spécialisées** préparent en deux ou trois ans aux professions de la santé et du secteur social : sage-femme, infirmière, masseur-kinésithérapeute, orthophoniste, etc.

L'enseignement supérieur long : les universités

Les universités sont les seuls établissements qui accueillent tous les candidats sans faire de sélection (du moins en principe, car certaines universités pratiquent de manière plus ou moins illégale une sélection en fonction des notes obtenues au baccalauréat), si bien que dans certains cas les étudiants se retrouvent à l'université quand ils n'ont pas été admis ailleurs !

Plus de la moitié des bacheliers vont à l'université, mais 40 % environ abandonnent au cours de la première année.

Il est possible d'entrer à l'université sans avoir le bac, en passant un examen spécial d'entrée à l'université (l'ESEU) mais c'est une voie d'accès très limitée, réservée à des personnes ayant plusieurs années d'activité professionnelle.

Les universités sont pratiquement toutes des universités publiques, mises à part quelques rares universités confessionnelles.

Les études universitaires sont organisées en trois cycles :

— **Le premier cycle** prépare en deux ans au DEUG (diplôme d'études universitaires générales), mais le DEUG est un diplôme sans valeur sur le marché du travail.

— **Le second cycle** prépare à la **licence** (une année après le DEUG) et à la **maîtrise** (une année après la licence).

Les grandes villes universitaires

Les grandes villes universitaires

(chiffres de l'année 1989-1990)
Nombre d'étudiants

1. Paris (13 universités)	306 971
2. Toulouse (3 universités)	59 222
3. Lille (3 universités)	57 756
4. Aix-Marseille (3 universités)	56 969
5. Lyon (3 universités)	56 720
6. Bordeaux (3 universités)	47 842
7. Montpellier (3 universités)	42 298
8. Grenoble (3 universités)	36 747
9. Rennes (2 universités)	36 089
10. Strasbourg (2 universités)	34 705
11. Nancy (2 universités)	33 182
12. Nantes	23 969
13. Clermont-Ferrand	20 905
14. Caen	20 904
15. Poitiers	20 885
16. Dijon	20 728
17. Nice	20 513
18. Tours	18 884
19. Reims	18 880
20. Rouen	17 714
21. Besançon	17 096
22. Brest	13 963
23. Amiens	13 934
24. Angers	11 100
25. Limoges	11 003
26. Orléans	10 685
27. St-Etienne	10 603
28. Pau	10 174

NB : Ce tableau ne donne que les effectifs universitaires. Il faudrait être exhaustif ajouter les élèves des grandes écoles. Nous n'avons retenu que les centres universitaires qui comptent plus de 10 000 étudiants.

Depuis quelques années, les universités ont créé des formations professionnelles : les **MST** (maîtrises de sciences et techniques) et les magistères (trois ans).

— **Le troisième cycle** distingue deux filières :

• **le DESS** (diplôme d'études supérieures spécialisées) est un diplôme professionnel qui se prépare en un an après la maîtrise, il comporte une formation et des stages pratiques ;

• **le DEA** (diplôme d'études approfondies) est une formation à la recherche.

Après l'obtention du DEA (en un an) il est possible de préparer une **thèse**, en deux années minimum.

— **Les études de médecine et de pharmacie** ont une organisation particulière. Elles sont dispensées dans des CHU (centres hospitaliers universitaires), l'université assurant la formation théorique et l'hôpital la formation pratique.

• Les études de médecine durent de huit à dix ans. Un numérus clausus* limite le nombre d'étudiants, avec un examen difficile en fin de première année.

Après six ans d'études, les étudiants passent un concours d'internat de spécialité qui permet de devenir médecin spécialiste au bout de quatre ou cinq ans selon les disciplines, ou bien le concours de « résident » de médecine générale (deux ans).

• Les études dentaires durent cinq ans, la première année étant commune avec les études de médecine.

• Les études de pharmacie durent six ans.

LE BUDGET DES ÉTUDIANTS.

En moyenne, les étudiants disposent de 2 237 francs par mois pour payer leurs études, se loger, se distraire. Les 17-19 ans disposent de 1 635 francs, les 25 ans et plus de 3 905 francs.

54 % déclarent que leurs études (livres, fournitures, matériel, droits d'inscription) est le poste principal de leur budget. En second viennent les loisirs (48 %), et après, le loyer (45 %).

L'argent dont ils disposent provient à 70 % de leurs parents.

57 % seraient prêts à payer plus cher leurs droits universitaires pour une qualité d'enseignement et des conditions de travail améliorées.

82 % sont satisfaits de la compétence de leurs professeurs, 80 % du niveau de l'enseignement. Seuls 41 % sont satisfaits de la qualité des équipements universitaires.

Les étudiants seraient favorables à ce que l'État (94 %), les collectivités locales (87 %), les entreprises (85 %) participent davantage au financement des universités.

Échantillon : 500 étudiants.
Sondage IFOP pour *Réussir*, 16 février 1990.

■ Des facultés aux universités

L'université française a été complètement réorganisée après les événements de mai 68 par la loi d'orientation de l'enseignement supérieur, appelée loi Edgar Faure.

Les universités ont remplacé les anciennes facultés. Chaque université constitue une véritable entité*. Elle est en principe pluridisciplinaire et dispose d'une certaine autonomie pédagogique, administrative et financière. Elle regroupe un certain nombre d'unités pédagogiques, les UFR (unités de formation et de recherche), administrées chacune par un conseil et un directeur élus. L'université est dirigée par un président d'université élu, assisté de trois conseils élus également.

L'année universitaire commence en octobre et se termine en juin. Elle est divisée en deux semestres (octobre à février et février à juin). Les enseignements peuvent être semestriels ou annuels.

On obtient les UV (unités de valeur) en passant un examen terminal, ou bien par contrôle continu des connaissances, ou encore par une combinaison des deux.

Effectifs des principaux enseignements universitaires (1989-90)

Lettres et sciences humaines	341 970
Sciences	177 961
Droit et sciences politiques	138 683
Médecine	115 051
IUT	67 421
Sciences économiques et gestion	66 596
AES (Adm. économique et sociale)	37 212
Pharmacie	32 266
Études d'ingénieur	12 855
Éducation sportive	10 942
Odontologie (dentaire)	9 741
Droit et sciences éco.	7 990
MASS (Maths et sciences sociales)	3 800
Total	**1 022 588**

D'après *Tableaux de l'Économie française, 1990*

LA MALADIE DE LA SÉLECTION

L'enseignement supérieur français est malade de la sélection. Ou plutôt, du mauvais usage qu'il en fait. Hypersélectivité, d'un côté : les grandes écoles forment, à prix d'or, des cadres en nombre insuffisant, dont la préparation élitiste* ne correspond pas aux besoins de la production. Libre accès, de l'autre : les universités, submergées par le nombre, ne peuvent organiser de façon correcte la formation des spécialistes de toutes disciplines nécessaires à une société développée.

Le prix pour la collectivité de cette mauvaise organisation est considérable. Un élève de grande école coûte — au moins — trois fois plus cher qu'un étudiant d'université. Et la pénurie* des diplômés conduit les entreprises à pratiquer des sursalaires à l'embauche, largement injustifiés. De l'autre côté, les étudiants d'universités, confrontés à des conditions de travail désastreuses, mettent beaucoup plus de temps à terminer leurs études qu'ils ne devraient, ce qui diminue d'autant la productivité du système.

Le dommage n'est pas moins grand sur le plan humain. Les élèves de classes préparatoires sont soumis à un bachotage* intensif, peu propice à l'épanouissement de la personnalité, tandis que les étudiants de première année d'université, victimes du sous-encadrement, courent de grands risques de commencer leurs études par un échec. [...]

Frédéric Gaussen.
Le Monde, 7 février 1990.

*P*armi les pays de la CEE, la France n'occupe que le 3e rang pour le nombre d'étudiants (1 200 000 en 1988-89), mais elle est au 1er rang pour l'accueil des étudiants étrangers (près de 132 000, soit plus d'un étudiant sur dix).

Les grandes écoles

*L*e système des grandes écoles est très spécifique à la France. Il est totalement distinct du système universitaire.
Plus de la moitié des PDG des deux cents plus grosses entreprises françaises sortent de l'École nationale d'administration (ÉNA) ou de l'École polytechnique.

Les grandes écoles ne dépendent généralement pas de l'Éducation nationale, mais d'autres ministères ou bien d'organismes privés. On y accède par des concours d'entrée réputés difficiles, qui se préparent en deux années après le bac dans des «classes préparatoires aux grandes écoles» (les prépas) situées dans les lycées.

Pour entrer «en prépa», il faut subir une sélection sur dossier. La prépa demande ensuite un travail énorme (environ 60 heures de travail par semaine). Mais lorsqu'on a réussi le concours d'entrée d'une grande école, on est à peu près sûr d'arriver jusqu'au diplôme et de trouver ensuite un emploi de haut niveau. Parmi «les grandes écoles», certaines sont plus prestigieuses que d'autres. La plus cotée des écoles d'ingénieurs est Polytechnique ; viennent ensuite Centrale, Les Mines, l'École des Ponts et Chaussées («les Ponts»), SUPELEC, les Arts et Métiers, etc.

Les écoles de gestion sont HEC, l'ESSEC, l'ESCAE, l'ENSAE. L'ÉNA est l'école des très hauts cadres de l'Administration.

Les grandes écoles constituent un véritable vivier* pour toute l'élite économique et politique en France.

LES MEILLEURS DES MEILLEURS

L'ÉCOLE POLYTECHNIQUE

Dite l'X, « exilée » à Palaiseau depuis 1976, après deux siècles passés sur la montagne Sainte-Geneviève, à Paris. Créée par la Convention en 1794 pour former des ingénieurs, les Ponts et les Mines ne fournissant pas d'effectifs suffisants, elle a gardé une forte tradition républicaine (trois cent quarante places d'élèves français par an). L'X dépend du ministère des armées, et les élèves sont, non pas des étudiants, mais des « officiers de réserve en situation d'activité ». Ils effectuent à présent le service militaire dès l'intégration et n'ont qu'une scolarité de deux ans à Palaiseau.

On aurait tort de juger l'école seulement à travers le bal de l'X et les carrières offertes aux trois grands corps : Mines, Ponts et Télécom. L'X, c'est aussi le meilleur corps de professeurs et les laboratoires de recherches les plus pointus : eh oui, à l'X on fait aussi des sciences.

L'X a fourni trois présidents de la République, des maréchaux de France (Joffre et Foch), des scientifiques comme Monge, Gay-Lussac, Poincaré. Le gotha de la finance et de l'industrie en vient.

L'ÉCOLE CENTRALE DES ARTS ET MANU-FACTURES

Une originalité historique : l'École centrale date de 1829, mais fut créée sur une initiative privée pour former des cadres pour l'industrie et l'entreprise. 6% des centraliens seulement travaillent dans la fonction publique, y compris ceux qui font de l'enseignement et de la recherche. 45 % ont des fonctions dans des entreprises de moins de deux mille personnes. Trois cent soixante-dix diplômés par an.

Peugeot, Panhard et Boris Vian avaient fait « Piston » — c'est ainsi qu'on surnomme les élèves de Centrale — mais aussi Gustave Eiffel, Michelin.

L'ÉCOLE DES MINES DE PARIS

Promotions de quatre-vingts élèves par an, créée en 1783. C'est la dernière école royale, fondée pour fournir à l'État des cadres supérieurs pour l'industrie naissante. Elle dépend toujours administrativement du ministère de l'Industrie. Les premiers du classement de sortie de l'École polytechnique choisissent toujours le corps des Mines, le « nec plus ultra », mais se gardent bien de se mêler à la foule des élèves civils.

Si quelqu'un vous annonce avec satisfaction et sans ambages : « Je suis mineur », méfiez-vous. Loin de sortir des corons, il est sans nul doute membre du prestigieux corps des Mines et sûrement peu intéressé par les entrailles de la terre. Il guette plutôt la présidence d'une grande banque ou d'un grand groupe industriel.

L'ÉCOLE DES PONTS ET CHAUSSÉES

Créée en 1774 pour former des ingénieurs du corps royal des Ponts et Chaussées et des ingénieurs civils en matière de transports, de génie civil, d'urbanisme et d'aménagement régional. Le concours d'entrée est commun avec celui des Mines. Le corps des Ponts Paris recrute chaque année une vingtaine de polytechniciens qui viennent terminer leur formation aux Ponts et Chaussées en tant que « corpsards » : ils retrouvent les petits camarades ingénieurs civils. Élève célèbre : Bernardin de Saint-Pierre, auteur de l'inoubliable Paul et Virginie.

L'ÉCOLE NORMALE SUPÉRIEURE

(« La rue d'Ulm »). Fondée par la Convention, en 1794, pour former des professeurs et des chercheurs dans le domaine des lettres et des sciences. Chaque année, environ soixante places sont offertes par section.

Là aussi, les anciens élèves illustres ne se comptent pas : de Léon Blum à Jean Jaurès, de Bergson à Alain, de Giraudoux à Sartre, de Merleau-Ponty à Pasteur ou à Pompidou.

HAUTES ÉTUDES COMMERCIALES

Fondée en 1881 par la Chambre de commerce et d'industrie de Paris dont elle dépend toujours. HEC a été longtemps considérée comme une école « de second ordre », réservée aux gens ni vraiment littéraires ni vraiment matheux, appelés par dérision « les épiciers », dès la classe préparatoire, par les hypokhâgneux — littéraires — et les taupins — scientifiques. Le centenaire de l'école a vu fleurir son prestige et son renom. Elle est devenue une véritable grande école, la plus recherchée des écoles de commerce et de gestion. Le concours est commun à toutes les écoles : l'ESSEC et Sup de Co Paris la talonnent de près mais, sur les treize mille candidats qui ont présenté le concours en 1988 (il n'y en avait que huit mille en 1981), les deux cent soixante-cinq premiers admis choisissent toujours HEC. Chic et chère, la scolarité revient à 25 000 francs par an environ.

Les plus brillants des HEC présentent ensuite souvent l'ÉNA.

L'ÉCOLE NATIONALE D'ADMINISTRATION

La petite dernière a été créée en 1945 pour former démocratiquement, par un concours ouvert à tous, les fonctionnaires de l'inspection des finances, du Conseil d'État, de la Cour des comptes, du Quai d'Orsay, du corps préfectoral ainsi que les administrateurs civils. Il s'agissait surtout de reconstruire, après la guerre, une administration digne de ce nom, vouée au service public.

Le succès de l'ÉNA ne fait que croître et embellir. Elle fournit l'essentiel des gouvernements et des cabinets ministériels. Derrière les noms phares, s'égrènent malgré tous les « obscurs » administrateurs civils. Un énarque sur douze pantoufle et rejoint le privé après son temps obligatoire au service de l'État ou le remboursement de sa pantoufle*.

L. Delwasse, *Le Monde de l'Éducation*, décembre 1988.

5 PROFESSION : ÉDUCATEUR

L'Éducation nationale emploie plus d'un million de personnes. Aussi a-t-on coutume de dire que c'est la plus grande entreprise du monde après l'Armée rouge.

■ Tant qu'il y aura des profs

Tous les enseignants de l'Éducation nationale sont payés par l'État. Ce sont généralement des fonctionnaires recrutés sur concours.

• **Les instituteurs et les institutrices** passent un concours de niveau DEUG (deux ans d'études supérieures) puis reçoivent pendant deux ans une formation dans une École Normale d'instituteurs. Ils sont ensuite nommés dans l'académie où ils résident, soit dans une école maternelle, soit dans une école primaire.

• **Les professeurs de l'enseignement secondaire** sont recrutés à plusieurs niveaux :

Les PEGC sont d'anciens instituteurs qui ont reçu une formation complémentaire pour enseigner dans les collèges. Ils font généralement dix-neuf heures trente d'enseignement par semaine (et assurent souvent plusieurs matières).

Les adjoints d'enseignement sont des enseignants qui ont été recrutés comme vacataires* (« maîtres-auxiliaires ») après leur licence et qui ont ensuite été titularisés*. Ils font dix-huit heures.

Les professeurs certifiés sont titulaires du CAPES ou du CAPET (certificat d'aptitude au professorat de l'enseignement du second degré ou de l'enseignement technique) après avoir passé un concours national.

Leur nomination est faite au niveau national. Ils font dix-huit heures de cours.

Les professeurs agrégés sont titulaires de l'agrégation (concours national de haut niveau). Leur nomination est nationale également. Ils doivent faire quinze heures de cours.

• **Les enseignants du supérieur** ont généralement fait une thèse*. Lorsqu'un poste est ouvert dans une université, les candidatures sont examinées et classées par une commission d'enseignants interne à l'université. Le choix définitif et la nomination dépendent du ministère de l'Éducation nationale.

Le corps des assistants est en voie d'extinction dans les universités. Les enseignants du supérieur sont soit « maîtres de conférences », avec un service hebdomadaire de six heures, soit « professeurs » (trois heures de cours). Les enseignants du supérieur ont en principe l'obligation de faire de la recherche.

LE MALAISE DES ENSEIGNANTS

Depuis quelques années, les candidats à l'enseignement se font de plus en plus rares, en particulier dans les disciplines scientifiques. Les enseignants sont en grande majorité des femmes (78 % dans le primaire, 54 % dans le secondaire).

La fonction enseignante ne bénéficie plus du prestige d'il y a vingt ou trente ans. Les enseignants ont des salaires assez bas, les perspectives de carrière sont faibles. Cette situation entraîne un malaise qui relance le débat sur une nécessaire revalorisation de la fonction.

M 1722-2025 du 27 avril au 3 mai 1990. Ne peut être vendu séparément.

■ Orchestrer la vie à l'école

• **Les responsables d'établissement** sont des enseignants ayant une certaine ancienneté, inscrits sur une liste d'aptitude.

Les écoles maternelles et primaires sont dirigées par **un directeur**.

Les collèges sont dirigés par **un principal**, et les lycées par **un proviseur**, assisté par **les conseillers d'éducation**.

Les chefs d'établissement ont une responsabilité administrative, mais ils n'ont pas d'autorité sur les enseignants pour ce qui concerne l'activité pédagogique.

Les enseignants sont évalués et notés (peu fréquemment) par des inspecteurs pédagogiques régionaux.

• **Les fonctions d'administration et de gestion** sont assurées par des **intendants** et des **secrétaires**, qui sont également des fonctionnaires recrutés par concours.

L'IMAGE DES ENSEIGNANTS

Les enseignants jouissent globalement d'une bonne image auprès des parents d'élèves. Ils sont jugés dévoués aux enfants, mais trop politisés et conservateurs.

Quelles sont à votre avis les principales qualités des enseignants ? Et quels sont les principaux reproches que vous adressez aux enseignants ?

LES QUALITÉS	LES REPROCHES
Leur patience .... 50 %	Leur trop grande
Leur disponibilité	politisation ...... 32 %
pour les enfants .. 44 %	Leur peur des
Leur attachement	changements et
aux enfants ..... 43 %	des réformes .... 30 %
Leur ouverture	Leur méthode
d'esprit .... 34 %	d'enseignement .. 29 %
Leur capacité	Leur manque
d'adaptation ......31 %	d'enthousiasme .. 27 %
Leur dynamisme .. 29 %	Leur manque de
Leur disponibilité	disponibilité pour
pour les parents	les enfants ...... 24 %
d'élèves .... 21 %	Leur manque de
Leur désintéres-	disponibilité pour
sement .... 15 %	les parents
	d'élèves .... 19 %
	Leur manque
	d'ouverture sur
	le monde ...... 12 %
	Leurs connais-
	sances insuffi-
	santes .... 11 %

Sondage SOFRES pour *Madame Figaro*, 11 avril 1989.

6 UNE SECONDE CHANCE

Autrefois, les adultes avaient la possibilité de suivre des cours du soir dans certains établissements spécialisés, en particulier le Conservatoire national des arts et métiers (le CNAM) ou dans des écoles. C'est ce qu'on appelait la promotion sociale.
La loi de juillet 1971 sur la formation professionnelle continue a institué le droit à la formation dans le cadre du travail.

La **formation continue**, qu'on appelle aussi indifféremment **formation permanente** ou **formation professionnelle**, répond à un double objectif :

— donner à chacun « une seconde chance », la possibilité de perfectionner ses connaissances, d'acquérir une nouvelle qualification ;

— inciter les entreprises à améliorer la qualification de leur personnel pour être plus performantes sur le plan économique.

Toutes les entreprises peuvent organiser elles-mêmes la formation, ou s'adresser à des organismes spécialisés. C'est ainsi qu'en vingt ans on a vu se développer un vaste marché d'organismes de formation, privés et publics. L'Éducation nationale a développé des centres de formation pour adultes dans les universités et dans les lycées (les GRETA).

La formation permanente est désormais entrée dans les mœurs et touche beaucoup de salariés. En 1987, un actif sur quatre a bénéficié d'une action de formation, contre un sur dix en 1972. Mais des inégalités persistent entre les secteurs d'activité — les grandes entreprises font plus de formation que les petites — et entre les catégories de personnel — les cadres sont les principaux bénéficiaires.

Les formations financées par les entreprises se limitent souvent à des stages de courte durée, ne débouchant pas sur une qualification ou un diplôme. (La moyenne de formation par salarié et par an est de treize heures.) Elles ont donc peu d'effets en terme de promotion*.

Les formations longues sont généralement financées par l'État et destinées à des demandeurs d'emploi, en particulier des jeunes.

LES BÉNÉFICIAIRES DE LA FORMATION CONTINUE

En %

Catégorie socioprofessionnelle ou profession en 1985	Part de formés (1)
Cadres	18,0 %
Professions intermédiaires	20,7 %
Employés	11,1 %
Ouvriers qualifiés	10,1 %
Ouvriers non qualifiés	3,0 %
Ensemble	12,4 %

1. *Par « formé » on entend toute personne ayant suivi au moins une action de formation continue entre 1980 et 1985.*

Champ : salariés ou chômeurs anciens salariés en 1985, actifs en 1980 et résidant sur le territoire aux deux dates.

D'après *Économie et statistique* n° 228, janvier 1990.

LES GRANDES ENTREPRISES FORMENT PLUS...

L'accès à la formation continue dépend au moins autant des caractéristiques de l'employeur que de celles du salarié qui la reçoit [...]

La fréquence de formation dépend d'abord du secteur d'activité économique de l'employeur. La chimie de base et l'énergie (production et distribution d'électricité, distribution de gaz et d'eau) sont les deux secteurs les plus formateurs : 30 % de leurs salariés ont eu accès à une ou plusieurs actions de formation entre 1980 et 1985. C'est également le cas d'un salarié des organismes financiers sur quatre et de 22 % de ceux qui travaillent dans la construction électrique et électronique. D'autres secteurs dispensent peu de formation continue : les hôtels-cafés-restaurants (3 % des salariés), les industries à main-d'œuvre peu qualifiée (textile et habillement), le commerce de détail alimentaire et le bâtiment-génie civil et agricole (5 %).

Le statut juridique de l'entreprise, ainsi que sa taille, influent aussi sur les possibilités d'accès à la formation continue. Ce sont les salariés des entreprises publiques qui sont le plus fréquemment formés (21 %). Seules les entreprises privées d'une certaine taille (500 salariés et plus) s'approchent des précédentes (17 %). Dans le secteur privé, les actions de formation continue sont d'autant plus rares que les entreprises sont petites. Les salariés des entreprises de moins de 10 salariés ont trois fois moins souvent accès à la formation continue que ceux appartenant à celles comptant 500 salariés ou plus. Le recours à ce type de formation suppose une faculté d'organisation qui se trouve surtout dans des entreprises ayant une politique de gestion de leur main-d'œuvre, ce qui est plutôt le cas des grandes entreprises. L'organisation moins formalisée des petites entreprises, la plus grande polyvalence de leurs personnels leur rendent l'accès à la formation continue plus difficile. Toutefois l'effort de formation des petites entreprises s'est accru en 1987 alors qu'il stagnait précédemment.

... DU PERSONNEL DÉJÀ QUALIFIÉ ET DANS LES MÉTIERS D'AVENIR

Globalement les salariés les plus qualifiés sont ceux qui ont le plus accès à la formation continue : 18 % des cadres et 21 % des professions intermédiaires ont suivi au moins une formation à l'initiative de leur employeur entre 1980 et 1985. À l'autre extrémité de l'échelle sociale c'est seulement le cas de 3 % des ouvriers non qualifiés. De même, à l'intérieur d'une catégorie socioprofessionnelle, les plus diplômés sont bien souvent les plus concernés par ce type de formation. Cet effet diplôme est surtout très net dans les diverses catégories d'employés et dans la plupart de celles des ouvriers.

Cette plus grande facilité d'accès des personnes qualifiées à la formation continue s'estompe souvent lorsque interviennent les caractéristiques de l'employeur (activité économique, taille) ou la spécialité du métier. Ainsi un mécanicien qualifié d'entretien d'équipement industriel a eu deux fois plus de chances d'être formé entre 1980 et 1985 qu'un cadre administratif de PME.

Les hommes ont toujours plus souvent accès à la formation continue que les femmes. Entre 1980 et 1985, 13,5 % des hommes et 10,9 % des femmes ont suivi au moins une formation à l'initiative de leur employeur [...]. Cet accès moins fréquent des femmes à la formation continue s'explique pour l'essentiel par leur moindre qualification [...]

C'est entre 25 et 34 ans que l'on a le plus de chances d'avoir bénéficié d'une action de formation continue au cours des cinq dernières années. Les jeunes de moins de 25 ans ont moins accès à ce type de formation. Ils sont sortis de l'école plus récemment et sont mieux formés que leurs aînés. Il se peut aussi que l'employeur investisse moins dans des emplois souvent peu stables. Dès l'âge de 35 ans les opportunités de formation diminuent assez régulièrement avec l'âge [...]

d'après *Économie et statistique*, n° 228, janvier 1990

7

EUREKA
LA RECHERCHE SCIENTIFIQUE

Tout ce qui vit peut disparaître.

L'eau aussi est en danger.

L'essentiel de la recherche en France se fait sous l'égide* de l'État. La recherche faite par les entreprises (RD = recherche et développement) est moins importante que dans d'autres pays industrialisés.

Le ministère de la Recherche coordonne les activités de la recherche civile et impulse des coopérations entre les organismes publics et l'industrie.

L'ANVAR (Agence nationale de valorisation de la recherche) s'efforce de contribuer à valoriser les résultats de la recherche.

• **Les principaux organismes publics de recherche** sont les suivants :

— **Le CNRS** (Centre national de la recherche scientifique), qui couvre tous les domaines d'études, aussi bien en sciences sociales qu'en sciences exactes.

— **L'INSERM** (Institut national de la santé et de la recherche médicale).

— **L'INRA** (Institut national de la recherche agronomique*).

— **Le CEA** (Commissariat à l'énergie atomique).

— **Le CNET** (Centre national d'études des télécommunications).

— **Le CNES** (Centre national d'études spatiales).

— **L'Institut Pasteur** qui fabrique des sérums et des vaccins mais qui effectue aussi des recherches en immunologie*, en virologie*, en biochimie*, etc.

• **La recherche universitaire** s'effectue dans les établissements d'enseignement supérieur. De nombreuses équipes universitaires ont un statut de « laboratoire associé au CNRS ».

• **Le Collège de France** abrite des laboratoires de haut niveau.

• **Les grandes écoles d'ingénieurs** possèdent souvent un laboratoire de recherche.

• **La recherche militaire**, effectuée par le ministère de la Défense, absorbe une part importante des dépenses de l'État consacrées à la recherche. Elle travaille sur des programmes militaires, mais aussi sur leurs applications civiles.

LE GÉANT DE LA RECHERCHE

Créé en 1939, le Centre national de la recherche scientifique (CNRS) est l'organisme de recherche le plus important d'Europe. La France est un des rares pays à disposer d'un corps de chercheurs exerçant leur activité à temps plein, et payés par l'État. Le CNRS compte aujourd'hui 26 000 personnes (dont 17 000 chercheurs et ingénieurs). Avec la mise en place de laboratoires associés aux universités, il anime au total 13 000 laboratoires, soit 60 000 personnes. Son budget annuel de 10 milliards de francs représente le quart du budget de la recherche civile.

Pour présenter la diversité des activités du CNRS, voici les portraits de quelques-uns de ses chercheurs.

VAINCRE LA DOULEUR

Professeur à l'université Paris V, Bernard Roques dirige une unité INSERM et un laboratoire au CNRS. Son pari : vaincre la douleur. Le cerveau sécrète des morphines naturelles. L'ennui : ces molécules sont vite dégradées par des enzymes. D'où son raisonnement : si on les empêchait d'agir, la concentration des opioïdes naturels augmenterait. On devrait ainsi obtenir un effet analgésique comparable à celui de la morphine. Reste à confirmer l'intérêt clinique de ces molécules, qui agiraient aussi contre l'hypertension artérielle.

NOTRE LANGUE SUR CD-ROM

Linguiste et lexicologue, Bernard Quemada dirige depuis 25 ans le Centre d'étude du français moderne et contemporain. Son œuvre : Le Trésor de la langue française, le dictionnaire historique le plus important du monde. Son tome XVI, le dernier, est prévu pour 91-92. Il poursuit un inventaire de la langue française. Un disque CD-ROM donnera accès à 100 millions de mots. Aucun pays ne dispose d'archives aussi poussées.

GÉOGRAPHIE, CAPITALE MONTPELLIER

« Le CNRS est une invention superbe », confie Roger Brunet, de la Maison de la géographie, à Montpellier. C'est le siège, depuis 1984, du GIP-RECLUS qu'il a fondé et qu'il dirige à la tête de 30 personnes. Ici, on produit de la géographie comme on respire. En 1990, paraîtra un Atlas de France (250 planches grand format) très attendu et le premier des dix tomes d'une Géographie universelle. Cette année, a été publié un Atlas des villes européennes utilisant de façon nouvelle les photographies des satellites.

EN QUÊTE DES HOMMES VERTS

« Tout ce qui m'intéresse, c'est de savoir si les petits hommes verts existent. » Tel est l'actuel objectif de Jean Heidmann, chef de l'observatoire de Paris-Meudon. Cet Alsacien, amoureux des étoiles, explique : « Considérer que la vie est le résultat normal des péripéties de la nature semble aujourd'hui évident. Alors imaginer que nous sommes sur le seul endroit de l'Univers où cela se soit déroulé paraît si restrictif ! » Seulement voilà, l'espace est un océan qui sépare probablement, par des millions d'années, les espèces intelligentes. « La seule solution est donc d'écouter le ciel avec des radiotélescopes comme celui de Nançay, en Sologne, dans le cadre du programme SETI (pour la recherche d'une intelligence extraterrestre), lancé par la Nasa. »

SAUVER LA COUCHE D'OZONE

Chargé de recherches au service d'aéronomie, Jean-Pierre Pimmereau est le « M. Ozone » du CNRS. Son but : comprendre les mécanismes de destruction de la couche d'ozone. Pour « identifier correctement les problèmes », il lance avec les Britanniques, les Danois, les Norvégiens et les Belges un réseau mondial de surveillance de la stratosphère. Des spectomètres ont été installés dans l'Antarctique, au Groenland et sur « L'Astrolabe », navire polaire partant vers l'Afrique du Sud, l'Australie et le pôle Sud. Cette expédition permettra peut-être de déceler des problèmes dans les régions équatoriales.

Ça m'intéresse, octobre 1989.

• Quelles sont les grandes différences entre le système scolaire français et celui de votre pays? (Durée de la scolarité, durée des vacances, organisation des études, recrutement et rémunération des enseignants.)

• Peut-on entrer à l'université sans avoir le baccalauréat?

• Commentez cette phrase extraite de l'article qui donne les résultats du baccalauréat : «Le bac C reste la voie royale vers les grandes écoles.»

• Est-ce que les gens qui travaillent peuvent suivre une formation pendant leur temps de travail?

• En France, les grands organismes de recherche sont-ils publics ou privés?

• Cherchez le nom de scientifiques français qui ont reçu le prix Nobel.

• À quel âge un élève qui suit une scolarité normale entre-t-il dans les classes suivantes :
— cours préparatoire
— sixième
— troisième
— terminale
— université?

Prof, c'est un métier sérieux
«La quatrième campagne de recrutement de l'Éducation nationale joue l'austérité, avec un slogan choc : "Pour enseigner, renseignez-vous."

On (...) explique, en vrac, qu'"aujourd'hui, être prof, c'est avoir la possibilité de travailler avec des entreprises", qu'on peut "être prof avec une formation technique", et surtout que "le métier de prof change".»

Libération, 28 septembre 1990.

• Comment expliquer que le ministère de l'Éducation nationale doive lancer des campagnes publicitaires pour recruter des enseignants?

Ne vous trompez pas d'école!
• Vérifiez que vous comprenez bien le sens de ces termes :
— l'école maternelle
— une grande école
— l'école libre
— l'école buissonnière
— une auto-école
— l'école publique
— être à bonne école
— faire école

• Choisissez l'un de ces termes et, en groupes, imaginez les slogans d'une campagne publicitaire. Précisez quels en seraient les commanditaires.

 À RETENIR - À RETENIR - À RETENIR

l'orientation scolaire
l'éducation permanente
la formation continue
l'illettrisme

AU BOULOT !

LE TRAVAIL C'EST LA SANTÉ

Dans le modèle français, les relations employeurs-employés ont toujours été essentiellement réglées par le droit du travail, ensemble de lois et de décrets émanant de l'État.
Depuis les années 70, l'État a essayé de développer une politique de négociation entre les différents partenaires sociaux. Peu à peu, on est passé d'une gestion centralisée des relations de travail à la négociation collective à différents niveaux, y compris celui de l'entreprise, pour régler les problèmes de salaires, de temps de travail, de gestion de l'emploi, etc.

LE FONCTIONNEMENT DES GRANDES ENTREPRISES

La plupart des grandes sociétés sont des **sociétés anonymes**, ce sont donc les actionnaires* qui sont propriétaires du capital de l'entreprise.

— **Le conseil d'administration** est l'organe de gestion d'une société anonyme. Il est composé de représentants élus par l'assemblée. Il élit son président et nomme le PDG.

— **Le président-directeur général** — le PDG — est nommé par le conseil d'administration et peut être révoqué* par le conseil.

Le dirigeant d'une grande entreprise n'est donc pas forcément le principal actionnaire.

— **L'organigramme de l'entreprise** décrit les différents services, leurs relations hiérarchiques et fonctionnelles : service du personnel, services techniques, financiers, commerciaux.

Des lois pour le travail

— **L'embauche** peut se faire sur un contrat à durée indéterminée (un CDI) ou bien sur un contrat à durée déterminée (un CDD).

Le contrat de travail, écrit ou non, implique des droits et obligations pour l'employeur et le salarié.

— **Le licenciement*** est soumis à certaines règles.

L'employeur doit aviser le salarié un certain temps à l'avance en lui envoyant par lettre recommandée un « préavis »* qui précise les causes du licenciement. Il doit lui verser les salaires dus et une indemnité proportionnelle à son ancienneté dans l'entreprise.

Un salarié qui démissionne est tenu de respecter lui aussi un préavis avant de quitter son emploi. Ce préavis est généralement fixé à huit jours pour les ouvriers, un mois pour les employés et trois mois pour les cadres.

Jusqu'en 1986, l'employeur devait demander une autorisation administrative de licenciement à l'inspecteur du travail. Depuis cette date, celle-ci n'est plus nécessaire, sauf pour les délégués syndicaux. Des procédures de consultation des représentants du personnel sont prévues pour les licenciements collectifs.

■ Pour faire respecter le droit du travail

— **Les inspecteurs du travail** sont des fonctionnaires chargés de contrôler que le code du travail est bien appliqué. En cas d'infraction, ils peuvent dresser des procès-verbaux* et infliger des amendes* aux chefs d'entreprise.

Ils servent d'arbitres* en cas de conflits entre différents partenaires de l'entreprise.

— **Les conseils des prud'hommes** sont les tribunaux qui jugent les litiges* entre les employeurs et les salariés. Ils sont composés de représentants élus par chacune des parties.

Le petit travailleur infatigable

■ Le temps de travail

La durée légale de la semaine de travail n'a pas beaucoup changé. Elle était de quarante heures depuis 1936, elle est passée à trente-neuf heures en 1981.

Les salariés peuvent faire, au-delà de la durée légale de travail, des heures supplémentaires qui sont rémunérées* (elles ne le sont pas pour les cadres).

Ce qui a considérablement diminué, c'est la durée réelle de la semaine de travail.

En 1970, la durée réelle du travail était en moyenne de près de quarante-cinq heures par semaine. En 1989, elle a été ramenée à trente-neuf heures effectives, toutes catégories confondues.

Les horaires varient selon le type d'activité.

Dans les bureaux, les commerces, on travaille en général à partir de 8 ou 9 heures le matin jusqu'à 17 h, 18 h ou 19 heures.

Dans l'industrie, le travail posté* est assez répandu. Pour que les machines fonctionnent au maximum, plusieurs équipes d'ouvriers travaillent en alternance sur le même poste de travail :

— en 3×8 (prononcer trois-huit) : elles assurent successivement les postes de travail du matin, de l'après-midi, de la nuit.

— en 2×8 : matin et après-midi.

Certaines équipes travaillent seulement la nuit, ou le week-end.

De nombreux établissements pratiquent la journée continue : la pause-repas à midi est courte, mais comptée comme temps de travail.

Les horaires peuvent être « fixes » ou « variables » ; dans ce dernier cas le salarié peut moduler légèrement ses horaires dans la journée ou dans la semaine, sous contrôle d'une horloge pointeuse.

Le travail de nuit (entre 22 h et 5 h du matin) est en principe interdit aux femmes et aux moins de dix-huit ans, sauf dans certains secteurs (la santé, l'hôtellerie, etc.).

Le travail à temps partiel (à ne pas confondre avec le travail occasionnel) est celui dont la durée est inférieure à trente-deux heures hebdomadaires. Il est peu développé en France. Il concerne surtout les femmes du secteur tertiaire, notamment les employés du secteur public qui prennent « leur mercredi » pour s'occuper de leurs enfants.

*P*uisque la scolarité est obligatoire jusqu'à 16 ans, il est en principe interdit de travailler avant l'âge de 16 ans.
Les enfants de plus de 14 ans peuvent effectuer de petits travaux pendant les vacances scolaires.

Législation concernant la durée du travail en France, des origines à nos jours.

1831-1833 : Premières grandes grèves sur la durée du travail et l'augmentation des salaires.

1841 : Réglementation du travail des enfants : 8 heures par jour pour les enfants de 8 à 12 ans, 12 heures pour les enfants de 12 à 16 ans (peu ou pas appliquée).

1848 : Journée de travail de 10 heures à Paris et de 11 heures en province pour les travailleurs adultes.

1848 : Abrogation* du précédent décret, durée journalière portée à 12 heures.

1874 : 12 heures par jour pour les enfants de 13 à 16 ans. Le travail des enfants de moins de 13 ans est interdit.

1892 : 10 heures par jour pour les enfants de 13 à 16 ans. 11 heures pour les enfants de 16 à 18 ans et les femmes ; 12 heures pour les travailleurs adultes.

1900 : La durée journalière de travail est progressivement ramenée pour tous les travailleurs, par période échelonnée de deux ans en deux ans à 11 heures 30, 11 heures, 10 heures 30 et 10 heures. Cette même loi interdit l'organisation du travail par relais ou équipes volantes.

1905 : Institution de la journée de 8 heures dans les mines.

1906 : Repos hebdomadaire obligatoire.

1919 : Institution des durées maximales de 8 heures par jour ou de 48 heures par semaine, soit une durée maximale équivalente établie sur une période de temps autre que la semaine. Cette « loi des 8 heures », tempérée par de nombreuses dérogations* constitue le régime normal de la durée du travail jusqu'en 1936.

Accords Matignon de 1936 : Lois sur la semaine de 40 heures et sur les 2 semaines de congés payés.

1956 : Loi sur les 3 semaines de congés payés.

1969 : Loi sur les 4 semaines de congés payés.

1982 : Ordonnances sur la semaine de 39 heures et les 5 semaines de congés payés.

D'après « Les 35 heures et l'emploi »,
Notes et études documentaires,
n°s 4696-4697-4698.

■ Les congés

— **Le repos hebdomadaire** est obligatoire. Il est pour les salariés de deux jours consécutifs*.

La loi interdit depuis 1906 de faire travailler des salariés le dimanche, mais les dérogations au repos dominical sont nombreuses :

• Les commerçants propriétaires de leur magasin peuvent ouvrir leurs portes le dimanche et faire travailler les membres de leur famille.

• Le public doit pouvoir s'alimenter, se loger, se distraire, se soigner, même le dimanche. Des dérogations de droit sont accordées aux commerces alimentaires, aux restaurants, aux cafés, aux hôtels, aux pharmaciens.

• Des dérogations peuvent être accordées par le préfet ou le maire dans les zones touristiques.

• Certaines industries peuvent organiser le travail en continu pour des raisons techniques, à condition qu'un accord ait été signé avec les partenaires sociaux.

— **Les congés payés** (les vacances)

Depuis 1981, tout salarié a droit, pour douze mois de travail, à cinq semaines de congés payés, mais « la 5e semaine » doit être obligatoirement prise en dehors de l'été.

Des congés particuliers sont accordés pour des événements familiaux — mariage, naissance, décès d'un proche, congé d'adoption — ou comme primes d'ancienneté dans certaines entreprises.

— **Les congés maladie**

Le salarié doit envoyer à l'employeur (dans les deux jours qui suivent le début de l'absence) un certificat d'arrêt de travail établi par un médecin et précisant la durée de l'arrêt.

Le salarié reçoit de la Sécurité sociale des indemnités journalières* (environ 50 % du SMIC mensuel). Il peut être visité à son domicile par un inspecteur de la Sécurité sociale et ne peut donc s'absenter que pendant certaines heures réglementaires.

Gravir les échelons

La plupart des conventions collectives* utilisent une grille de classifications pour définir la hiérarchie des qualifications.

Dans l'industrie, on distingue :

• **les manœuvres**, qui ont le plus bas niveau ;

• **les OS** — ouvriers spécialisés — qui occupent des postes d'exécution et n'ont pas de qualification particulière ;

• **les OP** — ouvriers professionnels — qui ont une formation et un métier ;

• **les ETAM** — employés, techniciens, agents de maîtrise — qui occupent des postes qualifiés et peuvent avoir des fonctions d'encadrement de premier ou de moyen niveau ;

• **les cadres**, souvent diplômés, qui ont des fonctions d'encadrement supérieur.

La modernisation des entreprises, les restructurations industrielles ont modifié la structure des emplois.

Avec la diminution du travail à la chaîne (principe de division du travail né avec le taylorisme*) et la mise en place d'équipements automatisés dans l'industrie, les emplois peu qualifiés tendent à être supprimés. Les entreprises demandent aux ouvriers une bonne formation technique ainsi que des qualités d'adaptation et de polyvalence.

Parallèlement, le nombre des cadres a augmenté de façon considérable, la notion de « cadre » étant liée non seulement à l'encadrement du personnel mais aussi à la compétence technique.

Par ailleurs, les salaires sont moins directement liés qu'auparavant à la classification et à l'ancienneté. Les services de relations (ou ressources) humaines des entreprises tentent de moduler* les systèmes de rémunération en fonction des niveaux, des postes de travail, et des résultats obtenus individuellement ou collectivement.

MONTANT DU SMIC	Montant horaire en Francs
Moyenne 1975	7,27
Moyenne 1976	8,34
Moyenne 1977	9,40
Moyenne 1978	10,61
Moyenne 1979	11,94
Moyenne 1980	13,80
Moyenne 1981	16,30
Moyenne 1982	19,17
Moyenne 1983	21,50
Moyenne 1984	23,53
1er avril 1985	24,90
1er mai 1985	25,54
1er juillet 1985	26,04
1er juin 1986	26,59
1er juillet 1986	26,92
1er mars 1987	27,57
1er juillet 1987	27,84
1er juin 1988	28,48
1er juillet 1988	28,76
1er mars 1989	29,36
1er juillet 1989	29,91
1er avril 1990	30,51

TEF 1990

ÉVOLUTION DE LA STRUCTURE HIÉRARCHIQUE DES EMPLOIS

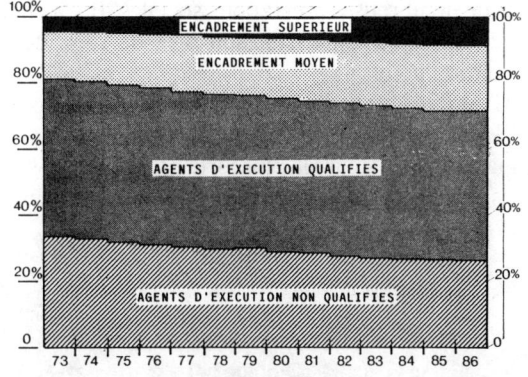

De moins en moins d'emplois non qualifiés : les ouvriers non qualifiés représentaient en 1973 un tiers des emplois, ils n'en représentent plus qu'un quart aujourd'hui.
De plus en plus de cadres : les cadres moyens constituent aujourd'hui 20 % des emplois et les cadres supérieurs 10 %.

CERC, *Notes et graphiques* n° 2, octobre 1987.

Tout travail mérite salaire

Le salaire est la rémunération que reçoit un salarié de son employeur, qu'il soit privé ou public : il constitue donc le revenu des travailleurs « dépendants » ; les travailleurs indépendants — professions libérales, artisans — ne touchent pas des salaires, mais des « honoraires ».

Le salaire peut être fonction de la quantité de travail produite : c'est « le travail aux pièces » ou au rendement. Il est le plus souvent « fixe », c'est-à-dire fonction de la durée du travail, horaire ou mensuelle. Depuis les années 1970, la mensualisation des salaires s'est généralisée.

■ Un salaire minimum

En 1950, la loi a institué un salaire minimum en dessous duquel aucun employeur ne peut descendre : le SMIG, remplacé en 1970 par le **SMIC** — salaire minimum interprofessionnel de croissance.

Le SMIC a été fixé en tenant compte des besoins incompressibles qui doivent être pris en compte dans un budget mais il est difficile d'en vivre correctement, surtout dans les grandes villes comme Paris. Il est régulièrement réévalué en Conseil des ministres pour tenir compte de l'évolution des prix, mais aussi de la croissance économique. Le SMIC sert de salaire de référence pour de nombreuses prestations sociales. Il y a environ 2 millions de smicards, soit près de 10 % de la population active.

C'est dans les petites entreprises du commerce et de l'artisanat, dans l'agriculture et parmi les employés de maison qu'on trouve la plus forte proportion de smicards, et parmi les femmes plus que parmi les hommes.

■ L'échelle des salaires

La dispersion* des salaires en France est considérée comme l'une des plus fortes d'Europe. Elle avait tendance à diminuer entre 1968 et 1975 grâce à une politique de relèvement prioritaire des bas salaires. Mais l'écart s'est à nouveau élargi depuis les années 80. Les bas salaires stagnent et sont très resserrés, alors que les hauts salaires grimpent et ont tendance à être de plus en plus différenciés. Un cadre « rare » peut gagner quatre fois plus qu'un cadre plus « ordinaire ».

Les 10 % de Français les moins bien payés gagnent moins de 4 500 F mensuels et les 10 % les mieux payés gagnent plus de 13 500 F mensuels. Le taux de dispersion des salaires en France est donc de un à trois. Mais dans une même entreprise, l'écart peut être assez couramment de un à sept entre les plus bas salaires et le plus haut salaire.

QUI N'EST PAS ASSEZ PAYÉ ?

56 % des salariés interviewés s'estiment mal payés, 34 % normalement payés, 9 % bien ou très bien payés. 35 % des mal payés jugent qu'ils devraient être augmentés de 15 à 20 %, 27 % au-delà. Les aiguilleurs du ciel (53 %), les ouvriers du textile (72 %), les serveurs de fast-food (91 %) sont jugés plutôt mal payés.

Pour fixer un salaire, 52 % des interviewés considèrent comme très important de prendre en compte le mérite individuel, 49 % le niveau de responsabilité, 45 % les risques d'accident, 40 % l'ancienneté, 36 % la pénibilité physique, 24 % les contraintes (présence, horaires), 24 % le nombre d'années d'études.

Échantillon 900, 15 ans et plus.
Sondage IPSOS pour *L'Expansion*, 16 mars 1989.

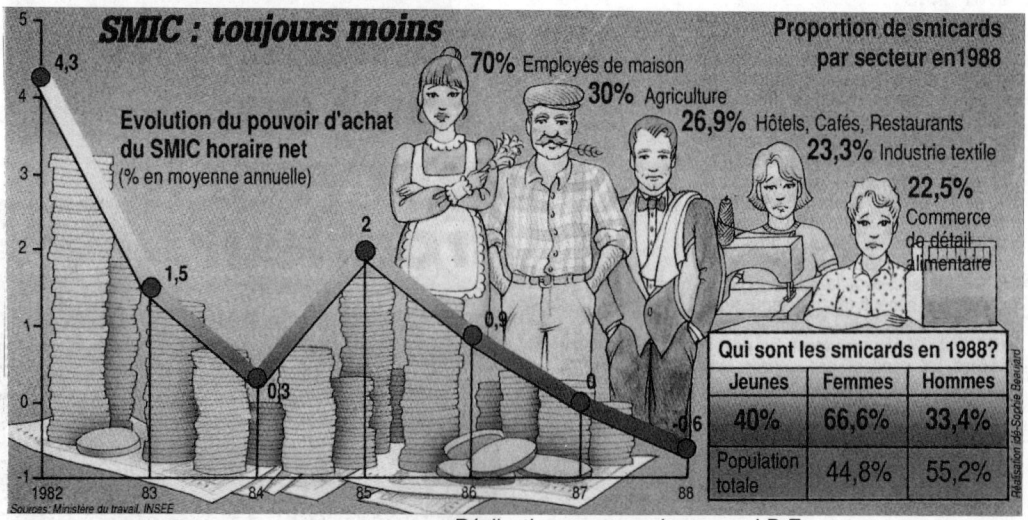

SMIC : toujours moins

Evolution du pouvoir d'achat du SMIC horaire net (% en moyenne annuelle)

4,3 — 1,5 — 0,3 — 2 — 0,9 — 0 — -0,6

1982 — 83 — 84 — 85 — 86 — 87 — 88

Sources: Ministère du travail, INSEE

Proportion de smicards par secteur en 1988

70% Employés de maison
30% Agriculture
26,9% Hôtels, Cafés, Restaurants
23,3% Industrie textile
22,5% Commerce de détail alimentaire

Qui sont les smicards en 1988?	Jeunes	Femmes	Hommes
	40%	66,6%	33,4%
Population totale		44,8%	55,2%

Réalisation : agence de presse I.D.E.

■ Une disparité de salaires entre hommes et femmes

Malgré le principe « à travail égal, salaire égal », les femmes gagnent en moyenne un quart de moins que les hommes.

Cela s'explique en partie par le fait que les femmes sont plus nombreuses à travailler dans les petites entreprises et dans la fonction publique*, où les salaires sont faibles.

Mais même à fonction égale, les femmes ont souvent un poste de qualification inférieure et de moindre responsabilité. Lorsque les femmes sont cadres, elles gagnent en moyenne moins que les hommes et l'écart tend à s'accroître avec l'âge, ce qui montre qu'elles n'ont pas les mêmes possibilités de carrière.

SALAIRE BRUT ET SALAIRE NET

Le salaire brut correspond à la rémunération prévue dans un contrat de travail.
Le salaire net est le salaire que perçoit réellement le salarié, après déduction des diverses cotisations sociales — sécurité sociale, chômage, retraite — mais avant paiement des impôts puisqu'ils ne sont pas prélevés directement sur le salaire.
Lorsqu'on parle de salaire, il faut préciser s'il s'agit du salaire brut ou net, la différence entre les deux pouvant être assez importante. Les cadres du secteur privé ont généralement pour habitude d'annoncer un salaire mensuel ou un salaire annuel brut, tandis que les salariés de la fonction publique parlent presque toujours en salaire net.

AVANTAGES EN NATURE

Les cadres ne tiennent pas toujours à voir leur salaire augmenter parce que les augmentations sont en grande parties annulées par les impôts. C'est pourquoi les cadres de haut niveau bénéficient dans certains cas d'avantages en nature, en principe imposables, mais qui peuvent être sous-évalués dans les déclarations fiscales (voiture de société, prêts personnels, tarif préférentiel sur biens et services, voyages d'études, etc.).

L'ÉCHELLE DES REVENUS
(Estimation moyenne du salaire net en francs par mois)

260 000	• Star télévision
170 000	• Grand avocat parisien
56 000	• Premier ministre
50 000	• Mannequin vedette
43 000	• Conseiller d'État
34 000	• Directeur commercial • Proviseur
33 000	• Pharmacien
25 000	• Dentiste • Avocat
22 000	• Général de brigade
21 000	• Médecin militaire (chef de service)
20 000	• Pharmacien (gérant d'officine mutualiste) • Chef comptable
19 000	• Médecin généraliste
18 000	• Professeur directeur de recherche (CNRS) • Colonel • Hôtesse de l'air (FC)
17 000	• Juriste d'entreprises (FC) • Ingénieur
16 000	• Croupier (FC)
15 000	• Chef de clinique (D) • Programmeur (FC) • Kinésithérapeute
14 000	• Professeur certifié (FC) • Chef de personnel
13 000	• Inspecteur de police (FC)
12 500	• Boucher-Charcutier
12 000	• Puéricultrice (FC)
11 000	• Capitaine (4 ans de grade) • Professeur d'université
10 000	• Magistrat (1er grade) • VRP (D)
9 000	• Agent RATP (FC) • Mineur de fond • Réparateur automobile
8 000	• Professeur agrégé (D) • Infirmière (FC) • Adjudant • Gardien de la paix • Gendarme (15 ans d'ancienneté)
7 000	• Employé de banque (D) • Architecte (D) • Secrétariat de direction (D)
6 000	• Taxi • Caporal-chef • Infirmière (D) • Instituteur (D) • Maître auxiliaire • Assistant de recherche (CRNS)
5 000	• Sapeur-pompier
4 000	• Pasteur
3 500	• Prêtre
	FC : fin de carrière D : débutant

Le Nouvel observateur, 8-14 JANVIER 1988

Les droits des salariés : toujours plus ?

■ Les conventions collectives

Dans de nombreuses entreprises, les conditions d'embauche, d'exercice du travail, de rémunération, de garanties sociales, etc. sont fixées par des « conventions collectives ». Ce sont des accords négociés et signés entre employeurs et organisations syndicales de salariés qui prévoient pour ces derniers des dispositions plus favorables que les dispositions strictement légales.

Les accords peuvent être signés au niveau d'une entreprise ou d'une branche professionnelle. Dans ce cas, ils s'appliquent à tous les salariés de la branche, que l'employeur adhère* ou non au syndicat patronal signataire*.

■ L'intéressement et la participation

Pour intéresser les salariés aux résultats économiques des entreprises, c'est le général de Gaulle qui a lancé en 1959 l'idée de les associer à certaines décisions et au partage des bénéfices.

La participation* a été rendue obligatoire en 1967 pour les entreprises de plus de 100 salariés.

La loi sur l'actionnariat* encourage également, par certaines dispositions fiscales, la cession d'actions cotées en Bourse aux salariés, soit à titre individuel soit à titre collectif.

■ La formation continue

La loi de juillet 1971 reconnaît à tout salarié le droit à la formation professionnelle continue (ou formation permanente) et impose aux entreprises des dépenses obligatoires de formation, équivalant au minimum à environ 2 % de la masse salariale.

■ Le droit d'expression directe

Le droit d'expression directe des salariés a été instauré en 1982 par « les lois Auroux ». La mise en place des groupes d'expression devait être obligatoirement négociée, dans chaque entreprise, entre la direction et les syndicats. Leur objectif était de permettre aux salariés de s'exprimer sur leurs conditions de travail dans des réunions organisées sur le temps de travail. Mais ces groupes fonctionnent assez peu dans les entreprises, par manque d'enthousiasme des différents partenaires.

Les responsables d'entreprise leur préfèrent une autre forme de structure participative : « les cercles de qualité », inspirés du modèle japonais. Leur fonction n'est pas fondamentalement différente, mais ils sont surtout consacrés aux problèmes de productivité et de qualité des produits.

À la table de négociations

■ Le comité d'entreprise

Créé en 1945, le comité d'entreprise (le CE) est théoriquement obligatoire dans les entreprises de plus de 50 salariés. Il est élu par l'ensemble du personnel, réparti en collèges (en catégories hiérarchiques) selon une représentation proportionnelle, et au scrutin à deux tours. Au premier tour, seuls les syndicats représentatifs (même s'ils ont peu d'adhérents dans l'entreprise) ont le droit de présenter une liste de candidats. En fait, beaucoup d'entreprises n'ont pas de CE faute de candidats.

Le CE, présidé par le chef d'entreprise, gère le budget affecté par l'entreprise aux activités sociales et de loisir et à la formation continue. Par ailleurs, il a un droit de regard sur la gestion de l'entreprise, sur les décisions importantes engageant son avenir, mais c'est un rôle purement consultatif. Depuis 1982, l'employeur doit engager chaque année avec le CE une négociation sur les salaires, la durée et l'organisation du travail.

■ Le comité pour l'hygiène et la sécurité

Obligatoire dans les entreprises de plus de 50 salariés, le comité pour l'hygiène, la sécurité et les conditions de travail (CHSCT) réunit le chef d'entreprise et des élus du personnel. Il examine tout ce qui touche à la protection des salariés contre les accidents du travail et les risques professionnels.

■ Les délégués du personnel

Leur présence est en principe obligatoire (mais c'est loin d'être toujours le cas) depuis 1936, dans tous les établissements employant au moins onze personnes.

Les élus n'appartiennent pas forcément à un syndicat. Ils peuvent prendre quinze heures par mois sur leur temps de travail pour remplir leurs fonctions : ils sont chargés de transmettre à la direction les réclamations* individuelles ou collectives des salariés sur les conditions de travail et de salaires et de saisir l'inspection du travail quand il y a plainte.

74

■ Les délégués syndicaux

Les sections syndicales d'entreprise sont reconnues juridiquement depuis 1968 : elles bénéficient d'un local et de panneaux d'affichage et peuvent distribuer des tracts* syndicaux à l'intérieur de l'entreprise.

Les délégués syndicaux, désignés par leur organisation (et non pas élus par les salariés), disposent d'un crédit d'heures rémunérées par l'entreprise. Ils participent à la négociation des accords et des conventions d'entreprise. Ils ne peuvent pas être licenciés sans autorisation de l'inspecteur du travail.

Les conflits du travail

Le droit de grève est inscrit dans la Constitution depuis 1945. Il peut prendre plusieurs formes : la grève surprise, la grève perlée, la grève tournante, etc.

ÉVOLUTION DU DROIT DES SALARIÉS

1864 Reconnaissance du droit de grève.

1884 Loi Waldeck-Rousseau accordant la liberté de création de syndicats.

1919 Mise en place de conventions collectives, c'est-à-dire d'accords entre employeurs et salariés d'une même branche d'activité.

1920 Les syndicats peuvent défendre toute une profession et pas seulement des cas individuels.

1936 Création de délégués du personnel (dans les entreprises de plus de dix salariés).

1945-46 Création de comités d'entreprise dans les entreprises de plus de cinquante salariés.

1946 Reconnaissance du droit syndical pour les fonctionnaires.

1950 Interdiction de licencier quelqu'un pour fait de grève.

1968 Reconnaissance de la section syndicale d'entreprise.

1982 Lois Auroux sur les groupes d'expression directe dans l'entreprise.

Certaines pratiques peuvent être considérées comme abusives et portées devant les tribunaux : piquets de grève empêchant l'accès de l'entreprise aux non grévistes (entrave à la liberté du travail), occupation d'usine, séquestration de membres de la direction, etc.

Les journées de grève entraînent pour les grévistes des retenues de salaire correspondant à la durée d'interruption du travail (mais parfois celle-ci se prolonge pour obtenir le paiement des jours de grève !).

Avec la crise économique et les problèmes de chômage, le nombre de journées de grève a considérablement baissé : en 1989, il était trois fois moins important qu'en 1977.

C'est le secteur public qui a été le plus touché par les grandes grèves de ces dernières années : infirmières des hôpitaux, tri postal, métro, chemin de fer. Cela suscite régulièrement des débats sur l'exercice du droit de grève dans les services publics et l'obligation d'un service minimum (qui n'existe actuellement que dans certains secteurs : santé, transports, radio, télévision).

■ Les formes de grève...

— grève surprise : arrêt du travail déclenché sans préavis ;

— grève sauvage : grève déclenchée par la base sans mot d'ordre syndical ;

— grève sur le tas : arrêt du travail en restant sur le lieu de travail ;

— grève tournante : arrêt du travail affectant les différents postes de travail les uns après les autres ;

— grève du zèle : il n'y a pas d'arrêt de travail mais une réduction de la production par application stricte des règlements et des consignes ;

— grève perlée : arrêts de travail courts, répétés, qui ralentissent la production sans qu'il y ait vraiment cessation du travail.

■ ... et les ripostes patronales

Pour briser un mouvement de grève, il peut arriver que certains patrons utilisent le *lock-out*, c'est-à-dire la fermeture de l'usine ou d'ateliers, avec licenciement du personnel. Les tribunaux peuvent être amenés à statuer* sur la régularité d'un *lock-out*.

Lorsque l'arrêt de travail d'un atelier bloque la production d'autres secteurs, le patron peut mettre le personnel en **chômage technique**.

À partir de réflexions (vraies) recueillies auprès de Japonais travaillant en France, voici une missive (fictive) à destination du Japon sur ces « hommes très fiers », qui « discutent à tout bout de champ ».

« Cher Yoshihiko.

Après maintes discussions avec nos compatriotes résidant en France, j'ai enfin trouvé de quoi enrichir ta fameuse collection de "souvenirs" étrangers. Tu désespérais de n'avoir rien de caractéristique du tempérament français à placer dans ta vitrine. Je te rapporte un lot de cartes de visite. En dessous de leur nom, certains Français font encore, vingt, trente ou quarante ans après avoir quitté l'école, référence à leur diplôme. Cette bien étrange coutume est en fait un code, une sorte de signe de reconnaissance entre gens du même monde. Ici, il y a un proverbe qui dit qu'on ne doit pas mélanger les serviettes avec les torchons. Dans la première catégorie, il faut ranger cette petite poignée de super-diplômés détenteurs d'un pouvoir qu'ils se transmettent à l'infini. Ceux-là n'ont pas besoin d'une longue ancienneté dans une entreprise pour la diriger. Ils atterrissent directement au sommet. Le diplôme sert de parachute. Dans la deuxième catégorie, il faut ranger tous les autres, la grande masse des Français, sûre à 90 % de ne jamais atteindre les rivages du pouvoir.

Élevés dans les valeurs de la patiente ascension, nos compatriotes voient évidemment dans cet élitisme toutes les causes du mal français dont, au premier chef, le peu d'implication des salariés dans la vie de leur entreprise. Ici, tout se passe comme si chacun travaillait pour un but différent. Le téléphone peut bien sonner sur le bureau de ton voisin absent, tu t'en moques, ce ne sont pas tes affaires. Tout est très cloisonné. Il n'y a pas d'échange d'informations. Les descriptions de postes et du cadre des missions de chacun sont telles que personne n'est jamais responsable de rien. Poussés dès l'école par leur professeur à exprimer leur opinion personnelle, les Français discutent et argumentent à tout bout de champ. Peu importe qu'il y ait ou non un consensus au finish. Les entreprises françaises peuvent vivre avec des gens qui pensent noir et d'autres qui pensent blanc, leurs managers n'en seront pas pour autant mal jugés. On étale ses divergences au grand jour sans se préoccuper des clients qui comptent les points. En France, il ne faut jamais s'arrêter à un refus. Ce qu'un cadre d'une entreprise te dit peut être aussitôt contredit par un autre. Il faut prendre le temps de trouver les bons interlocuteurs.

La quête du consensus n'est pas la préoccupation majeure des patrons français. Plus égoïstes que les nôtres, ils se comportent bien souvent en "grands capitalistes" quand ils ne devraient être que des "grands salariés". Ici, les PME comptent peu. Ce sont les groupes qui dominent et leurs dirigeants ont énormément de connexions avec le pouvoir. Ils se montrent beaucoup mais ils n'ont pas toujours la religion du travail en équipe et font parfois figure d'autocrates. Ils connaissent bien l'Europe et les États-Unis. Mais ils n'ont sur le Japon que des idées assez vagues. On a l'impression que c'est trop loin pour eux. Quant aux salariés français, ils ne paraissent jamais contents de leur sort. Il y a même eu — chose impensable chez nous — une grève des agents des impôts. Les syndicats sont très revendicatifs. Mais ils ont parfois raison. Le système de rémunération n'est pas moderne. Quand une entreprise fait des profits, tout le monde doit en profiter. Sinon il ne faut pas s'étonner que les Français vendent leurs heures de travail, pas leur enthousiasme.

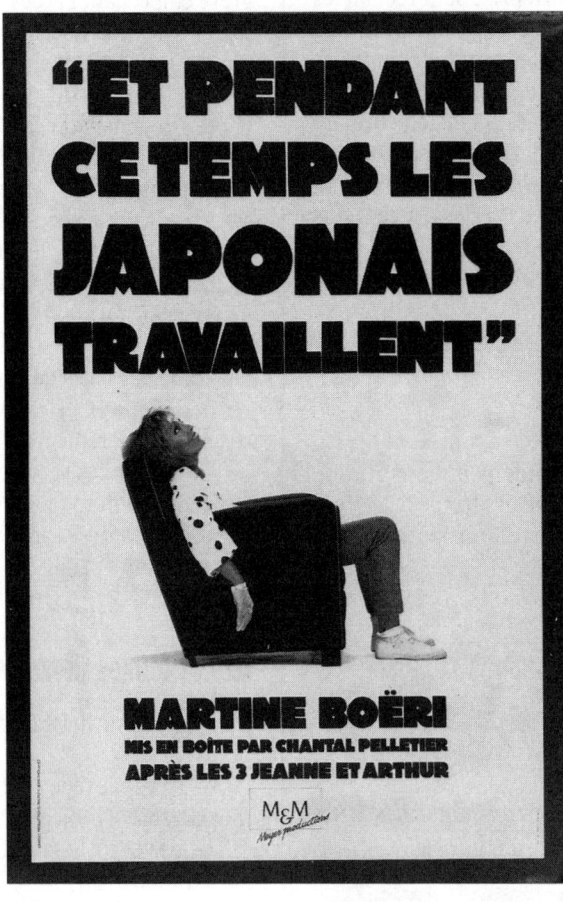

"ET PENDANT CE TEMPS LES JAPONAIS TRAVAILLENT"

MARTINE BOËRI

MIS EN BOÎTE PAR CHANTAL PELLETIER
APRÈS LES 3 JEANNE ET ARTHUR

M&M
Meyer production

Le Français est très fier. Très imbu de sa propre personne. Il ne supporte pas d'être comparé aux Italiens, aux Espagnols et encore moins aux Portugais. Il ne lui viendrait pas à l'idée de nettoyer les trottoirs pourtant peuplés de crottes de chien. C'est le boulot des travailleurs immigrés, africains ou maghrébins.

Ici, la moindre critique est perçue comme une agression. Et plutôt que d'admettre leurs erreurs, les Français iront se chercher toutes sortes d'excuses. Ils promettent souvent ce qu'ils ne peuvent pas toujours tenir et ont une drôle de conception du service. Loin d'être un wagamma *(choyé) comme au Japon, le client est bien souvent la victime de son fournisseur. C'est au premier de se plier aux desiderata du second. Tu peux poireauter en vain une journée entière dans l'attente du passage de l'Électricité de France qui ne te fixe jamais d'heure précise. Tu ne recevras aucun mot d'excuse. Les garçons de café sont désagréables. Et les commerçants en fruits et légumes cherchent toujours à te refiler les moins bonnes pièces s'ils ont le sentiment que tu es un client de passage. Il ne faut pas compter sur la livraison à domicile d'une voiture que tu viens d'acheter. C'est au client de se déplacer. Comme c'est à lui de lanterner en attendant que les vendeurs aient fini de papoter entre eux.*

Dans les grands magasins, le consommateur doit tout faire lui-même. Et on perd un temps infini entre le rayon, la caisse et le comptoir où se font les paquets cadeaux. Tout est toujours dispersé. Dans les queues, tu dois t'attendre à défendre chèrement ta place. Les plus redoutables des resquilleuses sont les personnes d'un certain âge toujours promptes à remonter les files avec un aplomb qui laisse généralement sans voix leur entourage. Pour s'affranchir du paiement des tickets de métro, certains n'hésitent pas à bondir au-dessus des barrières de contrôle. Et ce, dans l'indifférence générale. Mais c'est en voiture où l'indiscipline des Français trouve toute son expression. Leur personnalité change du tout au tout. Le plus doux devient agressif. Et le plus agressif une terreur.

Les règlements sont faits pour les autres. Et la compréhension de certains textes seulement accessible à ceux qui les ont rédigés. Sur un même sujet, deux avocats peuvent te donner deux interprétations différentes. Dans une négociation avec un Français, il faut t'attendre à ce que les conditions changent plusieurs fois en cours de route... Rien n'est systématisé. Quand nous nous privilégions l'étude du détail du contrat avant la conception de l'enveloppe, eux font le contraire. Pour négocier, les Français se déplacent toujours par deux mais cela n'augmente en rien leur agressivité. Ils abandonnent très facilement leur proie. Les vendeurs de porte-à-porte n'insistent pas si tu leur dis que tu n'as besoin de rien. Ils sont peut-être plus directs que nous.

Mais je t'assure qu'ils manient comme nous le honne *et le* tatemae *(le discours diplomatique et le discours vrai).*

Je pense en revanche qu'on leur a fait un peu vite une réputation de paresseux. Certes, ils prennent de longues vacances, et les loisirs priment tout. Mais ils travaillent peut-être de manière plus "compacte", plus "concentrée" que nous. Au Japon, la France passe pour être une lourde machine bureaucratique gérée par un État omniprésent. C'est très exagéré. L'administration n'est ni plus ni moins tatillonne qu'au Japon et, sauf à notre égard, le gouvernement est très libéral. Ici, il court bien évidemment toute une série de stéréotypes très agaçants sur nous. Récemment un patron français a dit que nous produisions mieux que les Français parce qu'on les imitait mieux. On présente aussi les ouvriers japonais comme des forçats. Et on peut comprendre dans ces conditions que les ouvriers français répugnent à suivre leur modèle. On nous taxe d'impérialisme et tout le monde se méfie de nous. Nos femmes passent pour des bêtes curieuses auxquelles on demande encore pourquoi elles ne sont pas en kimono. Et les professeurs de nos enfants adoptent des attitudes hautaines à leur égard. On m'a dit ici que les Françaises qui travaillent confiaient leurs enfants à des crèches ou à leurs grands-parents. Cela est peut-être bon pour l'économie française. Ça ne l'est sûrement pas pour l'équilibre et les études des enfants.

Envoyés par leur firme pour deux ou trois ans, certains s'en retourneront chez nous soulagés de quitter un pays dont ils ne comprennent pas toujours le fonctionnement et où les retards sont la règle. D'autres regretteront cette atmosphère plus détendue, plus relaxée. La vie y est incontestablement plus humaine, plus confortable. Les gens s'embrassent dans les rues sans se soucier du regard d'autrui. Tu n'as pas en permanence de comptes à rendre à la collectivité. Et s'il n'y avait pas ces plateaux de fromages incontournables au menu des déjeuners ou dîners d'affaires, la France vaudrait bien un séjour prolongé. »

Shuuichi

Lettre rédigée par Nicole Penicaut et Bruno Grandsard à partir d'une série d'interviews auprès de Naotoshi Okada, chef du bureau du quotidien économique japonais, Nihon Keizai Shimbun; Tetsutaro Iwai, directeur général d'Isetan (shosha, maison de commerce); Mieko Inoue, architecte; Yuichi Ueno, directeur général de Kanematsu SA (shosha); Toshiyuki Akiyama, opticien; Tamaoki (Nippon Crédit Bank) et les dirigeants de cosmétique, de BTP, d'électronique et d'informatique qui ont préféré ne pas être cités.

Libération, 26 février 1990.

LE TRAVAIL AU NOIR

On regroupe sous le terme « travail au noir » tout ce qui est travail non déclaré, donc non soumis aux impôts et aux cotisations sociales, ce qui constitue une perte de revenus pour l'État et pour la Sécurité sociale et prive celui qui travaille de toute protection sociale en cas de maladie ou d'accident.

Dans certains cas il s'agit d'activités plus ou moins tolérées : un particulier engage quelqu'un « au noir » pour quelques heures de garde d'enfants, de ménage ou de bricolage. Dans d'autres cas, il s'agit réellement de travail clandestin. Dans certains secteurs — le bâtiment, la confection, la restauration — des entreprises font travailler du personnel sans le déclarer pour ne pas payer de charges sociales.

L'économie « souterraine » est par définition difficile à évaluer, mais elle peut être estimée en 1988 à 250 milliards de francs, ce qui représenterait 4 % du PIB. Elle concerne des salariés ou des retraités qui complètent leurs revenus mais elle constitue parfois une solution de survie pour des chômeurs ou des étrangers qui n'arrivent pas à trouver un vrai travail.

LES PROFESSIONS LIBÉRALES

Il est possible d'exercer certains métiers en profession libérale, c'est-à-dire en étant son propre patron.

Ceux qui exercent des professions libérales se font payer en « honoraires » (et non pas en salaires) mais doivent payer eux-mêmes leurs cotisations à la Sécurité sociale, aux caisses de retraite, etc.

Cela concerne essentiellement les professions juridiques : avocat, notaire, commissaire-priseur ; les professions de la santé : médecin, pharmacien, kinésithérapeute, et quelques autres : architectes, experts-comptables, ingénieurs, consultants*, etc.

Le Nouvel Observateur, 8 février 1990.

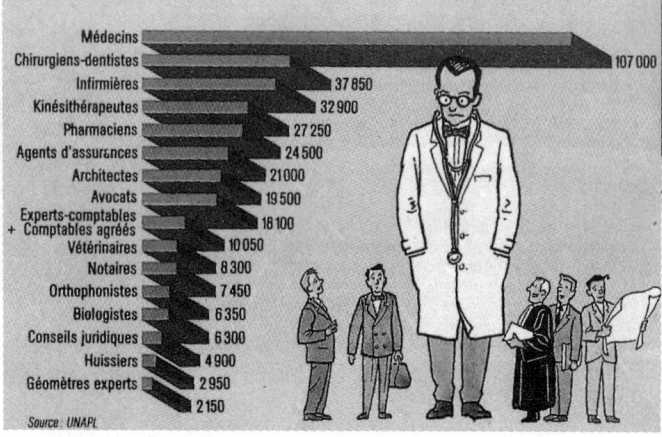

EFFECTIFS DES PROFESSIONS LIBÉRALES

Médecins	107 000
Chirurgiens-dentistes	37 850
Infirmières	32 900
Kinésithérapeutes	27 250
Pharmaciens	24 500
Agents d'assurances	21 000
Architectes	19 500
Avocats	18 100
Experts-comptables + Comptables agréés	10 050
Vétérinaires	8 300
Notaires	7 450
Orthophonistes	6 350
Biologistes	6 300
Conseils juridiques	4 900
Huissiers	2 950
Géomètres experts	2 150

Source : UNAPL

2 L'UNION FAIT LA FORCE

Les pratiques et les fonctions des syndicats diffèrent selon les pays et leur histoire.
En France, le mouvement syndical est indissociable du mouvement ouvrier. Les syndicats se
sont construits dans la grande industrie pour défendre la condition ouvrière et transformer
les rapports sociaux, avec une référence forte à la lutte des classes.

Les syndicats ont obtenu leur reconnaissance en 1884 (loi Waldeck-Rousseau). Le syndicalisme français est marqué par plusieurs caractéristiques :

— **La liberté syndicale** : toute personne est libre d'adhérer ou non au syndicat de son choix. L'appartenance syndicale ne peut pas entraîner de discrimination dans l'embauche, le licenciement, les avantages professionnels. La situation est donc différente de celle de pays où ce sont les syndicats qui organisent et réglementent certaines professions.

— **Le pluralisme syndical** : il existe plusieurs grandes organisations syndicales. La France détient le record occidental de la division syndicale !

Le mouvement syndical français a été marqué par les tendances anarcho-syndicalistes et par une forte politisation. L'histoire du syndicalisme est très liée à l'histoire des partis politiques de gauche et les débats idéologiques ont souvent pris plus d'importance que les revendications corporatistes*.

— **Le rôle des confédérations*** : elles regroupent au niveau national interprofessionnel l'ensemble des syndicats de base. Elles constituent dans le pays des forces d'opposition et de propositions aussi importantes que les partis politiques.

— **Le faible nombre de syndiqués** : le taux de syndicalisation n'a jamais été très important en France, mais depuis une dizaine d'années, la baisse des effectifs s'accélère (à peine un peu plus de 10 % des syndiqués pour l'ensemble de la population active). C'est un des taux de syndicalisation les plus faibles des pays industrialisés.

Les différents syndicats

Les syndicats dits « représentatifs » sont les seuls à pouvoir intervenir légalement dans les négociations et dans certaines élections. Les critères de représentativité sont liés à l'histoire du mouvement syndical. Le syndicalisme français est principalement un syndicalisme de salariés. Les syndicats patronaux interviennent peu, si ce n'est dans la représentation des intérêts patronaux dans les négociations avec l'État et les syndicats de salariés.

■ Les syndicats de salariés

— **La CGT** (Conférédation générale du travail) a été créée en 1855. Très liée au parti communiste, elle est toujours majoritaire dans le milieu ouvrier.

— **La CFDT** (Confédération française démocratique du travail) est issue du courant chrétien (la **CFTC**) mais elle s'en est détachée en 1964. Elle a repris un certain nombre d'idées de mai 68 et se situe actuellement plutôt dans la mouvance du parti socialiste, mais avec une volonté d'affirmer son autonomie.

— **La CFTC** (Confédération française des travailleurs chrétiens), constituée en 1919, est restée attachée à la référence chrétienne après la scission* de 1964, lorsqu'est née la CFDT.

— **FO** (Force ouvrière) s'est séparée de la CGT en 1947, au nom de l'indépendance syndicale vis-à-vis des partis politiques. Son audience* est surtout importante dans le secteur tertiaire.

— **La CGC** (Confédération générale des cadres), créée en 1945, veut défendre les intérêts spécifiques des personnels d'encadrement.

— **La FEN** (Fédération de l'Éducation nationale) est la principale organisation syndicale de l'enseignement public. À l'origine, elle était affiliée à la CGT, mais au moment de la scission entre la CGT et FO, elle a choisi de devenir autonome. Son rôle est très important parce que le taux de syndicalisation dans l'Éducation nationale est plus important que dans les autres secteurs, mais aussi parce qu'elle gère de puissants organismes mutualistes. Elle regroupe plusieurs syndicats :

• **le SNI**, Syndicat national des instituteurs (le plus puissant),
• **le SNES**, Syndicat des enseignants du secondaire,
• **le SNE-Sup**, Syndicat des enseignants du supérieur,

• **le SNAU**, Syndicat des personnels administratifs.

— **Les syndicats autonomes** : dans certaines entreprises, se sont créés des syndicats « maison », généralement initiés par les directions pour combattre l'influence des autres syndicats et donc qualifiés de syndicats « jaunes ». Ils sont regroupés depuis 1968 dans la **Confédération française du travail**, mais ne sont pas reconnus comme syndicats représentatifs par les pouvoirs publics.

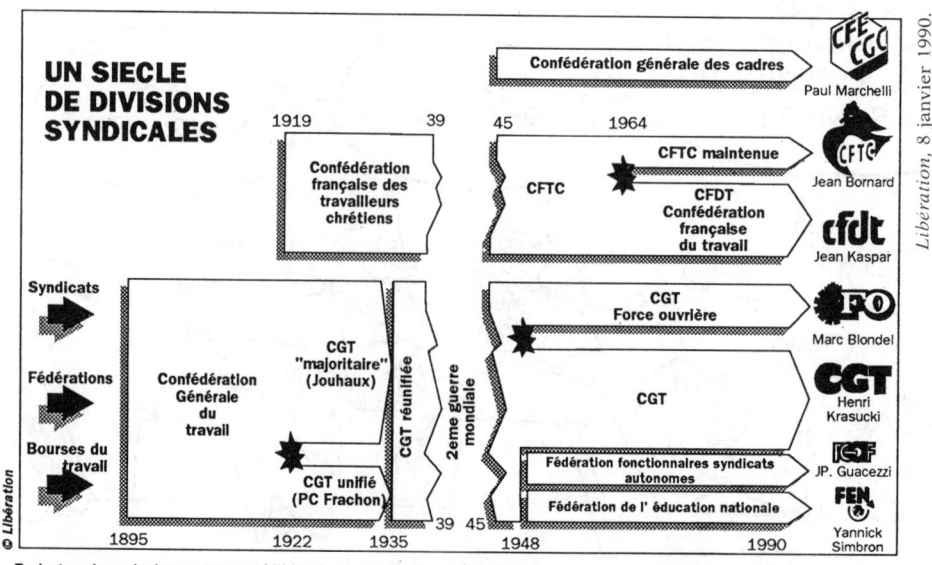

Trois grandes scissions ont marqué l'histoire du syndicalisme. En 1922, les syndicats « révolutionnaires » menés par des militants communistes fondent la CGTU. Il réintègrent en 1935 le giron de la CGT. Après la guerre, les « réformistes », devenus minoritaires, quittent la CGT pour fonder la CGT-FO. En 1964, les syndicalistes chrétiens décident de déconfessionaliser leur confédération qui devient la CFDT. En désaccord, la minorité maintient la CFTC.

REPRÉSENTATIVITÉ DES SYNDICATS

ENSEMBLE des SALARIÉS	FONCTION PUBLIQUE	SECTEURS PRIVÉ ET NATIONALISÉ	TOTAL
	%	%	%
CGT	17,0	36,4	32,2
CFDT	17,9	23,1	21,9
FO	17,7	20,5	19,9
CFTC	3,4	8,3	7,3
CGC	2,0	7,4	6,3
FEN	27,8	—	5,9
DIVERS	14,7	4,3	6,5

Élections prud'homales décembre 1987 (F.P. d'État d'élections 1985-87). Ministère de la Fonction publique, décembre 1988.

■ Les syndicats patronaux

— **Le CNPF** (le Conseil national du patronat français), créé en 1946, est la principale confédération représentative du patronat.

— **La CGPME** (Confédération générale des petites et moyennes entreprises).

■ Les syndicats paysans

Le secteur agricole est particulier puisque les agriculteurs sont de petits chefs d'entreprise, individualistes par tradition. Mais les paysans ont su se regrouper pour engager des négociations avec les pouvoirs publics.

La FNSEA (Fédération nationale des syndicats d'exploitants agricoles) est un mouvement puissant. En son sein s'est constitué le CNJA (Centre national des jeunes agriculteurs).

LES ROUGES ET LES JAUNES

— *Le syndicalisme français est marqué par la référence au socialisme : c'est pourquoi on appelle parfois les syndicalistes « les rouges ».*

— *Les syndicats « jaunes » ont été créés à l'initiative du patronat pour contrebalancer le pouvoir des syndicats ouvriers lors d'une grande grève au Creusot en 1899 (ils portaient une bannière jaune). On appelle « un jaune » un ouvrier qui prend le parti du patron ou qui refuse de prendre part à une grève.*

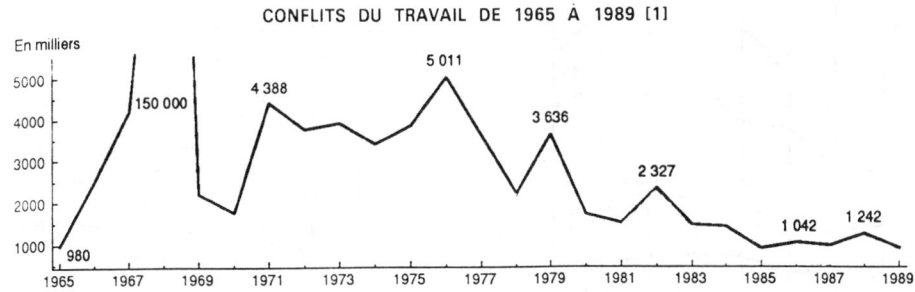

CONFLITS DU TRAVAIL DE 1965 À 1989 [1]

En milliers

Tableaux de l'économie française, 1990.

3

CHÔMAGE MODE D'EMPLOI

Le chômage est une des principales préoccupations des différents gouvernements depuis le début de la crise. En 1970, on comptait 50 000 chômeurs ; en 1976, 1 million et en 1987, plus de 2,5 millions (10,70 % de la population active). En 1988, pour la première fois, la tendance a commencé à s'inverser : 2,4 millions (10,2 % de la population active).

Les politiques de l'emploi se préoccupent non seulement de l'indemnisation* des chômeurs, mais des mesures en faveur de l'emploi : développement de la formation professionnelle, aides à la reconversion*, incitation à la création d'emplois par l'exonération* partielle des cotisations patronales* pour l'embauche de certaines catégories de chômeurs.

La mise en pré-retraite des personnes de plus de 55 ans a constitué également une manière de réduire le chômage en permettant l'embauche de plus jeunes.

Le chômage touche particulièrement les jeunes de moins de 25 ans et les femmes. Il concerne surtout les moins qualifiés et ceux qui n'ont pas de diplôme (catégories des ouvriers et des employés).

Même si le taux de chômage global a tendance à décroître, le chômage de longue durée s'aggrave. Un chômeur sur deux est sans emploi depuis un an et un sur quatre l'est depuis plus de deux ans.

TAUX DE CHÔMAGE SELON LE SEXE ET LA CATÉGORIE SOCIOPROFESSIONNELLE DE 1982 A 1989*

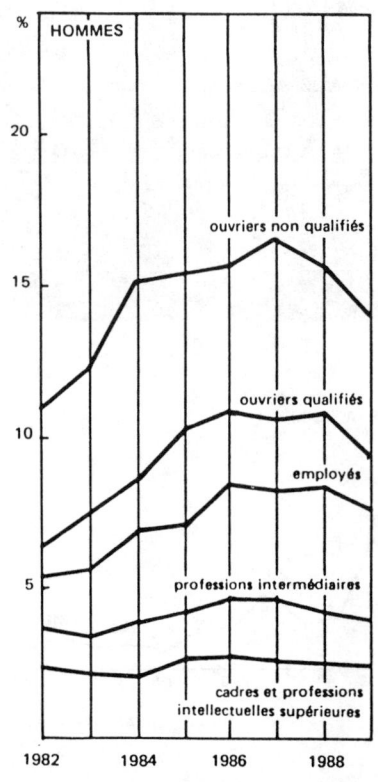

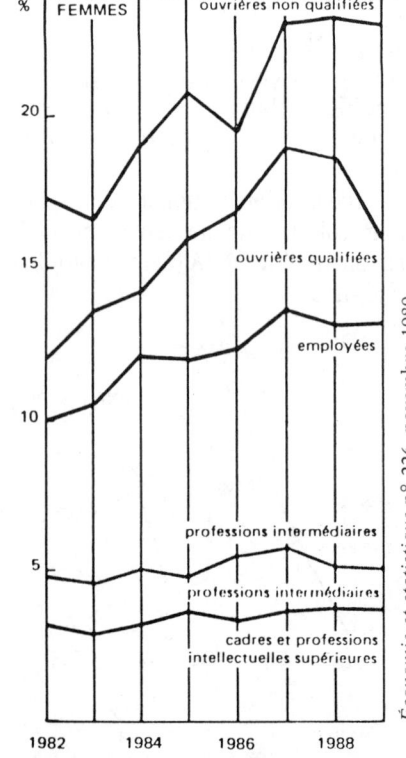

Économie et statistique n° 226, novembre 1989.

L'indemnisation du chômage

L'organisme d'État chargé de gérer les dossiers des demandeurs d'emploi, de verser les indemnités, d'organiser l'orientation et les placements, est l'ANPE — Agence nationale pour l'emploi — créée en 1967.

On dispose en France de deux régimes d'indemnisation du chômage :

— le régime d'assurance-chômage, créé en 1958, alimenté par les cotisations* obligatoires des employeurs et des salariés, et géré paritairement* par ces deux catégories.

— le régime de solidarité, financé par le budget de l'État.

Ces deux régimes sont gérés depuis 1979 par un même organisme, l'UNEDIC, et ses caisses locales — les ASSEDIC.

Sont considérés comme chômeurs ou, selon la terminologie officielle, comme « demandeurs d'emploi », non seulement les personnes qui ont été licenciées, mais toute personne à la recherche d'un emploi, et notamment les jeunes à la recherche d'un premier emploi.

La durée des indemnités de chômage et leur montant varient selon les cas. De nombreux chômeurs arrivés en fin de droits ne touchent plus rien.

La croissance du travail précaire*

Le modèle traditionnel de l'emploi salarié est un emploi à temps plein, avec un contrat à durée indéterminée (CDI).

Depuis une dizaine d'années, on a vu se développer les emplois précaires, qu'on appelle aussi « atypiques » ou « hors normes ». Ils permettent une gestion de l'emploi plus flexible, plus adaptée aux besoins ponctuels des entreprises. Mais ils conduisent à instaurer « une société à deux vitesses », avec, d'une part, les salariés classiques et, d'autre part, ceux qui sont cantonnés aux « petits boulots », alternant avec des périodes de chômage.

Parmi ces emplois précaires, on compte les stages pour les jeunes, les emplois intermédiaires, les contrats à durée déterminée (CDD) mais aussi le travail à temps partiel, car parmi les 12 % de la population active exerçant un travail à temps partiel, beaucoup souhaiteraient un travail à temps plein.

Le travail précaire est une forme d'emploi qui concerne un actif sur cinq. Il sert en fait souvent à déguiser un chômage plus ou moins chronique.

Les mesures en faveur des jeunes

Pour permettre aux jeunes sans qualification de bénéficier d'une première expérience professionnelle, l'État a mis en place des stages rémunérés :

— **Les contrats emploi solidarité** remplacent les TUC (travaux d'utilité collective) : des jeunes de 16 à 25 ans effectuent à mi-temps — pendant plus de trois mois, mais moins d'un an — un travail d'intérêt général dans des associations, des collectivités locales ou des établissements publics, moyennant une rémunération qui leur est versée par l'État.

— **Les SIVP** (stages d'initiation à la vie professionnelle) se déroulent surtout en entreprise, pour une durée de trois à six mois. L'État verse une rémunération et l'employeur complète par une indemnité.

— **Les contrats de qualification** et d'adaptation permettent à des jeunes d'acquérir en entreprise une qualification ou une formation complémentaire.

— **Le crédit formation individualisé**, créé en 1989, permet à des jeunes demandeurs d'emploi — plus de 16 ans et moins de 26 ans, sortis du système scolaire sans aucun diplôme — de suivre une formation individualisée qui leur permettra d'obtenir un diplôme qualifiant de type CAP ou BEP, en étant rémunéré. Après avoir établi un bilan et un projet avec un conseiller de l'ANPE, le jeune signe avec l'État un engagement crédit-formation qui lui permet de recevoir une rémunération pendant ses études.

Taux de chômage par rapport à la population active

	Hommes 951 000	Femmes 1 271 000	Total 2 222 000
(janvier 1990, en %)	(7 %)	(12,8 %)	(9,1 %)
Moins de 25 ans	15,4	24,0	18,0
De 25 à 50 ans	5,9	10,9	8,0
Plus de 50 ans	5,4	7,9	7,0

QUESTIONS-RÉFLEXIONS

• Les chômeurs sont-ils comptabilisés dans «la population active» ? et les femmes au foyer ?

• Quelles sont les conséquences de la modernisation des entreprises sur la structure des emplois ? et sur le chômage ? Est-ce que vous pouvez constater la même évolution dans d'autres pays ?

• «Le secteur bancaire entame la rénovation de sa convention collective, texte qui date de 1952 et qui concerne 244 000 employés. »

Libération, 17 septembre 1990.

En quoi cette information concerne-t-elle les salariés des banques ?

• Qu'appelle-t-on en France «un syndicat représentatif» ?

• Est-ce que les syndicats jouent un rôle dans la vie politique française ?

• S'ils veulent se syndiquer, à quel(s) syndicat(s) peuvent adhérer :
— un instituteur
— un ingénieur
— un directeur d'entreprise
— un agriculteur
— un ouvrier
— un employé des postes ?

• Toute peine mérite salaire, mais sous quelle forme ? Selon les situations, la rémunération prend des formes différentes : *une paye, des honoraires, des indemnités de chômage, des indemnités journalières, une bourse, un pourboire, une cotisation.* Dites ce que perçoit :

— un garçon de café
— un syndicat
— un demandeur d'emploi
— un étudiant
— un salarié
— une personne en congé de maladie
— un avocat

• Commentez cet extrait d'un texte paru dans *L'État de la France*, 1989.
«Que devient le travail ? le rapport au travail ? Trois exemples de la dernière décennie donnent à réfléchir. D'abord la victoire des femmes qui, refusant de ''rester à la maison'', ont voulu travailler, quitte à s'inscrire au chômage. Ensuite, aux deux extrêmes de la hiérarchie, la retraite anticipée et mal vécue des ouvriers d'industrie, d'ingénieurs ou cadres supérieurs. Enfin, l'inquiétude des jeunes en quête d'emploi, d'insertion. Pour les uns et les autres, par-delà le gagne-pain, il y a un réel désir de travail, ... »

• En vue d'une amélioration des conditions de travail et en tant que délégués du comité d'entreprise, vous élaborez un questionnaire pour les salariés concernant leur vie au sein de cette entreprise.

À RETENIR - À RETENIR - À RETENIR

un salaire brut, un salaire net
des cotisations sociales
le SMIC
une convention collective
une échelle des salaires
un demandeur d'emploi
un cadre
démissionner
être licencié
une profession libérale
le travail au noir

TRANCHES DE VIE

1 L'ARGENT DU MÉNAGE

Grâce à la croissance économique, le revenu disponible moyen par habitant a fait plus que doubler en francs constants entre 1960 et 1984; il a été multiplié par quatre entre 1949 et 1981!

C'est une moyenne qui cache des inégalités importantes, mais elle indique malgré tout un enrichissement généralisé. Les salariés les plus modestes ont actuellement des ressources comparables à celles dont disposait la bourgeoisie de l'après-guerre.

Le niveau de vie est déterminé par le revenu* dont disposent les ménages pour leur consommation.

Le revenu inclut deux types de ressources :

— **les revenus primaires**, qui rémunèrent* un travail ou un capital : ce sont les salaires et les revenus du patrimoine (immobilier, épargne, possession d'une entreprise, placements, etc.);

— **les revenus secondaires**, qui représentent actuellement plus du tiers du revenu des Français : ce sont les **prestations sociales** qui sont versées sous forme d'allocations familiales, de retraites, ou d'indemnités pour maladie, accident, chômage.

Si on veut connaître **le revenu disponible**, c'est-à-dire le montant des ressources réelles dont disposent les ménages, il faut déduire les prélèvements obligatoires dont ils doivent s'acquitter envers l'État : l'impôt sur le revenu, les cotisations sociales, les impôts fonciers, etc.

Les cordons de la bourse

Les ressources financières servent à dépenser et à épargner*. En fait les Français épargnent de moins en moins (les cigales sont plus nombreuses que les fourmis de la fable de La Fontaine). Ils dépensent plus de 87 % de leurs revenus, et beaucoup dépensent plus que leurs ressources en ayant recours aux crédits-consommation.

■ Les dépenses

Les dépenses traduisent l'évolution des modes de vie. Comme dans tous les pays industrialisés, la part du budget consacrée aux besoins élémentaires (alimentation, habillement) est en baisse, et la consommation se déplace vers les biens « de luxe » : loisirs, santé.

— **L'alimentation** reste la dépense principale des ménages (20 % du budget), bien qu'elle soit en nette diminution par rapport aux années 70 (26 %).

— **Le logement** (loyer, chauffage, éclairage) accapare une place de plus en plus importante (près de 19 %) car le montant des loyers et le prix d'achat des appartements (donc les emprunts réalisés) ne cessent d'augmenter.

— **Les transports** coûtent de plus en plus cher, beaucoup de Français habitant loin de leur lieu de travail.

— **La santé** est un poste de dépenses nettement en hausse* (près de 30 %). Certains économistes estiment qu'en l'an 2000, ce sera le premier poste de dépenses des Français.

— **Les loisirs** représentent un poste de dépenses en hausse (7,3 %).

— **Les dépenses d'habillement** augmentent en volume, mais la part qu'elles occupent dans le budget est en baisse.

■ La répartition des budgets

Elle n'est pas la même pour tout le monde : elle varie selon la catégorie sociale du ménage, sa composition, le lieu d'habitation.

— **La catégorie sociale**

L'alimentation est un poste plus important dans le budget des ouvriers que dans celui des classes moyennes, même lorsque le niveau de ressources est identique.

Les classes moyennes et aisées consacrent plus d'argent aux loisirs culturels (achat de livres, de journaux, de disques, spectacles), aux activités sportives et aux résidences secondaires.

— **La composition des ménages**

Les jeunes couples investissent davantage dans l'équipement ménager. Les ménages d'âge moyen ont beaucoup de dépenses de services (éducation et loisirs des enfants) et de logement (remboursement des emprunts). Les personnes âgées ont un poste de logement et d'équipement faible, mais de grosses dépenses de santé.

Quant aux célibataires, ils dépensent peu pour l'équipement de leur logement, sauf pour la hi-fi, et beaucoup pour leurs sorties. Leur budget « loisirs et culture » est le double de celui des personnes mariées ; un tiers de leur budget est consacré à l'achat de vêtements.

— **Le lieu d'habitation**

Les postes de dépenses ne sont pas les mêmes pour les ruraux et les citadins. Les Parisiens, en particulier, ont des comportements tout à fait spécifiques : ils dépensent en moyenne deux fois plus pour les loisirs et la culture que les provinciaux.

HABITATION ET ALIMENTATION
ABSORBENT 60 % DES REVENUS DES FAMILLES LES PLUS PAUVRES

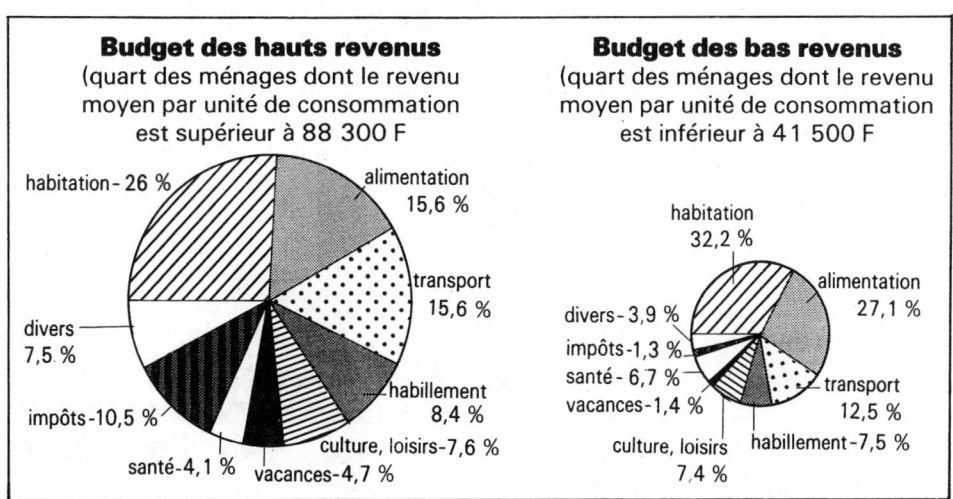

Budget des hauts revenus
(quart des ménages dont le revenu moyen par unité de consommation est supérieur à 88 300 F)

habitation - 26 %
alimentation 15,6 %
transport 15,6 %
divers 7,5 %
habillement 8,4 %
impôts - 10,5 %
culture, loisirs - 7,6 %
santé - 4,1 %
vacances - 4,7 %

Budget des bas revenus
(quart des ménages dont le revenu moyen par unité de consommation est inférieur à 41 500 F)

habitation 32,2 %
alimentation 27,1 %
divers - 3,9 %
impôts - 1,3 %
santé - 6,7 %
vacances - 1,4 %
transport 12,5 %
habillement - 7,5 %
culture, loisirs 7,4 %

Comme toujours, il vaut mieux être riche et bien portant que pauvre et malade. C'est ce que confirme l'étude de l'INSEE sur le « Budget des familles ». En dix ans, le quart des ménages les plus aisés ont pu augmenter leurs dépenses de 20 % (en francs constants), tandis que celles des ménages les plus modestes stagnaient, les premiers consommant en moyenne 3,1 fois plus par unité de consommation que les seconds.

Les plus riches ne consacrent que 15,6 % à leur alimentation, tandis que les plus pauvres dépensent pour se nourrir 27,1 % de leurs ressources.

Les ménages ayant le moins de revenus sont composés essentiellement de personnes âgées (63,6 % de plus de cinquante-cinq ans), et de jeunes (20,1 % de moins de trente-cinq ans). Et il s'agit souvent de personnes seules et inactives (chômage ou retraite) ou de familles nombreuses. Elles disposent de moins de 41 500 francs par unité de consommation, contre 88 300 francs pour le quart des ménages du haut de l'échelle.

Le Monde, 25 avril 1990.

Les arts ménagers

• Les dépenses consacrées à **l'équipement du logement** sont en baisse, les achats correspondent le plus souvent à un renouvellement du matériel.

Les logements se sont beaucoup modernisés depuis les années 70. Pratiquement tous les foyers ont un réfrigérateur (98 %), la télévision (94 %), le plus souvent en couleur (80 %), et un lave-linge (84 %). Un foyer sur cinq a un magnétoscope. Le lave-vaisselle et le micro-ordinateur sont de plus en plus courants.

Presque tous les Français ont **le téléphone** (plus de 90 % en 1984), alors qu'en 1979 seulement 52 % des ménages l'avaient. La densité téléphonique place la France au 3e rang européen et au 4e rang mondial.

• **L'équipement automobile** n'a cessé de progresser. La voiture n'est plus un objet de luxe. Presque tout le monde a une voiture, quel que soit le milieu social : 95 % des cadres supérieurs, 87 % des ouvriers, 77 % des employés ; 46 % des cadres supérieurs ont plusieurs voitures, contre 26 % des ouvriers. En revanche, un Parisien sur trois environ n'a pas de voiture.

Le nombre des grosses voitures (plus de 11 chevaux) et même celui des moyennes cylindrées (de 6 à 10 CV) est en diminution, au profit des petites voitures. La R5 est la voiture la plus vendue.

Les Français achètent plus souvent des voitures d'occasion que des voitures neuves et les gardent assez longtemps, ce qui fait que le parc automobile est assez vieux. Le kilométrage annuel moyen est faible, entre 10 000 et 15 000 kilomètres par an.

L'augmentation du prix de l'essence a contribué au succès des moteurs Diesel (environ 10 % des voitures achetées en 1987), car le gasoil est nettement moins cher. Par ailleurs les voitures diesel, même si elles sont plus chères à l'achat, ont la réputation d'être plus solides.

LES COMPORTEMENTS DES AUTOMOBILISTES

L'automobile est le plus souvent considéré sous un aspect positif, apparaissant « comme un endroit où l'on se sent bien » et un « moyen d'indépendance et de liberté » (plus de 75 % des opinions). Elle est également « un moyen d'évasion et d'aventure » (56 %). Seuls 15 % d'automobilistes utilisent leur voiture comme un moyen de se positionner socialement, tandis qu'un conducteur sur cinq, à l'inverse, considère son véhicule comme une source de soucis et d'ennuis. L'étude définit cinq types d'automobilistes : — le conducteur pépère et discipliné (26 %) ; — le conducteur modéré et économe (28 %) ; — le conducteur rapide mais prévoyant (23 %) ; — le conducteur sportif (15 %) ; — le conducteur agressif et flambeur (7,6 %).

Échantillon : 1 000 conducteurs.
Sondage INRETS pour *La Croix-L'Événement*, 26 avril 1989.

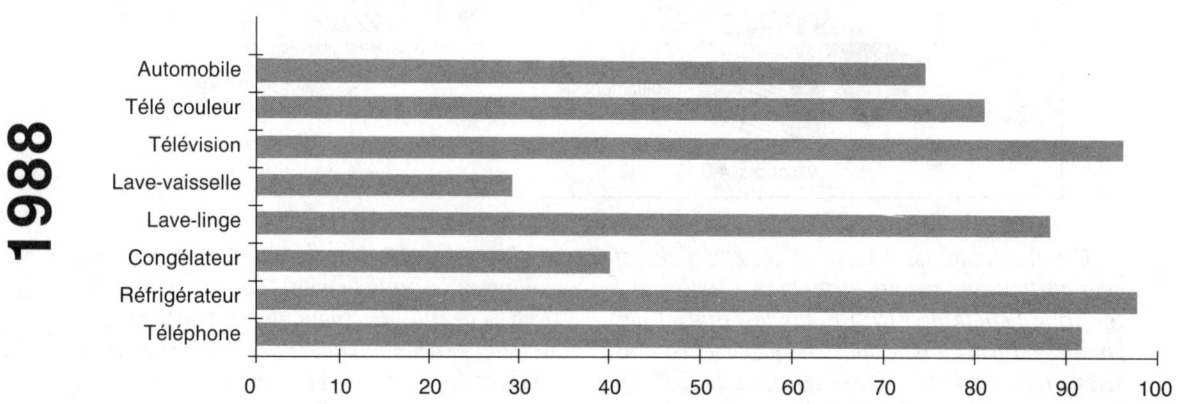

L'équipement des ménages. D'après *Tableaux de l'économie française*, 1989.

Présents respectivement dans 98 %, 94 % et 84 % des foyers, le réfrigérateur, la télévision et le lave-linge restent les trois grands classiques de l'équipement ménager. Si leur progression n'est plus aussi rapide qu'avant, elle s'accompagne cependant d'un fort taux de renouvellement. Ainsi, 80 % des Français possèdent aujourd'hui une télé couleur, contre 34 % en 1979 ; 38 % contre 13 %, disposent d'un réfrigérateur doté d'un compartiment congélateur ; le four à micro-ondes a fait une entrée remarquée dans les cuisines (dans une sur dix contre zéro en 1979) ; enfin, le magnétoscope trône dans un foyer sur cinq (contre un sur cent il y a dix ans).

2

LA MAISON DE MES RÊVES

Le programme intensif de construction réalisé entre 1945 et 1975 et les programmes de rénovation de l'habitat ancien ont permis heureusement d'améliorer la situation face aux besoins créés par l'industrialisation et l'urbanisation* de l'après-guerre.

Malgré les mesures tentées par les gouvernements successifs pour régler les rapports entre propriétaires et locataires, les problèmes de logement ne sont pas faciles à résoudre.

Lorsque la loi (la loi Quilliot) protégeait les locataires contre les hausses de prix des loyers, les propriétaires préféraient laisser les logements inoccupés. Les mesures d'assouplissement prises ensuite ont permis d'augmenter le nombre de logements mis en location, mais les prix se sont envolés et sont devenus inaccessibles pour beaucoup de gens...

La loi actuelle prévoit qu'à chaque renouvellement de bail le propriétaire doit faire référence aux loyers du voisinage pour justifier une hausse. En cas de « dérapage », le gouvernement peut intervenir par décret pour limiter les hausses.

La situation diffère selon les zones géographiques. Paris est un cas particulier : les prix des appartements, que ce soit à l'achat ou en location, ont terriblement monté ces dernières années et il est très difficile de s'y loger quand on n'a pas de très gros revenus. C'est pourquoi de plus en plus de Parisiens vont habiter en banlieue. Les grandes villes sont souvent chères, mais sans comparaison avec la région parisienne. C'est dans les petites villes et les villages que les prix sont les plus raisonnables, ce qui explique l'extraordinaire développement de l'habitat en zone rurale* ou semi-rurale.

■ Un petit chez soi...

En 1984, sur cent ménages*, un peu moins de 45 % vivent en appartement et un peu plus de 54 % en pavillon.

— **La maison individuelle** est le rêve de beaucoup de Français. L'habitat pavillonnaire* est en constant développement depuis 1954 et il est devenu majoritaire depuis les années 70. Les périphéries* des villes n'ont pas cessé de s'étendre et les petites communes des zones rurales aux abords des grandes villes continuent à se développer grâce à la multiplication de la maison individuelle.

Les jeunes, les célibataires, les cadres supérieurs préfèrent généralement habiter dans les immeubles des centres-villes, parce qu'ils privilégient la vie sociale et culturelle. Les cadres moyens, les employés et les ouvriers acceptent volontiers de quitter la ville pour avoir une maison et un jardin.

— **Les logements collectifs** sont soit des immeubles en copropriété*, soit des logements sociaux.

Les logements sociaux sont pour l'essentiel des HLM (habitations à loyers modérés).

Ils sont prévus pour les familles modestes et leurs loyers sont beaucoup plus bas que ceux des logements à loyer libre. Ils représentent au total 40 % des immeubles collectifs, mais leur nombre est encore nettement insuffisant par rapport aux demandes : les listes d'attente sont souvent très longues.

■ ... vaut mieux qu'un grand chez les autres

Être propriétaire de son logement fait également partie des rêves d'une majorité de Français.

Le nombre de propriétaires a augmenté de 65 % en vingt ans : le rêve est devenu une réalité pour plus d'un Français sur deux, toutes catégories sociales confondues (41 % des ouvriers, mais un tiers des employés).

L'État encourage l'accession* à la propriété par différentes aides financières : le PAP (prêt d'aide à l'accession à la propriété), l'APL (aide personnalisée au logement), l'AL (l'allocation logement), etc.

Mais c'est un rêve qui coûte cher. La moitié des acheteurs doivent faire des emprunts et les remboursements pèsent souvent très lourd dans leur budget.

CONFORT À TOUS LES ÉTAGES

40 % des logements ont été construits avant 1914 et seulement 20 % après 1968.

En 1962, 3 millions de logements n'avaient même pas l'eau courante, ...

Vingt ans après, en 1984, les deux tiers des logements disposent désormais du « confort minimum », c'est-à-dire un WC intérieur et une baignoire ou une douche. La plupart ont aussi le chauffage central.

Ce sont surtout les agriculteurs et les personnes âgées qui habitent encore des logements inconfortables, soit en zone rurale, soit dans de vieux immeubles parisiens.

L'espace dont disposent les Français est de plus en plus grand. 13 % seulement des logements sont considérés comme surpeuplés, alors que 61 % sont au contraire sous-peuplés. Cette diminution du surpeuplement est due à l'amélioration de la taille des logements, mais aussi à la diminution du nombre d'enfants par famille.

■ Un petit coin de verdure

Il y a en France 2,3 millions de résidences secondaires. Environ 10 % de Français disposent d'une « maison de campagne » située la plupart du temps à la campagne, parfois à la mer, plus rarement à la montagne.

La France bat le record du nombre de résidences secondaires par rapport au nombre d'habitants...

Les Français sont généralement propriétaires de leur maison de campagne, souvent d'ailleurs par héritage.

Toutefois, depuis quelques années, la mode des maisons de campagne a un peu passé parce que les charges et l'entretien d'une résidence principale et d'une résidence secondaire sont lourds à assumer financièrement.

STATUT D'OCCUPATION DES RÉSIDENCES PRINCIPALES

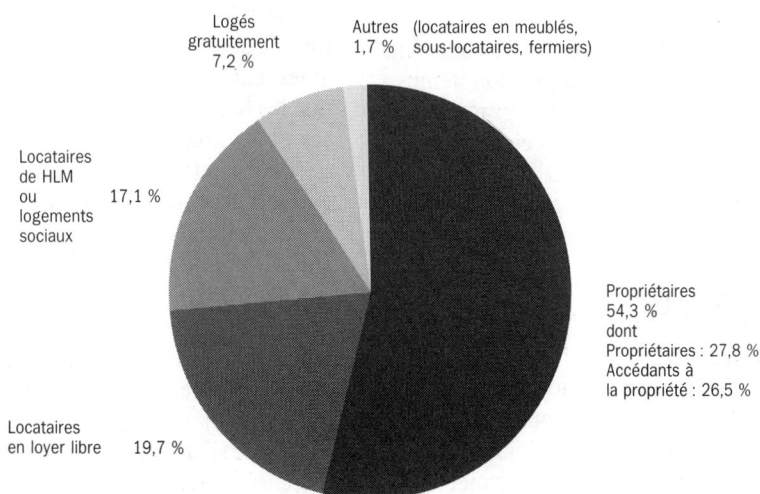

Logés gratuitement 7,2 %

Autres (locataires en meublés, sous-locataires, fermiers) 1,7 %

Locataires de HLM ou logements sociaux 17,1 %

Locataires en loyer libre 19,7 %

Propriétaires 54,3 % dont Propriétaires : 27,8 % Accédants à la propriété : 26,5 %

D'après *Tableaux de l'économie française*, 1990.

3 MÉTRO, BOULOT, DODO

Il est bien difficile de décrire un emploi du temps type pour tous les Français. On peut seulement tenter de dégager des tendances dans la répartition entre le temps physiologique, le temps professionnel, le temps du travail domestique et le temps libre.

les aïeux = les ancêtres (ancestors)

■ Le temps physiologique

Le temps physiologique occupe en moyenne la moitié d'une journée de vingt-quatre heures : neuf heures de sommeil, deux heures de repas et une heure de toilette.

La journée-type commence vers 7 ou 8 h le matin et se termine pour la plupart entre 22 h et minuit.

Les temps de repas tendent à se raccourcir. Le petit déjeuner brille souvent par son absence.

Le déjeuner se situe toujours dans la tranche horaire 12 h-14 h, il est parfois rapide et frugal mais peu de Français le sautent totalement. Le dîner est pris entre 19 h et 21 h. C'est souvent le repas le plus important parce que c'est le moment où la famille se retrouve.

Très peu de Français font la sieste (10 %) : ce sont surtout des personnes âgées, qui passent globalement plus de temps à dormir.

Les gens de la campagne se lèvent et se couchent plus tôt que les citadins, ils dorment plus longtemps.

Le week-end, on se repose en faisant la grasse matinée, en passant plus de temps à table et en pratiquant des activités de loisirs.

■ Le temps professionnel

La durée hebdomadaire du travail professionnel a baissé depuis dix ans. Elle est en moyenne actuellement de trente-neuf heures quarante pour les hommes *49 hr* — soit un peu moins de huit heures par jour — auxquelles il faut ajouter quatre heures de trajet* par semaine. *32 hr*

Pour les femmes actives, la moyenne est de trente-deux heures (les femmes travaillent davantage à temps partiel), plus trois heures trente de trajet.

Les travailleurs indépendants travaillent dans l'ensemble plus longtemps que les salariés.

Les salariés travaillent généralement du lundi au vendredi, environ huit heures par jour (entre 8 h ou 9 h du matin et 17 h et 18 h le soir) avec une pause d'une heure pour le déjeuner (entre 12 h et 14 h). La journée continue (8 h-16 h) est assez peu pratiquée.

Mais il y a quand même des Français qui travaillent le samedi (45 %) et même le dimanche (23 %) : ce sont surtout les commerçants, les agriculteurs, ou ceux qui rapportent du travail à la maison (les cadres, les enseignants, etc.) *les pasteurs*

■ Le temps de travail domestique

Le temps que les individus consacrent au travail domestique montre une différence flagrante entre les hommes et les femmes. *évidente*

Dans la semaine, les femmes actives passent un peu plus de quatre heures par jour aux tâches domestiques et les femmes au foyer un peu plus de six heures, alors que les hommes actifs y passent seulement deux heures et les hommes inactifs quatre heures !

Ceux qui travaillent consacrent une partie du week-end aux travaux de la maison et aux courses.

Les femmes qui cumulent travail professionnel et travail domestique travaillent donc à peu près soixante-dix heures par semaine alors que les hommes actifs atteignent un peu moins de soixante-cinq heures... Les femmes au foyer ne sont pas « inactives », leur horaire hebdomadaire de travail ménager est d'environ quarante-quatre heures.

Même si la répartition des rôles est moins stéréotypée chez les jeunes, les hommes et les femmes ont tendance à se spécialiser dans certaines activités :

— l'entretien du linge (lessive et repassage) est plutôt le domaine réservé des femmes ;

— le ménage est plus souvent fait par les femmes ;

— les mères s'occupent plus que les pères des enfants : les laver, les habiller, les faire manger ;

— la cuisine et la vaisselle sont les tâches qui sont le plus souvent partagées;

— le bricolage est une activité essentiellement masculine.

Chez les retraités, certaines activités sont à la limite du loisir et du travail domestique. Le jardinage est une affaire d'homme, la couture et le tricot sont le propre des femmes.

■ Le temps libre

Dans une journée de vingt-quatre heures, il y a environ 15 % de temps libre en semaine, 19 % le samedi et 24 % le dimanche.

Les personnes qui ont le moins de temps libre sont, bien sûr, les femmes qui travaillent à temps plein et qui ont des enfants.

En semaine, sur les trois heures trente quotidiennes de temps libre dont dispose en moyenne chaque personne, une heure quarante est consacrée à regarder la télévision, et plus on a de temps libre, plus on regarde la télévision. La télévision concurrence directement tous les autres loisirs, en particulier la lecture et les spectacles.

Les loisirs des hommes et des femmes sont sensiblement les mêmes. Les différences sont davantage dues à l'âge, au milieu social ou au type d'habitation.

Les personnes âgées passent beaucoup de temps à regarder la télévision, écouter la radio, faire des visites à la famille ou à des amis, se promener... ou ne rien faire.

Les jeunes regardent moins la télévision, ils font plus souvent du sport, vont au cinéma, vont danser ou écoutent de la musique.

Les cadres vont davantage aux spectacles, lisent et font également du sport.

À la campagne, les hommes vont à la pêche ou à la chasse.

Malgré l'importance de la télévision, les Français sortent dans l'ensemble beaucoup plus qu'auparavant : 48 % sortent le soir au moins une fois par mois. C'est le plus souvent pendant le week-end. Cette évolution concerne tout le monde, toutes les catégories socioprofessionnelles, les jeunes et les vieux, les citadins et les ruraux. Ils vont peu au spectacle, mais vont volontiers dîner au restaurant (un quart de la population déclare aller au restaurant pour le plaisir une fois par mois, la proportion a triplé en vingt ans), ou chez des parents ou des amis. Les invitations constituent, pour beaucoup, l'essentiel des sorties.

En revanche, les Français vont moins au café. Il y a vingt ans, le public des cafés était surtout masculin, cela n'est plus vrai aujourd'hui. La fréquentation des cafés est de plus en plus liée à l'activité professionnelle et concerne donc autant les femmes que les hommes.

Noter : *chocant? Réactions?*
Questions créés par ses statistiques
(suscitez)

LA VIE QUOTIDIENNE DES ENFANTS ~~1/5 de la population~~

De 0 à 3 ans

• Ils sont 3,1 millions, soit 5,6 % de la population française.

• Dans 41 % des cas, leurs mères ont une activité professionnelle. *moins de temps pour eux*

• 57 % des enfants de 0-3 ans sont à la maison pendant la journée ; 43 % sont confiés à une crèche ou à une nourrice. *les valeurs, la stimulation pour s'épanouir*

• Après 2 ans, 38 % vont à la maternelle.

• Dès l'âge de 2 ans, ils regardent déjà beaucoup la télévision le matin, en particulier le mercredi et le dimanche. Leurs émissions préférées sont les dessins animés et la publicité. *activité passive — pas d'interaction avec les adultes.*

Quelle base ?! la personalité former par les autres !

De 4 à 7 ans

• Ils sont 3,1 millions, soit 5,6 % de la population française (51,2 % de garçons et 48,8 % de filles).

• 45 % des mères ont une activité professionnelle. *absente à la rentrée chez eux après l'école*

• 47 % se lèvent entre 7 h et 7 h 30, 33 % entre 7 h 30 et 8 h. La durée moyenne du petit déjeuner est de 11 minutes. *!! Trop court pour préparer pour la bible dangereuse. causes, interaction*

• 60 % vont à l'école à pied, 35 % en voiture, 5 % en autobus. *trop petit pour cela ! 1/3 de la hauteur des adultes*

une nourriture pauvre ? • 45 % déjeunent à la cantine ; les autres rentrent à la maison. La durée moyenne du déjeuner est de 30 minutes.

• 15 % dînent entre 18 h 30 et 19 h, 51 % entre 19 h et 19 h 30, 23 % entre 19 h 30 et 20 h. *Tard !*

• 52 % sont couchés avant 20 h 30, 38 % vers 21 heures. *Bien. Passifs ! Apprennent à jouer tout seul ?*

• Leur loisir préféré est la télévision, qu'ils regardent en moyenne 16 h 45 par semaine. Viennent ensuite les jouets, les jeux à l'extérieur, le vélo, les activités manuelles. *Pas enfance comme autrefois*

• 76 % se rendent dans leur famille élargie (grands-parents, oncles et tantes, etc.) au moins une fois par mois, 17 % moins d'une fois par mois, 4 % jamais. *Ils n'ont pas cette grande joie des cousins.*

• 61 % reçoivent la visite de la famille élargie au moins une fois par mois, 30 % moins d'une fois par mois, 8 % jamais.

• 59 % pratiquent un sport. Par ordre décroissant : vélo, danse (filles), football, judo, natation.

• 30 % reçoivent régulièrement de l'argent de poche de leurs parents : en moyenne 8 F par semaine. On constate peu de différences entre les catégories socioprofessionnelles ou selon le sexe de l'enfant. *garçons / filles mélanger*

De 8 à 14 ans

• Ils sont 5,5 millions, soit 10 % de la population française. *un monde athée*

• 80 % fréquentent l'école publique, 20 % l'école privée. *Catholique / Protestant ?*

• Ils ont en moyenne 244 F dans leur tirelire, pour argent de poche mensuel environ 80 F (dont la moitié vient des parents). *l'autre moitié ?*

• Leur activité préférée est la télévision, qu'ils regardent en moyenne 21 h 45 par semaine. L'intérêt est plus fort chez les garçons, dans les familles modestes, et décroît un peu avec l'âge. *mercredi / samedi / dimanche*

• 62 % possèdent des jeux électroniques, 19 % un micro-ordinateur. *ça promet bien pour le futur.*

• Les activités manuelles préférées sont le dessin ou la peinture, la pâtisserie ou la cuisine, les puzzles ou les jeux de patience.

• 70 % pratiquent un sport. Par ordre décroissant : natation, tennis, vélo, football (garçons), danse (filles). *une culture pop*

• La moitié écoutent la radio en rentrant de l'école (un tiers des 8-10 ans, trois quarts des 13-14 ans).

• Leurs lectures préférées sont les bandes dessinées et les magazines de télévision. À partir de 12 ans, la presse enfantine traditionnelle est supplantée par les journaux axés sur les centres d'intérêt : musique, sport, etc. *Pas la littérature française qui transmet la culture française traditionelle → Seront ils français dans le futur ou "américain" ?*

Gérard Meunet, *Francoscopie*, Librairie Larousse, 1989.

Les repas trop rapide — sans instruction des parents.

94

C'EST AUJOURD'HUI DIMANCHE...

86 % des personnes interrogées aiment le dimanche. Ce jour-là, 56 % retrouvent leur famille ou rencontrent des amis ; 50 % regardent la télévision ; 43 % se promènent ; 33 % flânent chez elles ; 32 % jardinent, bricolent, lisent ou écoutent de la musique ; 21 % dorment, font la sieste ; 20 % s'occupent de leurs enfants, cuisinent, mangent bien, vont au restaurant ; 16 % font du sport, travaillent, font des travaux ménagers ; 11 % prient ; 9 % vont au marché, font des courses.

69 % estiment que ce n'est pas une bonne chose que de plus en plus fréquemment des personnes travaillent le dimanche à l'extérieur de chez elles.

Pour 58 % des interviewés, le dimanche n'a pas de signification religieuse.

Sondage SOFRES pour *Le Pèlerin magazine*, 20 avril 1990.

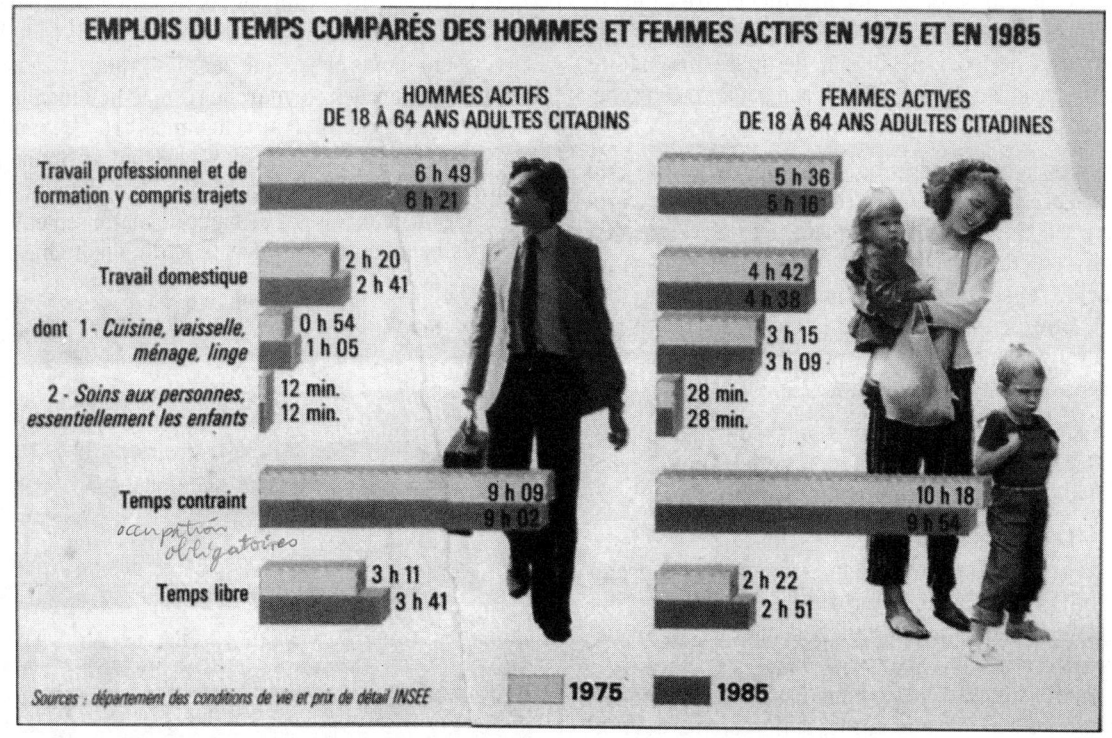

EMPLOIS DU TEMPS COMPARÉS DES HOMMES ET FEMMES ACTIFS EN 1975 ET EN 1985

LES PARISIENS EN WEEK-END

58 % des Parisiens déclarent partir en week-end aux beaux jours (33 % au moins une fois par mois, 25 % quelquefois). Les Parisiens qui partent au moins une fois par mois sont jeunes (18-24 ans : 51 %) ou d'âge mûr (25-49 ans : 42 %) et, résultat plus surprenant, sont plus nombreux parmi les artisans-commerçants-industriels (43 %) et les professions intermédiaires et employés (40 %) que parmi les cadres et professions intellectuelles (36 %).

On part surtout à la campagne (74 %) et aussi aux environs de Paris (27 %) ou à la mer (24 %) ; plutôt chez des parents (52 %) ou des amis (37 %) que dans sa résidence secondaire (25 %) ou à l'hôtel (11 %).

Si l'objectif est d'aller respirer (47 %), de se distraire (41 %) ou de se reposer (40 %), il faut d'abord subir le stress des embouteillages, jugé de plus en plus insupportable : 51 % des Parisiens qui quittent la capitale durant les week-ends estiment en effet qu'au cours des dernières années les départs et les retours sont devenus plus difficiles.

Échantillon de 600 personnes représentatif de l'ensemble des Parisiens âgés de 18 ans et plus. Sondage SOFRES pour *Le Figaro-Magazine*, 18-21 mai 1987.

4 LE PANIER DE LA MÉNAGÈRE

— Les grandes surfaces

La France est l'un des leaders européens en matière de grande distribution. C'est dans les grandes surfaces que se font 35 % des achats alimentaires. Certaines sont spécialisées dans le bricolage, le jardinage, les articles de sport, etc. Ce sont des magasins en libre service : le client se sert, remplit son panier ou son chariot et paie aux caisses de sortie.

• Les hypermarchés ont une superficie de vente supérieure à 2 500 m². On y trouve toutes sortes de produits, y compris de l'électroménager, des vêtements, des livres, etc. Ils se trouvent à la périphérie des grandes villes et sont entourés d'immenses parkings (souvent équipés de pompes à essence); il faut impérativement une voiture pour y aller. Ils sont souvent ouverts de 9 h ou 10 h à 22 h.

• Les supermarchés sont plus petits (de 400 à 2 500 m²), et beaucoup plus nombreux. On y trouve principalement des produits alimentaires.

— Les petits commerces

La grande distribution a fait disparaître beaucoup de petits « commerces de proximité » : épiceries, boulangeries, boucheries-charcuteries, mais aussi drogueries, merceries, etc.

En dix ans, 12 % des communes françaises ont vu disparaître leur épicerie, car les petits commerces pratiquent des prix beaucoup plus élevés que les grandes surfaces, ayant un débit moindre.

Les épiceries sont réapparues dans les grandes villes sous forme de petites boutiques ouvertes jusqu'à 22 h (parfois plus, y compris le dimanche) qui permettent de faire face aux oublis et aux imprévus.

— Les centres commerciaux : ils se sont implantés au cœur des villes ou dans de nouveaux quartiers. Ce sont des galeries marchandes qui regroupent de nombreux magasins, grands et petits. Le plus connu à Paris est le Forum des Halles.

— Les grands magasins : les Galeries Lafayette, le Printemps, le Bazar de l'Hôtel de Ville (BHV), le Bon Marché, la Samaritaine, sont situés en plein cœur de Paris, mais certains ont également des succursales* en banlieue parisienne et dans de grandes villes de province. On y trouve tout... mais rarement de l'alimentation.

— Les magasins populaires : Prisunic et Monoprix ont été créés dans les années 30. Ils sont généralement dans le centre des villes et vendent un peu de tout. Les prix y sont moins élevés que dans les grands magasins.

— Les marchés : le marché reste le lieu idéal pour acheter des produits frais : légumes, fruits, viandes, poissons, fleurs. Certains marchés sont permanents, mais la plupart se tiennent en plein air, dans un lieu fixe, une ou deux fois par semaine (le matin seulement). À Paris beaucoup sont ouverts le dimanche matin.

La consommation alimentaire s'est beaucoup modifiée :

• *On mange aujourd'hui de moins en moins de pain (180 g par jour en moyenne). Mais 4 % seulement des Français déclarent ne jamais en acheter, 85 % ne peuvent pas concevoir un repas sans pain.*

• *On consomme de plus en plus de produits laitiers — fromages, yaourts — surtout depuis l'apparition sur le marché de produits allégés, mais on boit toujours très peu de lait.*

• *On mange de moins en moins de légumes et en particulier de pommes de terre, et de plus en plus de viande (le Français est le plus grand consommateur de viande d'Europe !).*

• *La vente des produits surgelés a plus que doublé en dix ans, en particulier à Paris. Elle va de pair avec l'équipement en congélateurs et en micro-ondes.*

• *La consommation de sucre a baissé au profit des faux-sucres (édulcorants) surtout chez les femmes qui ont peur de grossir !*

• *Les Français sont les plus grands buveurs de vin du monde... mais aussi d'eau minérale, plate ou gazeuse (cinquante-cinq litres par personne et par an).*

QUELQUES EXEMPLES DE PRIX
(à Paris, juillet 1990)

Alimentation

pain (une baguette de 250 g)	3,30 F
croissant au beurre	3,50 F
beurre (une plaquette de 250 g)	de 7 à 9 F
café (un paquet de 250 g)	10 à 15 F
thé (un paquet de 200 g)	17 à 30 F
lait (un litre)	4 à 5 F
sucre (un kg)	6 à 7 F
pommes de terre (un kg)	5 F
tomates (un kg)	9 F
salade	4 F
viande (bifteck - un kg)	90-100 F
œufs (une boîte de six)	7 F
camembert	8 à 15 F
gruyère (un kg)	40 à 70 F
huile d'arachide (un litre et demi)	7 F
eau minérale (de 75 cl)	1 à 3,5 F
vin (une bouteille)	à partir de 8 F
bière (pack de six bouteilles de 25 cl)	de 20 à 30 F

Au bar, prix au comptoir
(les prix entre parenthèses indiquent les prix en salle)

un café	environ 4 F (6 à 8 F)
une bière pression	7 F (10 F)
un sandwich	10 à 15 F

Au restaurant

un repas complet avec boisson	de 60 à 300 F

Cigarettes

un paquet de Gauloises	5,50 F
un paquet de Marlboro	10,30 F

Journaux

quotidien	5 F
hebdomadaires	20 F

Livres

prix moyen	de 80 à 150 F
livre de poche	de 25 à 30 F

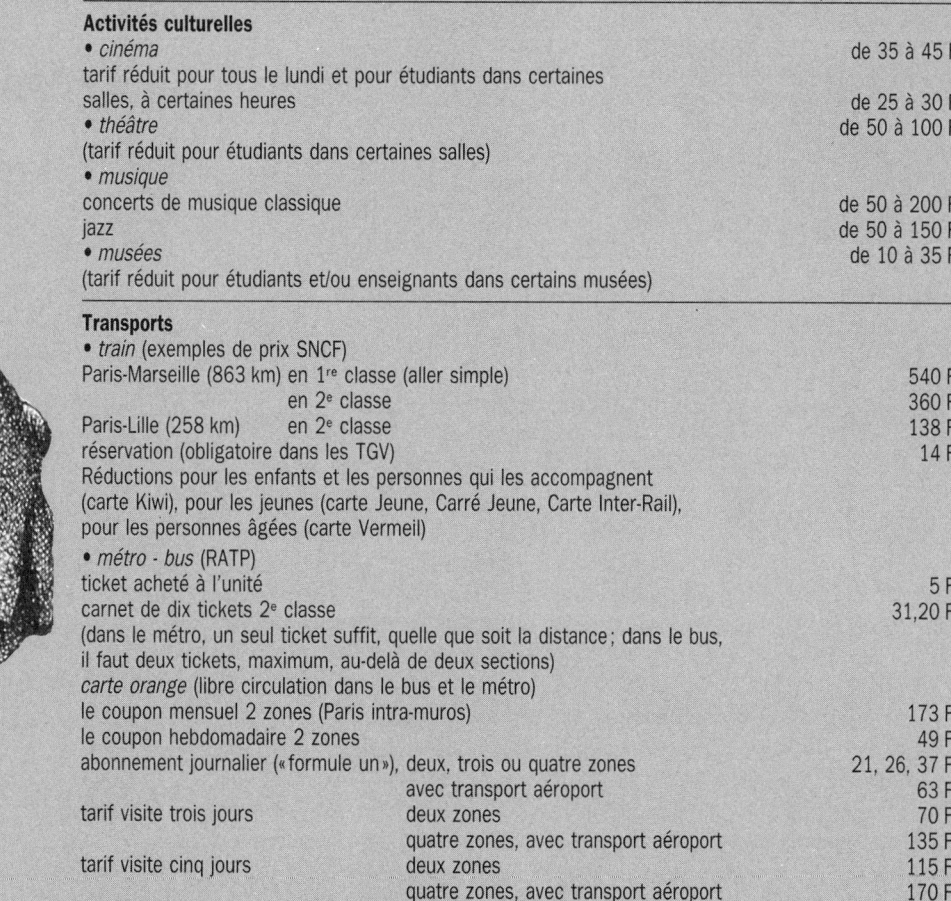

Téléphone

jusqu'à 100 km, la minute	2,19 F
au-delà de 100 km	2,92 F
(tarifs réduits à certaines heures et le week-end)	
La plupart des cabines publiques fonctionnent avec des télécartes	
vendues dans les bureaux de tabac	40 F et 96 F

Activités culturelles

• *cinéma*	de 35 à 45 F
tarif réduit pour tous le lundi et pour étudiants dans certaines	
salles, à certaines heures	de 25 à 30 F
• *théâtre*	de 50 à 100 F
(tarif réduit pour étudiants dans certaines salles)	
• *musique*	
concerts de musique classique	de 50 à 200 F
jazz	de 50 à 150 F
• *musées*	de 10 à 35 F
(tarif réduit pour étudiants et/ou enseignants dans certains musées)	

Transports

• *train* (exemples de prix SNCF)	
Paris-Marseille (863 km) en 1re classe (aller simple)	540 F
en 2e classe	360 F
Paris-Lille (258 km) en 2e classe	138 F
réservation (obligatoire dans les TGV)	14 F

Réductions pour les enfants et les personnes qui les accompagnent
(carte Kiwi), pour les jeunes (carte Jeune, Carré Jeune, Carte Inter-Rail),
pour les personnes âgées (carte Vermeil)

• *métro - bus* (RATP)	
ticket acheté à l'unité	5 F
carnet de dix tickets 2e classe	31,20 F

(dans le métro, un seul ticket suffit, quelle que soit la distance ; dans le bus,
il faut deux tickets, maximum, au-delà de deux sections)
carte orange (libre circulation dans le bus et le métro)

le coupon mensuel 2 zones (Paris intra-muros)	173 F
le coupon hebdomadaire 2 zones	49 F
abonnement journalier («formule un»), deux, trois ou quatre zones	21, 26, 37 F
avec transport aéroport	63 F
tarif visite trois jours deux zones	70 F
quatre zones, avec transport aéroport	135 F
tarif visite cinq jours deux zones	115 F
quatre zones, avec transport aéroport	170 F

• *transport Paris - aéroport (aller simple)*	
Orly (Orlybus)	18,50 F
Roissy (RER)	27,50 F

QUESTIONS-RÉFLEXIONS

• Alors qu'il y a de moins en moins d'agriculteurs, les statistiques montrent que la population des zones rurales a tendance à augmenter. Comment expliquer ce qui peut sembler paradoxal ?

• Quels sont les principaux changements intervenus depuis dix ans dans le confort et l'équipement des logements ?

• Expliquez la légende du dessin p. 90 : « Maison, sucrée maison ».

• Le sondage sur le comportement des automobilistes définit cinq types d'automobilistes :
— le conducteur pépère et discipliné
— le conducteur modéré et économe
— le conducteur rapide et prévoyant
— le conducteur sportif
— le conducteur agressif et flambeur

Imaginez — avec humour ! — le profil d'un automobiliste appartenant à chacune de ces catégories :
Est-ce un homme ou une femme ? Quel est son statut socioprofessionnel ? Son style de vêtements ? Le modèle de sa voiture ? Où va-t-il se promener le dimanche ? Comment s'adresse-t-il à ses passagers, aux autres automobilistes, aux piétons... et au policier qui l'arrête pour excès de vitesse ?

À RETENIR - À RETENIR - À RETENIR

le pouvoir d'achat
une résidence principale
une résidence secondaire
un grand ensemble
une H.L.M.
une maison de campagne

7

TOUT À LOISIRS

1

CHÉRI
QU'EST-CE QU'ON FAIT CE SOIR?

Avec la diminution du temps de travail, l'augmentation du temps libre et la hausse du pouvoir d'achat, certains sociologues ont annoncé qu'on s'acheminait vers une civilisation des loisirs : le loisir ne serait plus une récompense, un luxe, mais un droit fondamental, une activité indispensable à l'épanouissement personnel.

Dans les enquêtes sur les loisirs, les Français oublient souvent de citer la télévision comme un loisir; elle n'est pas perçue comme une activité de loisirs (bien qu'elle occupe 40 % du temps libre) parce qu'elle est trop habituelle et peut-être aussi vécue de façon passive. En revanche, dans leur budget-loisirs, les Français évoquent en premier lieu leurs dépenses en équipements de loisirs pour la maison : téléviseur, magnétoscope, chaîne hi-fi, disques, et aussi ordinateur (7 % des ménages possèdent un micro-ordinateur).

Nombre de titres et nombre d'exemplaires édités en 1986 dans chaque catégorie de livres :

	Nb de titres	Nb d'ex. (millions)
• Littérature générale	9 295	137,9
• Livres pour la jeunesse	4 804	63,5
• Livres de sciences humaines	3 969	19,1
• Livres scolaires	4 573	68,8
• Livres pratiques	2 611	27,9
• Livres scientifiques, professionnels et techniques	2 353	7,7
• Beaux-arts et beaux livres	1 026	7,7
• Encyclopédies et dictionnaires	449	10,9
• Divers non ventilés	1 343	21,1
Total	**30 424**	**364,6**

Gérard Meunet, *Francoscopie*, Librairie Larousse, 1989.

LA PLUPART DES LOISIRS ONT PROGRESSÉ EN VINGT ANS

Activités de loisirs :	Taux de pratique en 1987-88 En %
Aller au restaurant au moins une fois par mois	25
Avoir visité un musée depuis un an	33
Jouer de la musique régulièrement ou parfois	7
Avoir visité un salon ou une foire-exposition depuis un an	55
Être reçu par parents ou amis pour un repas au moins une fois par mois	60
Recevoir parents ou amis pour un repas au moins une fois par mois	63
Regarder la télévision tous les jours ou presque	82
Sortir le soir au moins une fois par mois	48
Participer régulièrement à au moins une association	17
Danser au moins 5 ou 6 fois par an	29
Lire régulièrement une revue ou un magazine	79
Jouer aux cartes ou à d'autres jeux de société chaque semaine ou presque	18
Faire une collection	22
Faire de la couture ou du tricot de temps en temps, et « avec plaisir »	38
Avoir visité un château ou un monument depuis un an	40
Réparer une voiture de temps en temps, et « avec plaisir »	12
Écouter la radio tous les jours ou presque	74
Aller au cinéma au moins une fois par mois	19
Lire au moins un livre par mois	31
Jardiner tous les jours ou presque à la belle saison	19
Aller au théâtre au moins une fois par an	18
Aller au café au moins une fois par semaine	18
Lire un quotidien tous les jours ou presque	41
Assister à un spectacle sportif au moins cinq fois par an	9

Source : INSEE, enquêtes sur les loisirs 1987-1988.
Lire ainsi : Sur 100 personnes de 14 ans et plus, 25 vont au restaurant au moins une fois par mois.

INSEE, *Données sociales* 1990.

Cultivons-nous

Échec de la démocratisation de certains spectacles culturels : bien que les loisirs n'aient pas cessé de progresser, 70 % des Français ne vont jamais écouter un concert de musique classique ni voir un spectacle de danse.

■ Salon du livre

La lecture est considérée comme l'activité culturelle par excellence, celle qui « permet d'enrichir ses connaissances ». Elle est directement concurrencée par la télévision ; on lit de moins en moins, même avec un niveau de diplôme élevé.

Un Français sur trois ne lit aucun livre dans une année, mais heureusement un Français sur quatre lit plus de dix livres par an. Les Parisiens sont ceux qui lisent le plus, peut-être parce qu'ils lisent dans les transports. 20 % seulement des Français fréquentent une bibliothèque publique.

Les jeunes sont peu nombreux à lire, mis à part les bandes dessinées. Les personnes âgées lisent un peu plus.

Les Français achètent surtout des romans contemporains, mais aussi des biographies* et des mémoires. Les livres pratiques — cuisine, santé, bricolage — ont également beaucoup de succès.

La promotion des livres a bénéficié ces dernières années du succès de certaines émissions de télévision — en particulier « Apostrophes » qui, en 1990, a changé d'animateur et est devenue « Caractères » — et du développement des clubs de vente de livres par correspondance (France-Loisirs, le Grand Livre du Mois).

QU'EST-CE QUE LA CULTURE ?

Derrière le mot culture, les Européens mettent des choses bien différentes.

Parmi ces différents domaines, lesquels jugez-vous prioritaires pour la culture générale d'un habitant de votre pays ?

	Ensemble	France	G-B	RFA	Espagne	Italie
Les mathématiques	*45 %*	*40 %*	*75 %*	*44 %*	*35 %*	*33 %*
La littérature	*44 %*	*57 %*	*37 %*	*39 %*	*32 %*	*55 %*
L'actualité économique et sociale	*40 %*	*34 %*	*42 %*	*56 %*	*32 %*	*36 %*
L'histoire	*35 %*	*43 %*	*18 %*	*45 %*	*32 %*	*39 %*
Les sciences biologiques et médicales	*28 %*	*30 %*	*28 %*	*31 %*	*19 %*	*30 %*
Le droit	*22 %*	*32 %*	*17 %*	*27 %*	*14 %*	*18 %*
Les sciences humaines (psychologie, sociologie)	*22 %*	*27 %*	*24 %*	*19 %*	*18 %*	*23 %*
Les sciences physiques et chimiques	*18 %*	*15 %*	*27 %*	*22 %*	*14 %*	*14 %*
La géographie	*17 %*	*26 %*	*14 %*	*18 %*	*15 %*	*20 %*
Les arts (peinture, musique)	*16 %*	*23 %*	*9 %*	*14 %*	*18 %*	*17 %*
La philosophie	*8 %*	*11 %*	*2 %*	*6 %*	*9 %*	*10 %*
La théologie	*3 %*	*2 %*	*3 %*	*4 %*	*4 %*	*3 %*

Les Français et les Italiens privilégient nettement la littérature, les Allemands l'actualité économique et sociale, les Anglais les mathématiques tandis que les Espagnols placent ces trois domaines pratiquement à égalité avec l'histoire.

Parmi ces différents moyens d'enrichir ses connaissances, quels sont ceux que vous jugez les meilleurs ?

	Ensemble	France	G-B	RFA	Espagne	Italie
Les livres	*66 %*	*70 %*	*60 %*	*73 %*	*62 %*	*65 %*
La télévision, la radio	*37 %*	*31 %*	*35 %*	*54 %*	*21 %*	*44 %*
Les voyages	*33 %*	*26 %*	*43 %*	*24 %*	*34 %*	*39 %*
Les conversations, les discussions	*33 %*	*27 %*	*42 %*	*43 %*	*30 %*	*23 %*
Les journaux, les revues	*29 %*	*25 %*	*20 %*	*43 %*	*20 %*	*35 %*
Les expositions, musées, spectacles	*17 %*	*13 %*	*23 %*	*14 %*	*17 %*	*17 %*

Au-delà de ces divergences, un point d'accord : le livre reste aux yeux de tous le meilleur moyen d'enrichir ses connaissances. On note également l'importance accordée à la télévision par les Allemands et les Italiens ainsi que le traditionnel goût des voyages parmi les Anglais.

(Étude réalisée dans cinq pays : France, Grande-Bretagne, Italie, RFA, Espagne. Échantillon dans chaque pays de 1 000 personnes, représentatif de la population âgée de 18 ans et plus.)
Sondage SOFRES pour *Encyclopaedia Universalis*, juillet-août 1989.

LA RATP PRESENTE
COUPS DE THEATRE
DANS LE METRO.

Du 18 au 21 novembre, 100 représentations,
du théâtre classique au théâtre contemporain, dans 30 stations de métro.

RATP

■ Coup de théâtre

— **Le cinéma** est apprécié des Français, mais, mis à part quelques cinéphiles et les jeunes, on fréquente de moins en moins « les salles obscures », peut-être parce que le prix des places est assez élevé. Mais il y a plus d'affluence le lundi, jour où les places sont à tarif réduit dans toutes les salles.

— **Le théâtre** subit une crise encore plus grave. La fréquentation des salles a considérablement baissé (moins 40 % entre 1973 et 1987). Le théâtre n'a pas son public de fidèles comme le cinéma. C'est un public qui va au théâtre de manière occasionnelle, pour applaudir une vedette, ou voir la création d'un metteur en scène célèbre dont on parle dans les journaux. Les spectateurs sont essentiellement des cadres et des intellectuels ; les ouvriers ne vont presque jamais au théâtre, les jeunes y vont de moins en moins.

Les théâtres nationaux et municipaux fonctionnent avec des subventions, ce qui leur permet de proposer des places à prix raisonnable, mais ils n'attirent pas pour autant un public populaire. Les théâtres privés ont souvent du mal à survivre, malgré le prix élevé des places et, dans de nombreux cas, des aides financières de l'État.

En dépit de cette crise générale du théâtre, les festivals de théâtre connaissent un succès certain. Pendant plusieurs années le festival mondial de théâtre de Nancy, fondé par Jack Lang, l'actuel ministre de la Culture, a eu une renommée internationale incontestable.

Le festival d'Avignon, lancé en 1947 par Jean Vilar, est chaque année en juillet un événement culturel.

— **Les spectacles de danse** n'attirent pas davantage. 76 % des Français disent n'avoir jamais assisté à un spectacle de danse de leur vie (selon une enquête du ministère de la Culture sur « les pratiques culturelles des Français »).

— **Le cirque** est avant tout considéré comme un spectacle pour enfants. Mais depuis quelques années, se sont créées de nouvelles troupes qui renouvellent radicalement le cirque traditionnel, en utilisant la musique, les variétés, l'exotisme, etc. Elles attirent un public tout à fait différent.

FESTIVAL D'AVIGNON

Du rire canaille de Molière dans Les Fourbe-*ries de Scapin à la merveilleuse épopée indienne du* Ramayana, *des folies érotiques de Shakespeare à l'univers inspiré de René Char, le 44ᵉ Festival d'Avignon parie sur la gaieté, l'ailleurs, la beauté de l'image et du verbe.*

Comme chaque année, les gourmets du texte, les amoureux des comédiens y prendront pur plaisir : Avignon est un vrai temple de la parole, un de ces derniers endroits où l'on croit encore à l'échange, où l'on n'en finit pas d'organiser colloques et débats. Du 10 juillet au 1ᵉʳ août, cent trente mille spectateurs sont donc attendus à quelque quarante créations de théâtre, d'opéra, de danse, à dix concerts...

Avignon, c'est une bouffée de spectacles vivants, au cœur de l'été. Un lieu électrique. À chaque coin de rue, des acteurs ! Dans la moindre cave, le moindre garage, près de trois cents représentations de théâtre « off ». De quoi rêver à la scène pour tout l'hiver, de quoi s'enivrer la mémoire...

Télérama, *14 au 20 juillet 1990.*

FESTIVALS

Les loisirs culturels ne se portent pas si mal puisque, pour asseoir leur prestige et attirer des visiteurs, de nombreuses villes organisent chaque année un festival.
Voici les festivals les plus célèbres :

cinéma :
le festival de Cannes, en mai,
le film américain, à Deauville, en septembre,
le film fantastique, à Avoriaz, en hiver,
le cinéma d'animation, à Annecy, en juin.

théâtre
Avignon, en juillet

musique classique
Aix-en-Provence, en juillet,
Evian, au printemps,
« mai musical », à Bordeaux.

jazz
Antibes-Juan les Pins, en juillet,
Nice, en juillet,
« TBB-jazz », à Paris, en juin,
Festival de Paris, en novembre.

Chanson
Le « printemps de Bourges », en avril.

Photo
Arles, en juillet.

Bande dessinée
Angoulême, en janvier.

LA FÊTE DU CINÉMA

Avec un seul billet, on peut ce jour-là assister à toutes les séances, dans n'importe quelle salle.

Combien seront-ils, cette année, à acheter leur « passeport » pour la sixième Fête du cinéma ? Ils étaient deux millions en 1988, 2,3 millions l'an dernier. Si l'on en croit le sondage CSA réalisé pour Le Monde *et Radio Monte-Carlo (1), le record devrait être battu cette année : 36 % des « cinéphiles » — les 19 millions de Français de plus de quinze ans qui affirment être allés au moins une fois au cinéma dans les douze derniers mois — ont d'ores et déjà déclaré qu'ils voulaient se rendre le 28 juin dans une salle. [...]*

Pourtant, un communiqué du Centre national de la cinématographie est venu la semaine dernière rappeler que le cinéma hexagonal souffre toujours d'une crise grave, celle de l'exploitation en salles. La fréquentation a baissé de 11,3 % au premier trimestre de cette année par rapport au premier trimestre de 1989, la baisse étant encore plus marquée à Paris (− 15,5 %) qu'en province. [...]

Le petit écran n'en finit pas de porter tort au septième art, dont il se nourrit abondamment, surabondamment : 51 % des cinéphiles n'avouent-ils pas que « souvent » (5 %) ou « de temps en temps » (46 %) ils pourraient attendre le passage d'un film à la télévi-sion pour le découvrir. Ce résultat est alarmant : ceux qui font la richesse du cinéma par leur assiduité sont en train à leur tour de « craquer ». C'est un comportement nouveau : la crise de la fréquentation est en partie due, désormais, à la crise de confiance des cinéphiles eux-mêmes ; 60 % estiment encore que si les films sortaient en même temps à la télévision et au cinéma, ils prendraient moins le chemin des salles. Encore un avertissement.

Les cinéphiles veulent pourtant se convaincre que, quoi qu'il advienne, le cinéma sera toujours le cinéma : 73 % d'entre eux pensent qu'« il y aura toujours besoin de films et qu'il y a tout lieu d'être optimiste sur l'avenir du cinéma ». Ce sont ceux-là qui font la fête à Cyrano de Bergerac, *de Jean-Paul Rappeneau, qui, lancé il y a douze semaines, est toujours à l'affiche d'une trentaine de salles à Paris et approche le joli score d'un million d'entrées.*

OLIVIER SCHMITT,
Le Monde, 28 juin 1990.

(1) Sondage CSA-*Le Monde*-RMC réalisé le 21 juin 1990 auprès d'un échantillon national de 684 personnes, représentatif de la population française s'étant rendu au cinéma lors des douze derniers mois.

HIT-PARADE DES FILMS

	Aime beaucoup	N'aime pas beaucoup
Les films d'aventure	80 %	18 %
Les films comiques	78 %	19 %
Les films historiques ...	74 %	23 %
Les policiers	64 %	33 %
Les dessins animés	60 %	37 %
Les histoires d'amour ...	57 %	40 %
Les westerns	44 %	53 %
Les films de guerre	40 %	55 %
Les films à sujet politique	40 %	56 %
Les comédies musicales .	39 %	58 %
Les films de science-fiction	31 %	66 %
Les films érotiques	21 %	74 %
Les films d'épouvante ..	20 %	77 %
Les films pornographiques classés X	8 %	86 %

Les Français aiment des films qui les font rêver (aventures, sujets historiques) ou qui les amusent (comiques et dessins animés). Pour les sensations fortes, ils apprécient les policiers, mais rejettent les westerns et les films de guerre et encore davantage les films de science-fiction et d'épouvante.

Échantillon de 800 personnes représentatif de la population âgée de 12 ans et plus.
Sondage SOFRES pour *Le Figaro-Magazine,* 10-12 mai 1989.

■ En avant la musique

La musique fait désormais partie de la vie quotidienne : les Français écoutent leur radio, leur chaîne hi-fi (présente dans 60 % des foyers) ou leur lecteur de cassettes. Les deux tiers des voitures sont équipées d'un auto-radio. La plupart des jeunes ont leur baladeur (encore appelé « *walk-man* »).

La progression des lecteurs de disques-compact (10 % des foyers en possèdent un) a permis de relancer la vente des disques qui était en chute constante.

Les disques de musique classique représentent 37 % des achats, mais ils sont toujours peu appréciés dans les milieux modestes. Et, contrairement à ce qu'on pense souvent, les variétés françaises ont plus de succès que les variétés anglo-américaines.

Les Français vont peu aux concerts de musique classique (9 %), guère plus aux concerts de jazz ou de rock (13 %). On constate malgré tout, ces dernières années un regain d'intérêt pour le jazz, en particulier chez les jeunes.

La pratique d'un instrument de musique est en très nette hausse. 7 % des Français déclarent jouer au moins de temps en temps d'un instrument (alors qu'ils n'étaient que 4 % il y a vingt ans). Les conservatoires* de musique et les cours privés accueillent de plus en plus de monde.

L'instrument le plus vendu est la flûte (parce que les élèves l'étudient souvent à l'école) ; en second, vient la guitare, et, loin derrière, le piano.

Chaque année, en juin, la fête de la musique permet aux groupes de musique et aux chorales de se produire dans la rue. Son succès est la preuve d'un intérêt certain pour la musique.

■ Orsay, Beaubourg et les autres

Les Français manifestent un intérêt croissant pour l'art. Ils sont beaucoup plus nombreux qu'il y a quelques années à visiter les musées, les expositions, les monuments. Ceci est sans doute dû à l'élévation du niveau de formation.

Les expositions temporaires organisées à Paris au Grand Palais ou au Centre Georges-Pompidou (Beaubourg) connaissent depuis quelques années un engouement incroyable : Dali : 840 000 entrées (1979-80) ; Renoir : près de 800 000 (1985) ; Manet : 730 000 (1983) ; Paris-Vienne : 450 000 (1986).

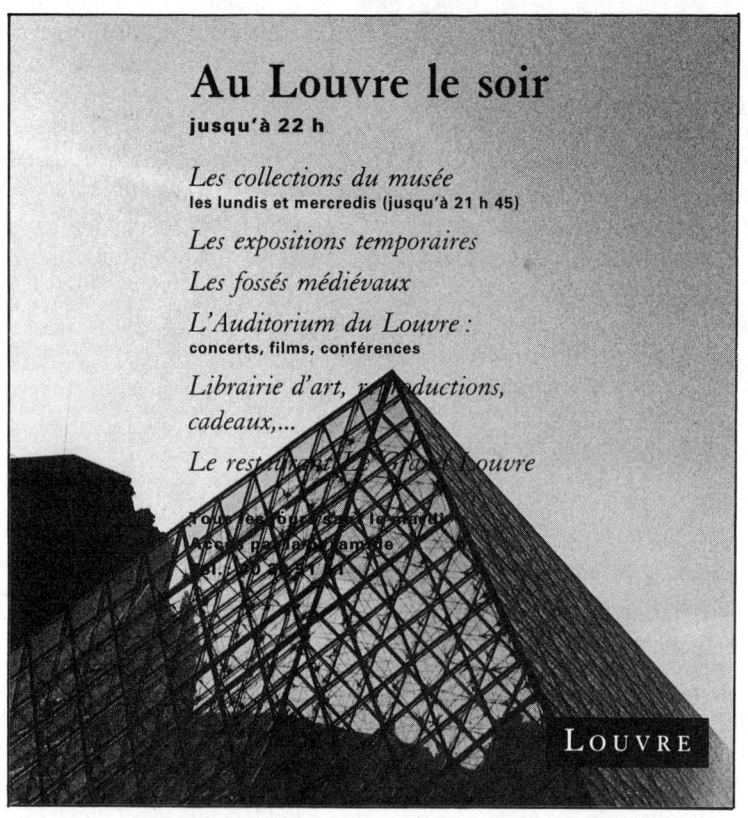

Au Louvre le soir
jusqu'à 22 h

Les collections du musée
les lundis et mercredis (jusqu'à 21 h 45)

Les expositions temporaires

Les fossés médiévaux

L'Auditorium du Louvre :
concerts, films, conférences

Librairie d'art, reproductions, cadeaux,...

Le restaurant du Grand Louvre

LOUVRE

DÉPENSES DES MÉNAGES POUR LA CULTURE EN 1988

Imprimerie, édition	16,2 %	Films, pellicules	2,9 %
Presse	25,2 %	Appareils photo et cinéma	1,8 %
Appareils radio téléviseurs	15,3 %	Cinéma	2,8 %
Redevance TV	8,8 %	Spectacles	7,1 %
Electrophones, magnétophones, magnétoscope	11,1 %	Disques, bandes, cassettes	8,8 %

D'après *Tableaux de l'économie française*, 1989.

C'est du sport!

Le sport est considéré comme une activité de loisirs en très net développement. Il est vrai qu'en vingt ans le nombre de licenciés sportifs a été multiplié par trois (12 millions en 1986). Mais, si on exclut les scolaires, plus de deux Français sur trois et presque trois femmes sur quatre ne pratiquent aucun sport !

La pratique sportive dépend surtout de l'âge et du niveau social : au-delà de 40 ans, on est moins sportif, mais plus le milieu social est élevé, plus on fait de sport, en grande partie parce qu'on est soucieux de son apparence physique.

Les sports de loisirs sont les plus pratiqués : en tête vient le tennis, puis la natation, le jogging, le cyclisme ; ce qui est recherché ce n'est pas la performance, mais le plaisir et la détente.

Les femmes font surtout de la gymnastique, de la musculation et de la danse : les salles de sport se sont multipliées dans les villes.

Les sportifs en chambre sont très nombreux... à regarder les matchs à la télévision, en particulier le football et le rugby. Et on dit que l'économie française subit une sérieuse baisse au moment du tournois de tennis de Roland Garros !

Parmi les principales manifestations sportives en France, on peut citer :

— **Le cyclisme** : le fameux **Tour de France** (et le maillot jaune du vainqueur de chaque étape !) qui existe depuis 1903, et dure environ un mois (juin-juillet).

— **Le sport automobile** :
• les 24 heures du Mans, créées en 1923
• le rallye de Monte-Carlo (1911)
• le Paris-Dakar (1978).

— **Les courses de chevaux**
Le Grand Prix de Paris à Longchamp, le Prix de l'Arc de Triomphe, le Prix d'Amérique à Vincennes, le Prix de Diane à Chantilly.

La perceuse et le râteau

À la limite du loisir, le bricolage connaît depuis dix ans un développement spectaculaire, et ceci dans toutes les classes sociales.

Curieusement, les ouvriers (54 %) bricolent moins que les cadres moyens (63,5 %), et pas plus que les cadres supérieurs et les professions libérales.

Les Français attachent une grande importance à leur habitation et, pour les cadres, le bricolage est souvent une détente. La difficulté à trouver des artisans qualifiés et le coût élevé de cette main-d'œuvre entrent également en ligne de compte, bien sûr.

Le marché du bricolage — rayons dans les grandes surfaces, magasins et salons spécialisés — a fait un bond prodigieux et les revues féminines ont pratiquement toutes une rubrique consacrée à la décoration.

DIFFUSION DE LA PRATIQUE SPORTIVE EN FRANCE EN 1984 SELON L'ÂGE

	14 à 24 ans	25 à 29 ans	30 à 34 ans	35 à 44 ans	45 à 54 ans	55 à 64 ans	65 ans et plus	Ensemble de la populat. (%)
Au moins un sport	61,9	53,1	52,2	50,4	36,6	30,7	15,6	43,2
Des exercices de gymnastique	48,1	25,8	28,3	25,9	17,8	15,8	12,1	25,9
Course à pied, jogging	4,7	7,8	5,7	5,1	1,5	0,9	0,2	3,6
Cyclisme	9,8	8,6	10,6	13,8	10,5	7,9	3,2	9,2
Football	11,8	7,0	5,3	2,6	0,7	0,3	0,8	4,2
Marche, randonnée pédestre	7,2	10,1	13,9	14,1	14,1	15,7	8,9	11,7
Natation	29,4	20,6	19,3	23,5	17,6	9,1	4,0	18,1
Ski	8,3	9,6	7,1	8,3	4,9	2,5	0,2	5,8
Tennis	14,7	14,9	14,8	10,9	3,7	1,3	0,2	8,6

INSEE, *Tableaux de l'économie française*, 1989.

2 LA GRANDE ÉVASION

C'est en 1936, avec le Front populaire, que s'instaurent en France les premiers congés payés. Mais c'est seulement depuis la fin des années 50 que la plupart des Français partent véritablement en vacances.

— *N'importe où, pourvu qu'on soit attaquées par des pirates !*

Actuellement 59 % des Français partent en vacances au moins une fois dans l'année.

La fréquence des départs dépend bien sûr de la catégorie socioprofessionnelle : un agriculteur sur quatre seulement part en vacances, un ouvrier sur deux, alors que les cadres supérieurs et leurs familles partent tous. Les citadins partent beaucoup plus que les ruraux.

L'étalement des vacances reste utopique, puisque les grandes vacances se prennent pratiquement toujours en juillet ou en août. Comme quatre vacanciers sur cinq partent en voiture, « les bouchons » sur les routes sont chaque année, au moment des grands départs et des grands retours, un cauchemard pour les conducteurs et un casse-tête pour les pouvoirs publics*.

Les comportements en matière de vacances ont évolué :

• la durée moyenne des vacances d'été s'est raccourcie : elle est passée de quatre semaines dans les années 70 à trois semaines actuellement ;

• les congés sont davantage fractionnés et répartis sur l'année (des week-ends prolongés) ;

• les vacances d'hiver se sont développées, en particulier depuis l'instauration de la cinquième semaine de congés payés (en 1981).

■ Vacances d'été

La plupart des Français passent leurs vacances...
en France (81 %). Ce qu'ils préfèrent, c'est le soleil, la
baignade, le repos. Près de la moitié se retrouve à la
mer (46 %), 22 % à la campagne, 13 % seulement à la
montagne. Les autres font des circuits touristiques.

Près de la moitié des séjours se déroulent chez
des parents ou des amis ou dans des résidences
secondaires.

Près de 20 % des Français pratiquent le camping-
caravaning, en particulier les ouvriers, car c'est une
formule d'hébergement* économique.

Les locations et les hôtels sont chers, ils sont jugés
peu adaptés aux besoins des familles avec enfants et
sont surtout appréciés des personnes âgées.

Les Français n'ont pas la bougeotte puisqu'ils ne
sont que 19 % à aller en vacances à l'étranger ! La plupart restent en Europe : l'Espagne vient en tête, suivie, par ordre décroissant, par le Portugal, l'Italie, la
Grèce, la Yougoslavie et la Turquie. 15 % vont en Afrique du Nord, 8 % seulement font des voyages lointains.

La baisse du prix des voyages en avion, la multiplication des charters, auraient pu favoriser la démocratisation du tourisme à l'étranger. Mais ce sont
encore les milieux aisés qui partent, souvent pour une
courte durée (12 jours en moyenne) et dans des hôtels-
club, comme en témoigne le succès incontestable du
Club Méditerranée.

Les voyages-découverte sont surtout l'affaire des
jeunes et des enseignants, et le plus souvent, ce sont
des voyages individuels. (Les Français sont trop individualistes pour apprécier les voyages organisés !)

■ Vacances d'hiver

28 % des Français partent en vacances d'hiver. Ils
ne vont pas tous au ski (10 % seulement, dont 1,4
skieurs de fond*) car les vacances de neige coûtent cher
et restent le privilège des classes aisées.

Depuis les années 60, on a aménagé pour accueillir les skieurs un très grand nombre de stations de
sports d'hiver dans les Pyrénées, le Jura et surtout les
Alpes.

Février reste la meilleure période pour l'enneige-
ment (souvent insuffisant à Noël et à Pâques) et les
amateurs de ski doivent affronter les énormes embouteillages des routes qui conduisent aux stations, puis
les files d'attente aux remontées mécaniques qui
mènent sur les pistes...

Vacances : lieux de séjour (été 1989)

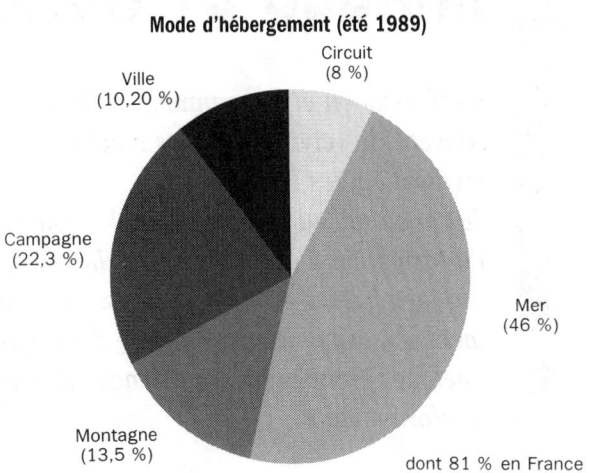

Mode d'hébergement (été 1989)

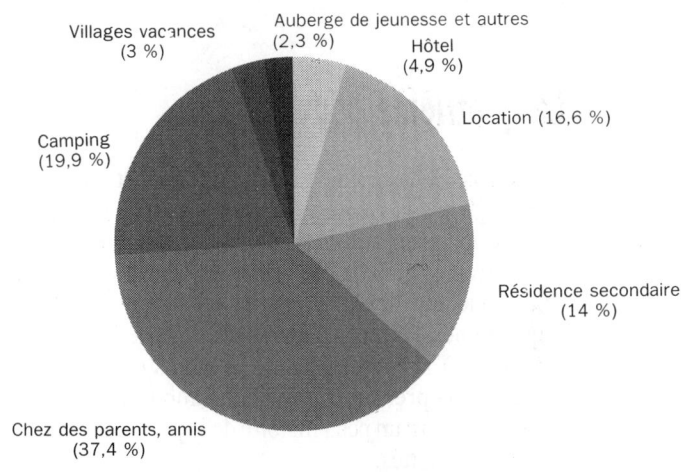

d'après *Tableaux de l'économie Française* 1990

MIEUX VAUT BOSSER
ET PENSER AUX VACANCES,
QUE LE CONTRAIRE !

3 IMAGES ET SONS

L'information et la communication ont pris une telle place à notre époque qu'on parle souvent de « civilisation des médias », ce qui n'est d'ailleurs pas sans rapport avec la civilisation des loisirs.

Jusqu'au milieu du XXᵉ siècle, les journaux et les livres étaient les seuls à diffuser de l'information. Puis sont arrivés la radio, la télévision, la publicité, etc.

Aujourd'hui les groupes de presse sont devenus des « groupes de communication multi-médias », car ils cherchent à se développer dans tous les secteurs de la communication ; quelques groupes puissants concentrent entre leurs mains l'ensemble des grands moyens d'information.

Le quatrième pouvoir

Le rôle de la presse écrite est si important qu'on l'appelle « le quatrième pouvoir » : c'est l'observateur critique des trois autres pouvoirs (législatif, exécutif, judiciaire), ce qui compte beaucoup dans un pays où l'État joue un rôle extrêmement important dans tous les domaines. Pourtant, la France est actuellement un des pays où la presse écrite a le moins de lecteurs.

Pour comprendre ce qui peut sembler paradoxal, il faut connaître un peu l'histoire de la presse en France et ses spécificités.

■ Un journalisme d'expression

Pendant très longtemps — jusqu'à la IIIᵉ République — la liberté d'action des journalistes était limitée par le gouvernement. Ils devaient se contenter des sources d'information officielles. Leur rôle était donc surtout de commenter... et de critiquer l'information.

En 1881, la presse réussit à faire voter une loi qui donnait à la France le régime le plus libéral du monde du point de vue de l'indépendance de la presse vis-à-vis du pouvoir politique. Mais la tradition journalistique s'est perpétuée. Les commentaires et l'expression des idées prennent souvent plus d'importance que le compte rendu d'information et le reportage. Le journalisme prestigieux est le journalisme de commentaire. Les qualités littéraires des articles sont plus appréciées que l'objectivité dans le récit. Un certain nombre de journalistes sont d'ailleurs en même temps écrivains.

■ De moins en moins de lecteurs de journaux

En 1914, on comptait 80 titres de journaux à Paris et 242 en province. Les Français étaient alors les plus grands lecteurs de journaux du monde ! Depuis 1914, le nombre de lecteurs n'a pas cessé de baisser, et dans des proportions plus importantes que dans d'autres pays. 41 % de la population seulement lit le journal tous les jours.

La censure exercée sur la presse pendant la Guerre de 1914 a fait perdre une certaine crédibilité aux journaux. L'entre-deux-guerres a été une période de stagnation, la Deuxième Guerre mondiale a accéléré le processus. La presse était alors totalement assujettie à la censure allemande et dépourvue de tout intérêt. Beaucoup de journaux avaient d'ailleurs cessé de paraître et ceux qui avaient continué à paraître sous contrôle allemand ont été interdits à la Libération.

En 1946, il y avait encore 28 quotidiens à Paris et 175 en province. En 1988, il n'y a plus que 11 titres de quotidiens nationaux et 65 titres de quotidiens régionaux. Encore faut-il préciser qu'aucun journal n'atteint des tirages très importants, si on les compare à ceux d'autres pays.

Ce sont les quotidiens nationaux qui ont perdu le plus de lecteurs. Beaucoup de Français dans les grandes villes, et notamment à Paris, se contentent des informations données à la radio ou à la télévision. Les quotidiens de province se sont mieux maintenus ; le quotidien français qui a le plus gros tirage : *Ouest-France*, avec 760 000 exemplaires. Les habitants de zones rurales trouvent un intérêt à la presse régionale pour les informations locales qui les concernent directement.

■ De plus en plus de magazines

La presse périodique a connu ces dernières années un essor tout à fait remarquable. 79 % de la population lit régulièrement au moins une revue.

Les hebdomadaires qui ont les plus gros tirages sont les magazines qui présentent les programmes de télévision.

Les « hebdos » d'information, qui publient des enquêtes d'opinion et des analyses sur l'actualité politique, sociale et culturelle, ont un gros succès : *Le Nouvel Observateur*, *L'Événement du Jeudi*, *L'Express*, *Le Point*, *Paris-Match* (« Le poids des mots, le choc des photos »).

Le Canard enchaîné (le seul journal sans publicité) s'est spécialisé dans la révélation des « dessous » de la politique, sur le mode satirique, et a son public de fervents lecteurs (plus de 600 000 exemplaires). *Le Nouvel Économiste*, *L'Expansion*, et *L'Usine Nouvelle* sont spécialisés dans l'information économique.

Les magazines féminins ont de très gros tirages, avec en tête de liste *Femme Actuelle* et *Prima*, lancés il y a quelques années pour un public populaire ; viennent ensuite les journaux de mode : *Marie-Claire*, *Elle*, *Marie-France*.

Des revues se sont spécialisées dans des secteurs particuliers : décoration, santé, cuisine, sports, informatique, éducation des enfants, etc.

Il ne faut pas oublier les tirages importants de la presse à sensation — *France-Dimanche*, *Ici Paris* — et de la presse du cœur — *Nous Deux*, *Intimité*, *Confidences*.

LES QUOTIDIENS NATIONAUX

	Nombre d'exemplaires en 1988
Le Figaro (m)	432 225
Le Monde (s)	387 449
Le Parisien (m)	382 393
France-Soir (m)	301 716
Libération (m)	195 099
L'Humanité (m)	109 313
La Croix (s)	104 043
Les Échos (s)	96 233
Le Quotidien de Paris (m)	(30 000)
La Tribune de l'Expansion (m)	52 087
L'Équipe (m)	230 524
Paris-Turf	126 861

m = journal du matin
s = journal du soir

D'après *La Presse française*, Pierre Albert, dans « Notes et études documentaires n° 4901 », La Documentation française, 1990.

• **L**e Monde, *fondé en 1944 par Hubert Beuve-Méry, est la référence indispensable des intellectuels et des hommes politiques.*
• Libération, *créé en 1973 par la mouvance d'extrême-gauche, a acquis beaucoup de crédibilité et fait une sérieuse concurrence au* Monde, *en particulier auprès des Parisiens et des moins de quarante ans. Son directeur est Serge July.*
• Le Figaro *existe depuis 1854. Il est surtout lu par les cadres. Sa rubrique de petites annonces est indispensable pour qui cherche un appartement à Paris ! Ses suppléments-magazines du samedi ont un énorme succès (Figaro Magazine et Figaro Madame).*
• Le Parisien *et* France-Soir *s'adressent à des clientèles plus populaires et privilégient les faits divers plutôt que l'actualité politique et économique.*
• L'Humanité *est le journal du parti communiste,* La Croix *un journal catholique, et* Le Quotidien de Paris *un journal qui se situe à droite.*
• *Les autres quotidiens sont des journaux spécialisés :* Les Échos *et* La Tribune de l'Expansion *dans l'information économique,* L'Équipe *dans l'information sportive, et* Paris-Turf *dans les pronostics sur les courses de chevaux.*

■ Financement et vente des journaux

Le prix des journaux n'est pas fonction du coût de production. Le financement provient, au moins pour la moitié des recettes, de la publicité. Certains journaux assurent également une partie de leurs rentrées d'argent en publiant des petites annonces. *Le Nouvel Observateur* a deux pages de petites annonces matrimoniales, *Le Figaro* est spécialisé dans les annonces de ventes et de locations d'appartements, *Le Monde* dans les offres d'emploi pour cadres.

La vente des journaux se fait surtout au numéro dans les maisons de la presse, les kiosques de rue ou de gares. La vente par abonnements est assez faible en France, surtout pour les quotidiens. Le portage à domicile existe très peu, contrairement à d'autres pays, notamment parce que la loi ne permet pas que soient employés à ce type de tâche des jeunes ou des retraités.

LE DROIT DE LA PRESSE

La liberté de la presse, inscrite dans la Constitution, est assimilée à la liberté d'expression.

La loi ne prévoit pas de contrôle a priori, mais vise seulement à limiter les abus de la liberté. Les délits de presse concernant l'État sont rares. Ils répriment surtout les diffamations et les injures contre des personnes privées, ainsi que l'incitation à la haine raciale.

Le droit de réponse permet à toute personne mise en cause par un journal de répondre dans les colonnes de ce journal.

La profession de journaliste n'est pas réglementée. Aucun diplôme ni examen n'est exigé. La carte de presse est délivrée par une commission composée paritairement de patrons de presse et de journalistes, mais elle n'est pas indispensable pour travailler.

Les journalistes bénéficient d'une «clause de conscience» : ils peuvent quitter un journal si un changement intervenant dans sa ligne éditoriale «porte atteinte à leurs intérêts moraux» (une notion qui peut être interprétée dans un sens très large), en touchant les même indemnités que s'ils étaient licenciés.

L'AFP

L'Agence France-Presse est une des grandes agences mondiales de presse, avec 112 bureaux implantés dans le monde entier, plus de 1 000 journalistes et correspondants permanents. Fondée en 1944, elle a repris certains services de l'ancienne Agence Havas, qui existait depuis 1835. L'État français apporte un certain soutien financier à l'Agence et a des représentants dans son conseil d'administration, mais le statut de l'AFP lui assure une autonomie de fonctionnement.

La diffusion des grands journaux

(en milliers d'exemplaires)

Magazines généralistes

1. Paris-Match — 857
2. Figaro-Magazine — 637
3. France-dimanche — 625
4. L'Express — 567
5. Ici Paris — 398
6. Point de vue — 340
7. Journal du Dimanche — 340
8. Le Pèlerin-Magazine — 339
9. Le Point — 309
10. VSD — 251
11. La Vie — 247
12. Jours de France — 200
13. Actuel — 176
14. L'Evénement du Jeudi — 176
15. Lire — 147
16. Le Monde diplomatique — 109

Autres magazines grand public

1. Messages du secours catholique — 1 053
2. Sélection — 1 008
3. Notre Temps — 990
4. Géo — 582
5. Le Chasseur français — 570
6. Télé 7 Jeux — 422
7. Ça m'intéresse — 364
8. Science & Vie — 357

Presse féminine, santé, décoration

1. Femme actuelle — 1 809
2. Prima — 1 264
3. Bonheur — 1 067
4. Modes et Travaux — 997
5. Vivre — 829
6. Convergences — 645
7. Avantages — 641
8. Figaro-Madame — 630
9. Marie-Claire — 603
10. Nous Deux — 572
11. Femmes d'aujourd'hui — 500
12. Santé Magazine — 406
13. Voici — 406
14. Elle — 357
15. Parents — 324
16. Marie-France — 303
17. Intimité — 300
18. Cosmopolitan — 300

Presse économique

1. Le Particulier — 475
2. Le Revenu français — 165
3. L'Expansion — 164
4. Mieux Vivre — 135
5. Science et Vie Economie — 125
6. Investir — 112
7. La Vie française — 109

8. Le Nouvel Economiste — 87
9. Les Echos — 85
10. L'Entreprise — 66
11. Challenges — 65
12. La Tribune — 60

Magazines TV (hebdos)

1. Télé 7 Jours — 3 041
2. Télé Star — 1 864
3. Télé Poche — 1 817
4. Télé Z — 1 202
5. Télé Loisirs — 1 105
6. Télérama — 495

Grands régionaux (+ de 100 000 ex.)

1. Ouest-France (Rennes) — 768
2. Sud-Ouest (Bordeaux) — 360
3. La Voix du Nord (Lille) — 348
4. Le Progrès (Lyon) — 345
5. Le Dauphiné libéré (Grenoble) — 287
6. La Nouvelle République (Tours) — 263
7. Nice-Matin (Nice) — 246
8. La Montagne (Clermont-F.) — 243
9. L'Est républicain (Nancy) — 240
10. La Dépêche du Midi (Toulouse) — 229
11. Les Dernières Nouvelles (Strasbourg) — 215
12. Le Républicain lorrain (Metz) — 184
13. Midi-Libre (Montpellier) — 179
14. Le Télégramme (Brest) — 177
15. Le Provençal (Marseille) — 150
16. L'Alsace (Mulhouse) — 117
17. Paris-Normandie (Rouen) — 117
18. L'Union (Reims) — 107
19. Le Courrier de l'Ouest (Angers) — 106

Presse sportive

1. L'Equipe — 264
2. Onze — 174
3. France Foot — 166
4. Paris-Turf — 125

Automobile

1. Auto-Moto — 348
2. L'Action Automobile — 338
3. Auto-Plus — 302
4. L'Auto-Journal — 263
5. Automobile Magazine — 180

Source : OJD.

Fidèles aux postes

C'est dans les années 30 que la TSF a fait son apparition. Très vite elle a pris place dans tous les foyers et a joué un rôle important pendant la Seconde Guerre mondiale car elle permettait la transmission des messages des résistants.

■ Ces étranges lucarnes

À partir des années 50-60 la télévision s'implante également. Les « étranges lucarnes » étaient alors entièrement contrôlées par le pouvoir politique. (Le général de Gaulle utilisait régulièrement l'impact de la télévision pour s'adresser aux Français.) Aussi un des mots d'ordre des contestataires de mai 68 était-il « ouvrez les yeux, fermez la télé ».

Des efforts ont été accomplis ensuite pour garantir la neutralité de la télévision et l'indépendance des journalistes.

Il n'y a plus beaucoup de « téléphobes* » puisque seulement 4 % de Français ne possèdent pas de téléviseur.

La fin d'un monopole...

Depuis la naissance de la télévision, en 1935, le paysage audiovisuel a bien changé. C'est en fait en 1950 que démarrent véritablement les émissions régulières, mais on compte à cette époque seulement 1 794 téléviseurs en France, groupés dans un périmètre de cinquante kilomètres autour de Paris ! La télévision publique française ne propose alors qu'une seule chaîne.

— En 1959, la RTF (Radio télévision française), devenue entre-temps l'ORTF (Office de radio télévision française), propose un deuxième programme. Les possesseurs de téléviseurs paient chaque année une redevance publique, mais l'essentiel du budget vient de l'État. En 1970, on introduit la publicité à la télévision pour pallier les difficultés financières.

— En 1972, deux chaînes distinctes sont créées.

— En 1973, est lancée la troisième chaîne, en couleurs, qui comporte quelques programmes régionaux.

— En 1974, l'ORTF, qui souffre d'un fonctionnement trop bureaucratique, éclate en sept sociétés distinctes : trois chaînes de télévision (**TF1**, **Antenne 2**, et **FR3**), une société de programmes de radio (Radio-France) et trois sociétés de services, l'INA (Institut national de l'audiovisuel), la SFP (Société française de production), et TDF (Télédiffusion de France).

— En 1984, l'État autorise la création d'une chaîne privée à péage, **Canal Plus**. Mis à part quelques émissions, il faut, pour la recevoir, payer un abonnement qui permet d'avoir le décodeur. Canal + diffuse beau-coup de films, y compris des films récents, et fonctionne 24 heures sur 24.

— En 1985, sont créées deux chaînes privées accessibles à tous : **la Cinq**, et **la Six** (M6).

— En 1987, TF1 est privatisée.

Enfin, en 1989, est créée une chaîne d'État culturelle, **la Sept**, mais pour l'instant peu de Français peuvent la recevoir.

... et la guerre des chaînes

En 1990, les téléspectateurs peuvent donc recevoir deux chaînes publiques et cinq chaînes privées. Et, peu à peu, grâce à l'installation du « cable », ils peuvent aussi recevoir, en payant un abonnement, de nombreuses télévisions étrangères.

Les chaînes se livrent désormais une véritable guerre pour capter l'audience des téléspectateurs, puisque les recettes publicitaires dépendent de l'audimat*.

Les heures d'écoute les plus importantes sont entre 20 h et 22 h. À part le sacro-saint journal télévisé de 20 h, les programmes les plus regardés sont les fictions télévisées (les téléfilms), puis, par ordre décroissant, les films et les magazines documentaires. Les émissions plus « culturelles » ont moins de succès ; elles sont donc reléguées à des heures tardives.

> ## LES JEUX TÉLÉVISÉS : UN VÉRITABLE ENGOUEMENT
>
> « *Les chiffres et les lettres* », très ancien, atteint toujours des records d'audience. Depuis quelques années, des jeux se sont multipliés, assurant aux gagnants des gains* incroyables offerts par des fabricants pour se faire de la publicité. Beaucoup de téléspectateurs déclarent qu'ils trouvent ces gains un peu scandaleux, mais les taux d'écoute restent très importants.

■ Les radios

Là aussi, la situation a beaucoup changé avec le développement de la bande FM (modulation de fréquence).

— **Les radios d'État** ne diffusent pas de publicité. Radio-France contrôle plusieurs grandes stations nationales :

• France-Inter diffuse informations, musique, variétés, etc.

• France-Musique est spécialisée dans la musique de qualité.

• France-Culture propose des programmes culturels.

• France-Info donne des informations vingt-quatre heures sur vingt-quatre.

• Radio-France-International (RFI) est surtout destinée à être écoutée à l'étranger. C'est la huitième radio mondiale.

Radio-France contrôle aussi des stations locales (FIP à Paris) qui diffusent de la musique en continu ainsi que quelques rares informations.

— **Les radios périphériques** sont des radios privées qui vivent de la publicité :

• RTL (Radio-Télé-Luxembourg)

• RMC (Radio-Monte-Carlo), écoutée surtout dans le sud de la France

• Europe 1.

— **Les radios privées** (qu'on appelait les « radios libres » avant qu'elles ne soient légalisées en 1982) émettent uniquement sur la bande FM. Leur succès est énorme puisqu'elles représentent près d'un quart de l'audience totale. Leur budget provient de la publicité ou bien de mouvements associatifs.

Elles émettent sur une région donnée et sont souvent spécialisées pour un public particulier : les jeunes (rock), les personnes âgées (chanson française traditionnelle) ou des organisations politiques ou religieuses.

NRJ est la radio « libre » la plus écoutée.

> *En 1982, a été créée une instance chargée de veiller au bon fonctionnement de l'audiovisuel. Son intitulé et sa composition ont été modifiés plusieurs fois depuis, mais les grands principes restent les mêmes : libre concurrence, égalité de traitement, expression des différents courants de pensée, défense de la langue française, etc.*
> *Depuis 1988, cette instance est le Conseil supérieur de l'audiovisuel (CSA).*

Enfants de la pub

Les « publiphiles » ont largement remplacé les « publiphobes » des années 68-70 qui s'insurgeaient contre la société de consommation.

La publicité, qu'elle soit commerciale ou propagande* politique, est désormais considérée comme un art (les plus grands réalisateurs de cinéma font des spots publicitaires) et certains slogans ou personnages utilisés par « la pub » font vraiment partie de nos références culturelles. Ainsi « la force tranquille » de Mitterrand (campagne électorale de 1981), ou la mère Denis, vieille paysanne devenue star en vantant les mérites d'une machine à laver...

Tous à vos claviers !

La France est devenue le pays le plus avancé en matière de télématique* grand public.

Le minitel, expérimenté à la fin des années 70, a connu un succès foudroyant auprès des entreprises et des particuliers. C'est un écran avec clavier qui se raccorde au téléphone pour donner accès au réseau Télétel. On peut consulter l'annuaire électronique (les renseignements téléphoniques) et des banques de données (des centres serveur*) dans tous les domaines.

Il est possible, par exemple, d'effectuer par minitel des réservations pour le train, l'avion, ou des spectacles, de passer des commandes à des organismes de vente par correspondance. Mais le minitel est aussi utilisé pour les loisirs puisqu'il propose, outre de nombreux jeux, des sortes de clubs de rencontres (« messageries roses ») qui permettent aux utilisateurs d'un même réseau* de dialoguer et de se rencontrer s'ils le souhaitent.

LES FRANÇAIS ET LE MINITEL

21 % des personnes interrogées déclarent se servir du minitel une fois par mois. Les cadres supérieurs sont les plus grands utilisateurs de l'appareil, suivis par les commerçants et artisans. Le « miniteliste » est en moyenne âgé de 25 à 34 ans (29,3 %). Parmi les services les plus souvent consultés figurent les services bancaires (19,8 %), les services d'information (14,8 %), les services de transport, tourisme, voyages (13,6 %) et la vente par correspondance (12,5 %).

Échantillon 6 302 personnes.
Sondage BVA pour *Libération*, 17 mai 1989.

4

JOUEZ LE JEU !

■ Les jeux organisés par l'État

Près d'un Français sur trois joue à l'un des grands jeux populaires de hasard ou de pronostic* organisés par l'État. Il engage de petites sommes qui ne grèvent pas un budget et qui permettent de rêver à la fortune ! Pour l'État, il s'agit de sommes importantes qui viennent alimenter ses finances.

• **La Loterie nationale** a été instituée en 1933. On peut acheter un billet ou un dixième de billet dans l'un des 30 000 points de vente (bureaux de tabac, marchands de journaux, vendeurs ambulants). Le tirage au sort a lieu chaque mercredi.

• **Le PMU** (pari mutuel urbain), créé en 1954, a sérieusement concurrencé la loterie nationale. Dix millions de joueurs s'adonnent* chaque semaine au tiercé* ! Ils ont leur presse spécialisée : Paris-Turf, Tiercé-Magazine, Spécial Dernière.

• **Le Loto** est né en 1976. Pour une somme qui peut être minime, onze à quinze millions de personnes jouent chaque semaine en cochant des numéros sur une grille qui doit être validée par le vendeur. Le tirage a lieu deux fois par semaine, le mercredi et le samedi.

• **Le Tac-au-tac** est né en 1984. On peut découvrir si l'on a gagné en grattant sur place le numéro du billet, sinon il faut attendre le tirage au sort* du jeudi suivant.

• **Le Loto sportif** est un pari sur les matches de football lancé en 1985. Son succès est mitigé*.

> *L*es jeux d'argent et de hasard sont interdits en France par le code pénal*.
> Le ministère des Finances délivre des dérogations aux casinos* et aux organisateurs de courses hippiques. La surveillance est exercée par la police des jeux.

■ Les casinos

Les Français ne sont pas de grands flambeurs* puisque moins de 1 % de la population fréquente les casinos — retraités et classes moyennes, principalement — en tous cas très peu de jeunes... et beaucoup d'étrangers.

On compte en France 130 casinos, autorisés en principe uniquement dans les stations balnéaires* et climatiques. C'est pourquoi il n'y a pas de casino à Paris. (Le plus proche se trouve à Enghien-les-Bains.)

Dans les casinos français, on joue surtout à la roulette, à la boule, au black-jack, à la roulette américaine et au baccarat.

■ Les jeux de société

Les jeux traditionnels se pratiquent toujours dans les familles avec enfants : les petits chevaux, le jeu de l'oie, le jeu de dames, le nain jaune, les dominos, le jeu des sept familles, le jeu de loto, le Monopoly.

Les Français jouent également beaucoup aux cartes (il s'en vend chaque année trente millions de jeux) : la belote et le tarot sont les plus populaires. Le bridge et le pocker sont plus « chics ».

Le Scrabble, introduit en France en 1951, est l'une des distractions préférées des Français.

Le *Trivial pursuit*, créé par des Canadiens et adapté en France en 1984, a supplanté beaucoup d'autres jeux : il s'est vendu un million de jeux en 1987.

5 CLUBS EN TOUS GENRES

C'est une loi de 1901 qui régit la liberté d'association entre personnes voulant mettre en commun « de façon permanente leurs connaissances ou leurs activités dans un but autre que de partager des bénéfices ». C'est pourquoi on désigne souvent les associations à but non lucratif d'« **associations loi de 1901** » pour les distinguer des entreprises dont l'objectif est de faire du profit.

Les statuts doivent simplement être déposés auprès de l'Administration et paraître au Journal officiel*, l'adhésion est libre. L'organe de décision est l'assemblée générale (l'AG) des adhérents* qui ont payé leur cotisation. Cette AG doit élire un bureau composé au moins d'un président, d'un secrétaire et d'un trésorier.

Le mouvement associatif s'est développé dans certains secteurs : l'éducation populaire, les activités de vacances et de loisirs, l'action sanitaire et sociale*, etc.

Mais la vie associative a toujours été moins importante en France que dans les pays voisins. On explique parfois ce phénomène par l'individualisme des Français.

Les associations qui se donnent pour objectif d'influencer la vie sociale et politique ont peu d'adhérents : les associations de consommateurs ne rassemblent que 2 % des Français : les associations de parents d'élèves ont perdu des adhérents ; les syndicats, les mouvements de femmes, les associations de défense de la nature ont des effectifs* de plus en plus faibles.

L'adhérent-type d'une association est un homme, il est diplômé, appartient à un milieu aisé, habite le plus souvent en province... et il est souvent membre de deux, trois ou quatre associations !

Si l'on met à part les associations du troisième âge, qui se sont énormément développées ces dernières années, l'essentiel du mouvement associatif concerne les loisirs, en particulier le sport.

Taux d'adhésion aux associations (chez les Français de 18 ans et plus).

Type d'association :		En % 1984-1986
Sportive	━━━	18,9
Culturelle, de loisirs	━━	11,6
Troisième âge	━	8,5
Parents d'élèves	━	8,2
Professionnelle	━	7,1
Syndicat	━	6,8
Bienfaisance, entr'aide	━	6,6
Quartier, locale	━	6,0
Confessionnelle	▬	4,7
Parti politique	■	3,1
Jeunes	■	2,8
Familiale	■	2,6
Consommateurs	■	2,4
Défense de nature	■	2,0
Étudiants	ı	1,7
Femmes	ı	1,1

Au moins à une association   **43,8**

INSEE, *Données sociales* 1990.

QUESTIONS-RÉFLEXIONS

• Si les médias constituent « le quatrième pouvoir », quels sont les trois premiers pouvoirs ?

• Qu'appelle-t-on le pluralisme de l'information ?

• Dans un journal, quelle est la différence entre « un droit de réponse » et « le courrier des lecteurs » ?

• À quel sport le PMU est-il associé ?

• Ces médias appartiennent-ils à la presse, à la radio ou à la télévision ?
— Antenne 2
— Europe 1
— Le Monde
— France-Inter
— L'Équipe
— Canal Plus
— Elle
— TF1
— Libération
— France-Culture
— FR3
— L'Express

• Indiscrétions :
— Êtes-vous publiphile ou publiphobe ?
— Êtes-vous un sportif en chambre ?
— Connaissez-vous les messageries roses du minitel ?
— Êtes-vous de ces gens imprudents qui conduisent avec un baladeur ?
— Avez-vous déjà joué à la roulette ?

La France et les Français jugés par les Européens.
• Commentez ce « catalogue des contradictions françaises » que dresse avec humour Roger de Weck, journaliste allemand.
Quand Siegfried se paie la tête d'Astérix.
« (...) Tenez : Il n'est pas, dit-on, de peuple plus individualiste. Or il s'agit de millions d'individualistes qui ont l'habitude de faire tous la même chose en même temps. Ils lisent les mêmes livres, ceux que leur imposent les jurys des prix littéraires ; ils se précipitent tous aux mêmes expositions ; ils assistent, tous à la même heure, aux grand-messes que sont les journaux télévisés ; ils partent à peu près tous le même jour en vacances, empruntent les mêmes autoroutes ; ils aiment à se retrouver, tous ensemble, dans les bouchons du week-end. (...) »

L'Événement du Jeudi, 30 novembre 1989.

TANT QU'ON A LA SANTÉ

1 LA SÉCU POUR TOUS

La protection sociale désigne l'ensemble du système de prévoyance qui permet de faire face à certains risques : maladie, vieillesse, charges familiales, chômage.
La sécurité sociale s'est généralisée à partir des ordonnances* de 1945 : la couverture sociale a été étendue progressivement à tous les Français.

Le dispositif fonctionne selon le principe de l'assurance obligatoire : tout le monde est obligé de se protéger en versant des cotisations* qui sont calculées sur les revenus professionnels (et non pas sur le type de risques couverts) et les cotisations à la charge des employeurs se présentent comme un salaire indirect obligé. Les cotisations sociales constituent les prélèvements* obligatoires les plus importants.

La Sécurité sociale est administrée par un ensemble d'organismes placés sous la tutelle* de l'État, contrôlés de façon paritaire par des représentants élus des travailleurs et des employeurs : la Caisse d'assurance maladie, la Caisse d'allocations familiales et la Caisse vieillesse, qui forment ce qu'on appelle le régime général de la sécurité sociale, applicable à une majorité de la population (75 % environ). À côté du régime général, existent en effet des régimes spéciaux pour certaines catégories : les agriculteurs, les professions indépendantes, les fonctionnaires.

Les caisses versent aux assurés sociaux et à leurs « ayants-droit » (leur famille) les prestations correspondant aux différents risques :

• maladie et maternité : remboursement des soins, versements d'indemnités journalières pour compenser la perte de salaire;

• invalidité* et incapacité de travail : pensions d'invalidité;

• charges de famille : allocations familiales, allocation logement;

• vieillesse : retraites de base et retraites complémentaires.

La protection contre le chômage est gérée par des organismes indépendants de la Sécurité sociale.

Les comptes de la Sécurité sociale posent régulièrement problème lorsque les recettes et les dépenses ne sont pas équilibrées : c'est « le trou » de la Sécurité sociale, dû à l'augmentation des dépenses de santé mais aussi à la croissance du nombre des retraités.

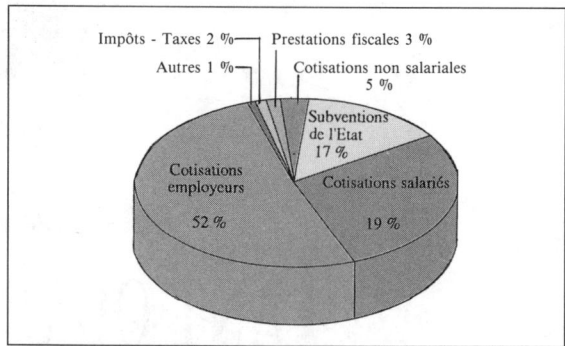

Le financement de la protection sociale

La Documentation Française. 1986.

Qui a droit à la sécurité sociale ?

— *Toute personne qui exerce une activité professionnelle est assurée sociale et donc obligatoirement couverte par l'assurance maladie, de même que son conjoint*, ou son concubin*, et ses enfants.*
— *Les chômeurs indemnisés, les retraités, les stagiaires de formation professionnelle sont assimilés à des salariés.*
— *Les bénéficiaires du revenu minimum d'insertion (RMI) sont affiliés* automatiquement et gratuitement à l'assurance maladie.*
— *Les étudiants bénéficient de la sécurité sociale de leurs parents jusqu'à vingt ans ou de la Sécurité sociale étudiante. Mais les jeunes qui abandonnent l'école cessent à dix-sept ans d'être «ayants-droit».*
— *Les quelques personnes qui ne relèvent d'aucun régime obligatoire peuvent payer une cotisation pour souscrire une assurance personnelle (gérée par le régime général des salariés).*

2

À VOTRE SANTÉ

Grâce à la généralisation de la Sécurité sociale, qui permet à tout le monde de se soigner, et aux progrès de la médecine — développement de la prévention, amélioration des produits pharmaceutiques et des techniques chirurgicales — des progrès considérables ont été réalisés depuis trente ans dans le domaine de la santé.

SURTOUT PAS D'INQUIÉTUDE C'EST TRÈS, TRÈS MAUVAIS POUR CE QUE VOUS AVEZ !

PESSIN

■ Vivre vieux

Le taux de mortalité infantile a considérablement baissé : pour 1 000 naissances il y avait, en 1989, 7,5 décès d'enfants de moins d'un an, alors qu'il y en avait encore 18,2 en 1970 et 52 en 1950.

Parallèlement, l'espérance de vie à la naissance n'a cessé d'augmenter. Elle est aujourd'hui estimée à 80,7 ans pour les femmes et 72,5 ans pour les hommes. Ces chiffres placent la France aux tout premiers rangs des pays développés.

Les inégalités devant la mort dépendent du sexe, de la catégorie professionnelle et des situations familiales :

• les femmes vivent plus longtemps que les hommes ;

• les cadres supérieurs, les professions libérales, les enseignants ont une espérance de vie bien supérieure à celle des ouvriers, surtout ceux qui travaillent dans les mines, la sidérurgie, le bâtiment (vers 60 ans, un ouvrier a deux fois plus de chances de mourir de cancer qu'un cadre) ;

• les hommes célibataires meurent deux fois plus que les hommes mariés, alors que les femmes semblent beaucoup mieux supporter la solitude.

L'évolution de l'espérance de vie en France 1789-1988

	HOMMES	FEMMES
1789	27,5	28,1
1829	38,3	39,3
1865	39,1	40,6
1913	48,5	52,4
1938	55,9	61,6
1960	67,2	74,3
1970	67,7	75,2
1977	69,7	77,8
1984	71,3	79,5
1988	72,3	80,6

Source : INSEE (Données sociales 1990)

Le Nouvel Observateur, 24 mai 1990.

121

■ Le poumon vous dis-je...

— **Les maladies cardio-vasculaires** viennent largement en tête des maladies affectant la santé des Français, en particulier celle des hommes : c'est la première cause de mortalité.

Les modes de vie (le stress de la vie moderne) sont évidemment à mettre en cause, mais l'hérédité* est également un facteur déterminant.

— **Le cancer** est la seconde cause de mortalité, mais c'est la maladie qui fait le plus peur.

Les hommes sont surtout atteints par les cancers du poumon, tandis que les femmes ont essentiellement des cancers du sein ou de l'utérus.

Des progrès considérables ont été réalisés dans la guérison des cancers puisque actuellement on estime qu'un cancer sur deux peut être guéri, ceci grâce aux nouvelles méthodes thérapeutiques mises au point par les centres spécialisés (chimiothérapie, immunothérapie, laser).

— **La grippe** peut paraître bénigne*, mais elle constitue un véritable fléau* économique et social car elle touche chaque année quatre millions de Français, représente vingt millions de journées et arrêts de travail, et coûte fort cher à la Sécurité sociale !

On essaie de développer la prévention en vaccinant les personnes fragiles, en particulier les personnes âgées (en 1988, plus de 10 % des Français se sont fait vacciner contre la grippe).

— **Les maladies sexuellement transmissibles** (MST), qui avaient pratiquement disparu, connaissent

une recrudescence* certaine depuis une vingtaine d'années, mais elles se soignent bien. En revanche, le SIDA (syndrome immunodéficitaire acquis) se développe d'une façon extrêmement inquiétante. En décembre 1989, on évalue à 10 000 le nombre de cas de SIDA et à 150 000 le nombre de séropositifs.

— **L'alcool** est un problème non négligeable, puisque d'une part il est la cause directe de nombreux accidents de la route, d'autre part il entraîne des cirrhoses du foie et des cancers. La consommation annuelle d'alcool pur par habitant est la plus importante d'Europe (13 litres) et on considère qu'il y a entre deux et cinq millions de malades alcooliques.

LES VACCINATIONS OBLIGATOIRES

Compte tenu des dangers de certaines maladies, la législation impose quatre vaccinations :
— contre la tuberculose (le BCG)
— contre le tétanos, la poliomyélite et la diphtérie, on utilise généralement des vaccins associés, en y ajoutant souvent le vaccin contre la coqueluche.

— **Le tabac** est, selon la Ligue contre le cancer, à l'origine de 65 000 décès annuels (12 % de la mortalité). Le pourcentage de fumeurs est estimé, en 1989, à 48 % chez les hommes et 32 % chez les femmes. Les fumeurs français consomment de moins en moins de cigarettes brunes (40 % en 1988, alors qu'en 1976 c'était 75 %), et de plus en plus de cigarettes légères.

— **La toxicomanie** a considérablement augmenté ces dernières années (vingt fois plus qu'en 1970) en particulier chez les jeunes. Or les toxicomanes sont, avec les homosexuels, les plus touchés par le virus du SIDA, à cause du manque de précaution dans l'usage des seringues.

— **Les maladies nerveuses**
19 % des Français avouent avoir déjà fait une dépression nerveuse, ou du moins une petite « déprime ». Les tranquillisants et les somnifères arrivent en tête des médicaments les plus vendus, avant même l'aspirine.

Les suicides représentent plus de 2 % des décès. Ce n'est pas un phénomène nouveau, mais il a fortement progressé ces dix dernières années (21 pour 100 000 personnes), et en particulier chez les jeunes, ce qui est inquiétant.

■ Le trou de la sécu

La généralisation de la protection sociale a permis pratiquement à tous les Français l'accès aux soins.

La Sécurité sociale rembourse les frais engagés à 80 % environ et beaucoup d'assurés sociaux ont une mutuelle* complémentaire qui prend en charge tout ou partie du montant restant. Elle couvre à 100 % les soins occasionnés par les maladies longues et coûteuses (un Français sur dix).

Mais la consommation médicale dépend de la catégorie socioprofessionnelle des assurés. Les ouvriers et les agriculteurs vont davantage à l'hôpital, alors que les cadres optent souvent pour des consultations chez les spécialistes. Les cadres achètent aussi plus souvent des médicaments sans ordonnance, ce qui ne donne donc pas lieu à remboursement (c'est ce qu'on appelle « l'automédication »).

LES FRANÇAIS ET LE JUSTE POIDS

68 % des personnes interrogées ont déjà eu envie ou besoin de perdre du poids (77 % des femmes, 58 % des hommes). Dans 26 % des cas, les interviewés mettent en avant des questions de santé, dans 29 %, un souci d'amélioration de leur apparence physique. Pour perdre du poids, les méthodes les mieux adaptées sont les exercices physiques (66 %), les régimes amaigrissants.

Échantillon : 939 personnes de 18 ans et plus.
Sondage SOFRES pour *Le Quotidien du médecin*,
Ardix, 9 mars 1990.

■ Silence, hôpital

L'hospitalisation se fait à l'hôpital public, mais aussi dans les cliniques privées. En 1987, le nombre de lits était de 374 000 dans le secteur public et de 200 000 dans le secteur privé.

La Sécurité sociale prend en charge les frais d'hospitalisation (elle évite même au malade d'avancer les frais s'il y a eu auparavant une « demande d'entente préalable »). Les malades doivent seulement payer un modeste forfait* journalier qui correspond à peu près aux frais de nourriture.

Les soins hospitaliers représentent près de 50 % de la consommation médicale totale.

3

SECRET MÉDICAL

En 1988, la France se situe parmi les pays les plus médicalisés du monde, avec 32 médecins pour 10 000 habitants. C'est une moyenne qui cache néanmoins d'importantes disparités selon les régions. Les médecins sont très nombreux — et même trop nombreux — dans la région parisienne et le sud de la France. En revanche, certaines régions du Nord, de l'Est ou du Centre ont un nombre de médecins très inférieur à la moyenne nationale.

■ Les blouses blanches

— **Les professions de médecin, chirurgien dentiste, pharmacien**, sont très réglementées au niveau du diplôme et de leur exercice. Pour chacune d'elles, il existe un ordre professionnel.

L'organisation des études de médecine a été modifiée récemment pour améliorer la formation des généralistes et réguler le nombre d'étudiants par spécialités.

Tous les étudiants en médecine sont désormais « internes » c'est-à-dire formés à l'hôpital. Les études de médecine générale durent huit ans.

Pour accéder à l'internat de spécialité, il faut passer un concours très sélectif.

Au terme de leurs études, les médecins peuvent travailler comme salariés d'une institution (hôpital, dispensaire, entreprise) ou bien « s'installer » en profession libérale.

Il y a environ 70 % des médecins généralistes et 60 % des spécialistes qui exercent à titre libéral, les autres étant salariés. Depuis quelques années se sont multipliés les cabinets de groupe, dans lesquels s'associent plusieurs médecins pour des raisons de commodité (partage du local, du secrétariat).

Les pharmaciens ont le monopole de la vente des médicaments et l'ouverture d'une officine* est soumise à une autorisation administrative.

— **Les professions paramédicales**, infirmier, kinésithérapeute, laborantin* d'analyse médicale, ergothérapeute*, etc. ne peuvent pas non plus être exercées sans diplôme d'État. Leurs effectifs ont considérablement augmenté ces dernières années et sont constitués en majorité par des femmes.

Comme pour la médecine, ces professions peuvent être exercées en salariat ou en profession libérale.

■ Dites 33

Toute personne a le droit de choisir librement son médecin, son kinésithérapeute ou tout autre membre d'une profession médicale ou para-médicale.

Le système français est assez particulier puisqu'il est possible de consulter un ou plusieurs médecins de son choix, qu'ils soient généralistes ou spécialistes, de se faire prescrire des examens médicaux et des médicaments (éventuellement contradictoires !) et de se faire rembourser ensuite par la Sécurité sociale.

Les honoraires des médecins ne sont cependant pas forcément remboursés intégralement par la Sécurité sociale car celle-ci applique un tarif conventionné (déterminé périodiquement à la suite de négociations avec les syndicats de médecins). Or les médecins, depuis quelques années, ont le choix entre deux possibilités. Soit ils sont conventionnés « secteur 1 » et demandent aux patients le tarif prévu par la convention, ils bénéficient dans ce cas d'un allègement de leurs cotisations sociales. Soit ils sont conventionnés « secteur 2 » et ont le droit de pratiquer un « dépassement d'honoraires » à leur convenance. Le secteur 2 représente actuellement près de 30 % des médecins libéraux.

Dans les deux cas, le patient est remboursé à un tarif identique par la Sécurité sociale...

De plus en plus de médecins spécialistes sont affiliés au secteur 2, ce qui remet en cause le principe de l'égalité de tous devant la maladie.

Huit Français sur dix déclarent avoir «un médecin de famille» : c'est le médecin généraliste à qui ils font confiance. C'est souvent lui qui conseille de consulter tel ou tel spécialiste. En cas d'hospitalisation, c'est à lui qu'est communiqué le dossier, et non pas au malade.

TOUBIB OR NOT TOUBIB : MÉDECINES DOUCES

J'AI DÉJÀ MOINS MAL À LA TÊTE !

LA SANTE PAR LES PLANTES DES PIEDS

Pessin

Les médecines dites « douces » se sont considérablement développées ces dernières années. Elles doivent être pratiquées par des médecins, qu'ils soient généralistes ou spécialistes.

Les utilisateurs considèrent en général qu'il s'agit d'un recours complémentaire à la médecine classique, et non pas d'une méthode unique.

Le succès des médecines douces est souvent présenté comme une demande de contact personnalisé avec le médecin ; une demande de prise en charge globale du malade à laquelle ne répond pas la médecine moderne, très spécialisée et très technique. Le médecin applique des tarifs plus élevés que les tarifs remboursés par la Sécurité sociale, mais il sait prendre le temps d'écouter les malades.

Pour ceux qui ont recours aux médecines douces, l'homéopathie* arrive en tête, suivie par l'acuponcture*, puis la phythothérapie*. L'ostéopathie* est également de plus en plus utilisée.

Les guérisseurs et les rebouteux* ne sont pas reconnus légalement. Ils peuvent être poursuivis pour exercice illégal de la médecine, bien qu'ils bénéficient le plus souvent d'une certaine tolérance.

Sur le divan

La psychanalyse est de plus en plus admise par les Français : 31 % d'entre eux n'écarteraient pas l'idée de se faire psychanalyser (58 % sont d'un avis contraire) et 46 % déclarent qu'ils auraient une réaction favorable si leur conjoint décidait de se faire psychanalyser.

Les plus intéressés sont les femmes (33 % des femmes contre 29 % des hommes), les personnes ayant un niveau d'instruction supérieur, et les moins de 50 ans.

Les personnes interviewées voient le psychanalyste plutôt comme quelqu'un qui écoute et laisse parler (58 %) que comme quelqu'un qui donne des conseils (24 %).

C'est une thérapie qui leur paraît utile pour traiter les problèmes de personnalité (51 %) et dans une moindre mesure, les problèmes sexuels (35 %), mais elles se montrent sceptiques sur son utilité pour les problèmes professionnels (31 %). Elle peut s'adresser aussi aux enfants (64 %).

Si la psychanalyse est aujourd'hui admise, elle n'est pourtant pas couramment pratiquée. 16 % seulement des Français déclarent avoir dans leur entourage familial ou professionnel des gens qui ont fait une analyse.

D'après un sondage SOFRES pour
Le Figaro Magazine, 10-14 septembre 1987.

QUESTIONS-RÉFLEXIONS

• Comment est financé le système de Sécurité sociale en France? Quelles sont ses caractéristiques par rapport aux systèmes de santé d'autres pays que vous connaissez?

• Beaucoup de gens cotisent à une mutuelle. Est-ce parce qu'ils ne bénéficient pas de la Sécurité sociale?

• Est-ce que les étrangers installés en France ont droit à la Sécurité sociale?

• Pourquoi parle-t-on d'«inégalité devant la mort»?

• Quels sont les facteurs qui ont permis d'améliorer de façon considérable l'espérance de vie?

• Classer ces expressions selon leur sens : ça va très bien, ça pourrait aller mieux, ça va très mal.
— être plein de santé
— être en convalescence
— perdre la santé
— se détruire la santé
— avoir une petite santé
— recouvrer la santé
— être bien bas
— être mourant
— être à l'article de la mort
— respirer la santé

À RETENIR   -   À RETENIR   -   À RETENIR

la Sécurité sociale
un assuré social
la mortalité infantile
la gériatrie
un médecin de famille
une profession paramédicale
délivrer une ordonnance

RAISON D'ÉTAT

1 VIVE MARIANNE

La France vit depuis 1958 sous le régime de la cinquième République. C'est un régime parlementaire de type présidentiel.

Changement de régime

Le régime de la IVe République, institué par la Constitution de 1946, était marqué par une très grande instabilité politique. Ce régime était de type parlementaire. Le président de la République était élu par le Parlement ; le gouvernement, responsable devant l'Assemblée nationale, était amené à démissionner en cas de crise politique. Il y eut ainsi, entre 1946 et 1958, vingt et un gouvernements, la guerre d'Algérie entraînant des crises successives.

En 1958, sous la pression des chefs militaires d'Alger, l'Assemblée nationale donne au général de Gaulle les pleins pouvoirs pour régler la crise en Algérie et pour élaborer une nouvelle Constitution.

La Constitution de 1958, soumise au vote de l'ensemble des Français par référendum, est alors acceptée avec près de 80 % de « oui » en France métropolitaine. Ainsi naît la **Ve République**.

Le régime est toujours de type parlementaire, puisque l'Assemblée nationale peut renverser le gouvernement, mais il est aussi présidentiel car il donne un rôle très important au président de la République, chef de l'État. Ce dernier (après une modification de la Constitution adoptée par référendum en 1962) est élu au suffrage universel direct ; il peut dissoudre* l'Assemblée nationale, mais lui-même ne peut pas être renversé.

Jusqu'en 1986 les scrutins* électoraux avaient toujours donné la même majorité politique lors des élections présidentielles et lors des élections législatives.

Lorsque le vote a donné la majorité parlementaire aux partis de droite, le président de la République, François Mitterrand (socialiste), a nommé Jacques Chirac chef du gouvernement. Les institutions de la Ve République ont bien résisté à l'épreuve de la « cohabitation », qui a duré de 1986 à 1988. Les sondages d'opinion ont montré que beaucoup de Français trouvent même certains avantages à un partage des pouvoirs entre les différentes tendances politiques.

Bonjour, monsieur le Président

• **Le pouvoir exécutif** est partagé entre le président de la République et le Premier ministre.

— **Le président de la République est le chef de l'État** et réside au **palais de l'Élysée**. Il est élu au suffrage universel* direct pour sept ans (un septennat) et est rééligible sans limitation du nombre de ses mandats*. Aucune autorité ne peut mettre un terme au mandat en cours.

Ses pouvoirs sont importants :
• il nomme le Premier ministre et préside le Conseil des ministres ;
• il signe les décrets et les ordonnances ;
• il peut consulter directement les électeurs par référendum* pour des projets de lois portant sur certains problèmes ;

• il peut dissoudre l'Assemblée et provoquer de nouvelles élections législatives.

Le Président a une responsabilité particulière dans les domaines de la Défense et des Affaires étrangères :

• il est le chef des armées ;

• il dirige la diplomatie et accrédite* les ambassadeurs.

En cas de crise grave menaçant les institutions, l'article 16 de la Constitution lui permet de se doter des « pouvoirs spéciaux ».

— **Le Premier ministre est le chef du gouvernement** ; ses bureaux sont à l'hôtel **Matignon**.

• Il forme le Gouvernement en en choisissant les membres, mais leur nomination doit être faite en accord avec le chef de l'État. La composition du Gouvernement n'est pas fixée par la Constitution : le nombre des ministres et des secrétaires d'État peut varier, ainsi que leurs attributions. Selon le principe de la séparation des pouvoirs, un ministre ne peut pas conserver son mandat de député s'il en avait un lors de sa nomination.

Le Conseil des ministres se réunit en principe tous les mercredis matin à l'Élysée et publie à l'issue de chaque réunion un communiqué officiel qui présente les décisions gouvernementales.

• Le Premier ministre a l'initiative des lois et il en assure l'exécution.

• Il est responsable de la politique du gouvernement devant l'Assemblée nationale : il ne peut donc pas gouverner s'il n'appartient pas à la tendance politique qui est majoritaire à l'Assemblée nationale ; s'il ne peut être révoqué* par le président de la République, ce dernier peut cependant l'inciter à démissionner.

• **Le pouvoir législatif** est exercé par **le Parlement**, composé de deux assemblées : l'Assemblée nationale et le Sénat.

— **L'Assemblée nationale**, appelée aussi **Chambre des députés**, siège au **Palais Bourbon** dans une salle en forme d'hémicycle*.

Les députés sont élus au suffrage universel direct pour une durée de cinq ans (une législature). Ils sont à peu près 500 (leur nombre varie légèrement selon le découpage des circonscriptions* électorales) et doivent avoir au minimum vingt-trois ans. Ils élisent l'un d'eux Président de l'Assemblée nationale.

— **Le Sénat** que l'on nomme parfois « la Haute Assemblée » siège au **palais du Luxembourg**.

Les sénateurs, qui sont environ 300, sont élus au suffrage indirect par les députés et les représentants des collectivités locales. Les candidats doivent être âgés de trente-cinq ans au moins.

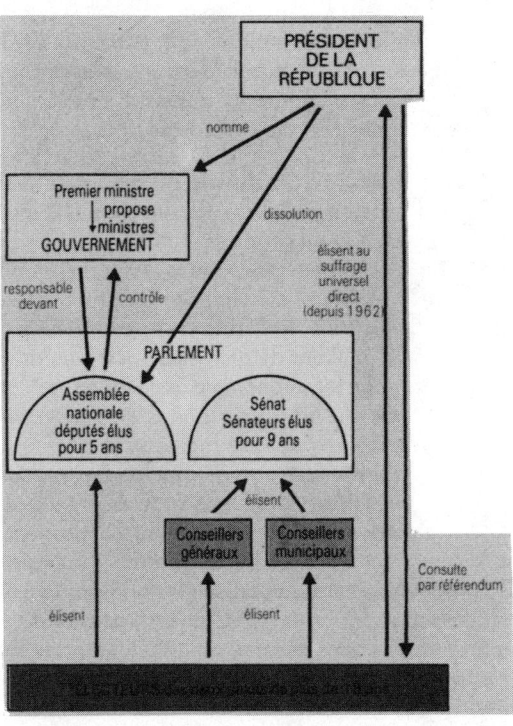

Histoire terminales. Nathan 1989.

Le mandat des sénateurs est de neuf ans, mais les membres du Sénat sont renouvelables par tiers tous les trois ans.

Le président du Sénat est le second personnage de l'État. En cas de vacance* de la présidence de la République, c'est lui qui assure l'intérim*.

Le Parlement se réunit lors de deux sessions ordinaires, au printemps et en automne, mais il peut aussi être convoqué en session extraordinaire par le Premier ministre ou à la demande d'une majorité de parlementaires.

Son rôle est essentiellement législatif. Le budget et les projets de lois sont examinés successivement par l'Assemblée nationale et le Sénat, qui peut proposer des amendements : le va-et-vient entre les deux assemblées est appelé « la navette parlementaire ».

En cas de désaccord entre les deux instances, c'est l'Assemblée nationale qui examine la question en dernier et qui l'emporte. Lorsque la loi a été votée, elle est publiée au Journal Officiel. Mais pour qu'elle soit appliquée, il faut que le Gouvernement signe les décrets d'application, ce qui peut être assez long.

Le Parlement contrôle également l'action du gouvernement en lui demandant de répondre à des « questions » sur sa politique. Il peut, à la demande d'un dixième au moins de ses membres, manifester sa

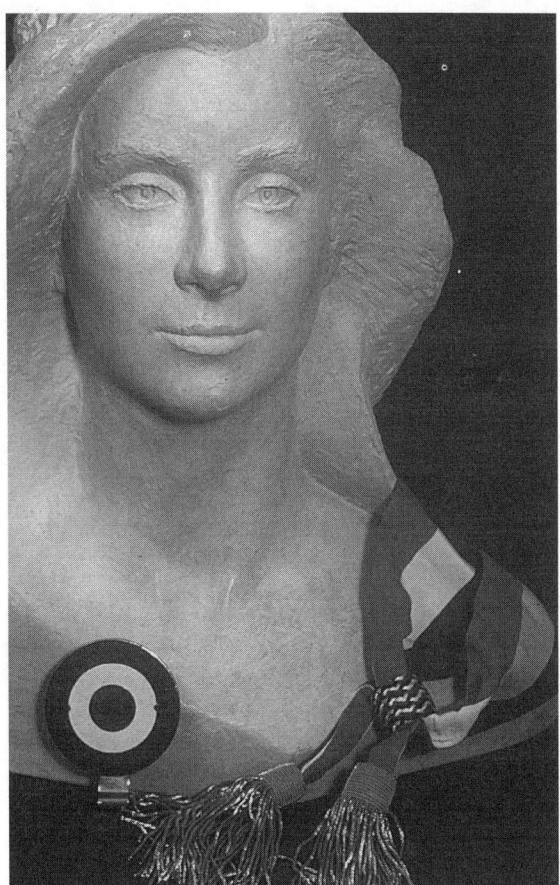

La République française est représentée dans toutes les mairies par le buste de Marianne, coiffée du bonnet phrygien (ceci depuis 1877, en remplacement du buste de Napoléon III). C'est Catherine Deneuve qui a servi de modèle pour le nouveau buste (1985). Le précédent modèle était Brigitte Bardot.

méfiance en proposant le vote d'une **motion de censure*** : si la motion de censure est approuvée par une majorité absolue de parlementaires, le gouvernement est renversé et doit démissionner.

Le vote est individuel mais, excepté quelques « non inscrits », les parlementaires appartiennent à un groupe parlementaire constitué autour d'un parti politique. Ils perçoivent à titre personnel une indemnité parlementaire et n'exercent généralement pas d'activité salariée pendant leur mandat. En dehors des séances publiques, ils participent à des commissions ou à des missions ponctuelles, reçoivent les électeurs à la permanence de leur circonscription, ont des activités politiques, etc.

Ils bénéficient d'une « immunité* parlementaire » qui leur permet de ne pas être poursuivis devant les tribunaux, ceci afin d'être totalement indépendants. Il existe une possibilité de levée de cette immunité mais elle n'est pratiquement jamais utilisée.

Recours suprêmes

— **Le Conseil constitutionnel** est chargé de veiller à la régularité des élections et de vérifier que les lois et les référendums sont bien conformes à la Constitution. Il est composé de neuf membres nommés pour neuf ans (renouvelables par tiers tous les trois ans), désignés à part égale par le président de la République, le président de l'Assemblée nationale et le président du Sénat. Les anciens chefs de l'État en font partie de droit.

— **La Haute Cour de justice**, composée de douze députés et de douze sénateurs élus par leurs pairs*, peut, dans certains cas, être amenée à juger les actes du président de la République et ceux des membres du gouvernement en cas de violation grave de la Constitution.

— **Le Conseil économique et social** donne son avis sur tout problème ou projet de loi à caractère économique ou social. Il comprend 230 membres nommés pour cinq ans : les deux tiers sont désignés par des organisations syndicales et professionnelles ou des associations, un tiers est désigné par le gouvernement.

— **Le Conseil d'État** a un double rôle : il conseille le gouvernement sur les projets de lois, donne son avis sur des décisions d'intérêt public, et peut avoir à interpréter les textes administratifs ; il est aussi chargé de juger les litiges* dans lesquels l'Administration est mise en cause.

Ses membres sont des hauts fonctionnaires nommés en Conseil des ministres, théoriquement révocables. Le président du Conseil d'État est le Premier ministre.

— **La Cour des comptes** contrôle l'exécution du budget de l'État et la bonne gestion des administrations. Elle est composée de hauts fonctionnaires nommés par le gouvernement, inamovibles. Son rapport est publié chaque année et largement diffusé dans la presse.

— **Le médiateur** intervient pour régler à l'amiable* les litiges entre un particulier et une administration, les réclamations devant être transmises par un parlementaire. Il n'a pas de pouvoir de décision mais peut faire des recommandations à l'administration mise en cause.

Le médiateur, dont la fonction n'existe que depuis 1973, est une personnalité nommée pour six ans par décret du Conseil des ministres. Il a des correspondants dans tous les départements.

2

L'ÉTAT
DANS TOUS SES ÉTATS

Dans les ministères

— **Le président de la République** est assisté du secrétariat général de l'Élysée, composé de conseillers et de collaborateurs.

— **Le Premier ministre** dirige le secrétariat général du gouvernement.

— **Les ministères et les secrétariats d'État** constituent l'**Administration** proprement dite.

Chaque ministère dispose de **services centraux**, installés à Paris. Le ministre s'entoure de proches collaborateurs qui forment son **cabinet**. Les services administratifs, divisés par secteurs en directions et bureaux, sont dirigés par de hauts fonctionnaires, nommés par décret en Conseil des ministres : leur choix n'est pas forcément lié à des considérations politiques.

Les services extérieurs des ministères sont répartis sur l'ensemble du territoire français, selon un découpage en circonscriptions* administratives qui coïncident généralement avec les départements.

Et dans les régions

Le ministre de l'Intérieur est chargé de l'administration générale de l'ensemble du pays, mais la prépondérance absolue de l'État est limitée depuis 1982 par la loi de décentralisation. Celle-ci a transféré certains pouvoirs et compétences aux collectivités locales (la commune, le département et la région) érigées en personnes morales, et administrées par des élus.

■ La commune

La commune est la plus petite division administrative. La France compte plus de 36 000 communes, parmi lesquelles 25 000 ont moins de 500 habitants. Chacune d'elles est gérée par son **conseil municipal**, élu tous les six ans au suffrage universel.

Les conseillers municipaux — dont le nombre dépend de la taille de la commune — élisent parmi eux **le maire** et ses adjoints.

Le maire est responsable de l'application des décisions du conseil municipal : exécution du budget, organisation des services municipaux et des équipements collectifs (écoles, crèches, centres de sports et de loisirs..., maintien de la sécurité, réglementation de la circulation et du stationnement des voitures).

Mais le maire est aussi le représentant de l'État, chargé d'assurer la publication des lois et règlements, d'organiser les élections. Il exerce les fonctions d'officier d'état civil* — tenue des registres d'état civil et célébration des mariages — et celles d'officier de police judiciaire — il peut dresser des procès-verbaux*

> ### POUR ÊTRE CONSEILLER MUNICIPAL
>
> **L**e candidat doit :
> — avoir dix-huit ans au moins;
> — être français ou naturalisé depuis plus de dix ans;
> — jouir de ses droits civiques;
> — être inscrit sur les listes électorales.
> Pour être maire, il faut avoir vingt et un ans.

LES DIVISIONS ADMINISTRATIVES FRANÇAISES

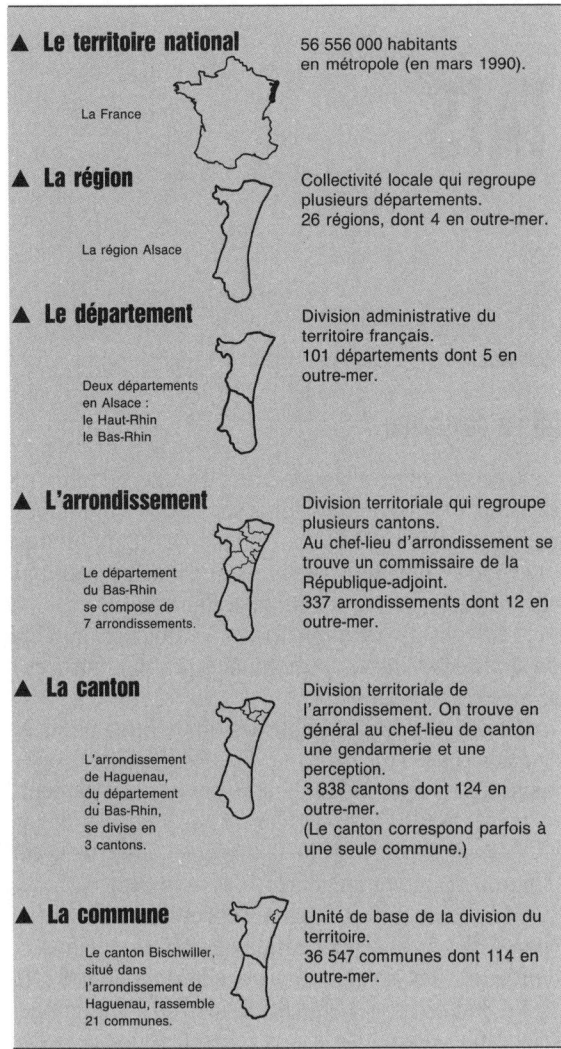

▲ **Le territoire national**	56 556 000 habitants en métropole (en mars 1990).
La France	
▲ **La région**	Collectivité locale qui regroupe plusieurs départements. 26 régions, dont 4 en outre-mer.
La région Alsace	
▲ **Le département**	Division administrative du territoire français. 101 départements dont 5 en outre-mer.
Deux départements en Alsace : le Haut-Rhin le Bas-Rhin	
▲ **L'arrondissement**	Division territoriale qui regroupe plusieurs cantons. Au chef-lieu d'arrondissement se trouve un commissaire de la République-adjoint. 337 arrondissements dont 12 en outre-mer.
Le département du Bas-Rhin se compose de 7 arrondissements.	
▲ **La canton**	Division territoriale de l'arrondissement. On trouve en général au chef-lieu de canton une gendarmerie et une perception. 3 838 cantons dont 124 en outre-mer. (Le canton correspond parfois à une seule commune.)
L'arrondissement de Haguenau, du département du Bas-Rhin, se divise en 3 cantons.	
▲ **La commune**	Unité de base de la division du territoire. 36 547 communes dont 114 en outre-mer.
Le canton Bischwiller, situé dans l'arrondissement de Haguenau, rassemble 21 communes.	

Les institutions de la France, Repères pratiques Nathan, 1988.

> *L*es collectivités locales sont les circonscriptions administratives dotées de la personnalité morale : la commune, le département, la région. Elles sont gérées par des élus et non par l'État.

■ Le canton

Le canton regroupe un certain nombre de communes.

À la campagne, **le chef-lieu de canton** est généralement le gros bourg où se trouvent le collège, le bureau des impôts, la gendarmerie.

Le canton constitue essentiellement une circonscription électorale pour la désignation des conseillers généraux du département.

■ Le département

Le préfet, nommé par le Conseil des ministres, représente le gouvernement et dirige les services de l'État dans le département.

Depuis la loi sur la décentralisation, le département est devenu une collectivité locale. Le préfet n'est plus l'unique autorité.

Le conseil général, élu au suffrage universel, constitue une assemblée dotée de responsabilités importantes en matière de budget, d'équipements collectifs, de santé, d'éducation, d'aide aux communes. Il est présidé par **le président du conseil général**.

Le préfet veille à ce que les décisions du conseil général soient conformes aux règlements nationaux, mais il n'exerce pas de droit de tutelle*.

■ La région

Les vingt-deux régions françaises ont été créées en 1960 par regroupements de départements mais ce n'est qu'en 1982 qu'elles sont devenues des collectivités locales.

Leur fonctionnement est semblable à celui des départements, avec un **conseil régional**, un **président du conseil régional**, et un **préfet de région**.

Le conseil régional détermine le plan régional de développement économique et a des compétences en matière d'enseignement, de formation professionnelle, de transports.

> *P*our financer les compétences transférées aux collectivités locales, l'État leur attribue le produit de certaines recettes fiscales, et certaines dotations.

Au service du public

La fonction publique est constituée par l'ensemble des administrations publiques. Les personnels qui travaillent dans l'Administration forment le corps des fonctionnaires et agents de l'État : l'État emploie ainsi directement plus de 2 millions de personnes, soit près de 12 % de la population active.

EVOLUTION DES EFFECTIFS
(créations nettes de postes)

+ 41.000
+ 15.100
+ 13.600
+ 1.900
+ 700
+ 8.000
+ 11.000
(prévisions)

1980 1981 1982 1983 1984 1985 1986 1987 1988 1989 1990 1991

- 4.300
- 7.600
- 600
- 12.800
- 19.100

Source: Ministère des finances

Infographie - LE PARISIEN

Les personnels employés par les collectivités locales (plus d'un million d'agents) appartiennent à la fonction publique territoriale ; ils ont des statuts équivalents à ceux de la fonction publique de l'État.

■ Le statut de fonctionnaire

À la Libération, en 1946, a été voté un statut général de la fonction publique. La France était, et est toujours, le seul pays au monde à disposer d'un tel statut, toujours applicable, même si des discussions reviennent périodiquement à l'ordre du jour pour critiquer son inadaptation à une Administration moderne et efficace.

Seuls sont réellement fonctionnaires les agents titulaires, employés permanents de l'État. Il y a aussi des personnels « non titulaires » : stagiaires en stage pro-

fessionnel et en attente d'une titularisation, auxiliaires et contractuels engagés à titre précaire.

Le mode de recrutement normal des fonctionnaires s'effectue par concours organisés sur le plan national ou local par les différents ministères. Pour pouvoir postuler, les candidats doivent être de nationalité française, jouir de leurs droits civiques* et répondre à certains critères de niveau de formation et de limite d'âge, variables selon le type de concours et la catégorie d'emploi.

La grille de traitement des fonctionnaires classe tous les corps de la fonction publique les uns par rapport aux autres. Un fonctionnaire appartient à un certain corps (une administration); il a un grade* et une ancienneté qui déterminent son échelon. À cet échelon correspond un indice, qui donne le montant du salaire.

Ainsi, le salaire est déterminé de façon quasi automatique par l'appartenance à une catégorie et par l'ancienneté ; les mérites personnels et la réalité du travail effectué n'entrent pas en ligne de compte, si ce n'est par l'attribution de primes personnalisées dans certaines administrations.

Lorsque l'État accorde une augmentation aux fonctionnaires, cela concerne plusieurs millions d'agents de l'État et assimilés, actifs et retraités. Et lorsqu'il est question de revaloriser une profession dans la fonction publique, cela remet en cause l'ensemble de la grille des traitements...

Les salaires dans la fonction publique sont généralement plutôt inférieurs à ceux du secteur privé. Mais le statut de fonctionnaire donne la garantie de l'emploi à vie (sauf pour cas de faute professionnelle grave, ce qui est extrêmement rare).

Les promotions par changement d'échelons, de grades et de catégories sont théoriquement possibles par l'avancement « au choix » ou les concours internes. Mais les possibilités de « faire une carrière » se sont

« Messieurs les ronds-de-cuir » : ce surnom que Courteline attribua aux fonctionnaires en 1893 est encore utilisé parfois (les employés de bureau avaient à l'époque un siège garni d'un rond de cuir). Il traduit bien la rancœur que les Français ont à l'égard d'une bureaucratie jugée incapable de se mettre au service des usagers des services publics.

beaucoup amenuisées depuis quelques années. Des restrictions budgétaires ont diminué le nombre d'emplois de fonctionnaires. Parallèlement, la crise économique pousse beaucoup de jeunes à passer les concours de la fonction publique pour avoir l'assurance d'un emploi stable, souvent en postulant à des emplois sous-qualifiés par rapport à leur niveau de formation.

L'Administration se trouve ainsi confrontée à une situation de malaise puisqu'elle ne peut pas prendre en compte les aspirations et les compétences de beaucoup de ses employés.

On parle de plus en plus de la nécessité de moderniser la fonction publique, mais c'est une tâche gigantesque.

■ Les hauts fonctionnaires

Alors que la France se dotait d'un statut de la fonction publique, elle créait à la même époque, en 1945, une grande école pour former les cadres supérieurs de son Administration, l'ÉNA (École nationale d'administration).

Cette école prestigieuse admet les élèves sur concours (environ 150 places chaque année). Les candidats sont en majorité des diplômés de « Sciences po » (l'Institut d'études politiques). Un concours interne est ouvert aux fonctionnaires ayant cinq ans d'ancienneté.

Durant leur scolarité, qui dure deux ans et demi, les élèves sont rémunérés et ils s'engagent à servir l'État pendant dix ans.

La carrière des anciens de l'ÉNA est liée au rang de classement à la sortie de l'école. Les premiers choisissent traditionnellement l'Inspection des Finances, le Conseil d'État ou la Cour des comptes, les autres occupent des postes importants, mais moins prestigieux, dans différentes administrations.

La plupart des hommes politiques sont d'anciens énarques, de nombreux dirigeants des entreprises les plus importantes également. L'élite politique, administrative et économique en France est donc souvent issue de la même filière : l'ÉNA.

Les anciens élèves de l'ÉNA sont attirés de plus en plus jeunes par le « pantouflage » : ils quittent le service de l'État pour travailler dans le secteur privé, notamment parce que les salaires y sont nettement plus élevés, ce qui est aussi un signe du malaise ressenti dans la fonction publique.

L'IMAGE DU SERVICE PUBLIC

À votre avis, de quoi souffrent en profondeur les services publics ?	Ensemble de Français	Salariés du secteur public
Le manque de motivation de ses agents	47	51
Les bas salaires de ses agents	31	47
Le nombre insuffisant de ses agents	29	36
Le poids excessif des syndicats	28	17
Le manque de formation de ses agents	24	30
L'absence de perspective de carrière pour ses agents	22	33
Les mauvaises conditions de travail pour ses agents	21	34
L'avancement à l'ancienneté	17	21
Le manque de considération à l'égard de ses agents	16	29
Les investissements insuffisants de l'État	16	18
La rigidité excessive des salaires	13	14
Le nombre excessif de ses agents	12	7
Sans opinion	8	3
	% (1)	% (1)

SOFRES, L'état de l'opinion 1990, Éditions du Seuil.

(1) Le total des pourcentages est supérieur à 100, les personnes interrogées ayant pu donner plusieurs réponses.

3 ÉTAT MAJOR

L'État « à la française » présente des caractéristiques particulières, résultant d'une longue tradition : c'est un État fort, qui domine l'ensemble de la vie politique, économique et sociale et la plupart des décisions sont prises au niveau national à Paris.

■ L'État centraliseur

Sous l'Ancien Régime, la monarchie avait déjà une forte volonté de centraliser les pouvoirs. Mais c'est la Révolution française qui a considérablement renforcé cette tendance, après que les Jacobins ont été victorieux des Girondins (les Girondins étaient partisans d'une certaine autonomie des provinces). La France a été découpée en départements, administrés de façon uniforme, soumis à la Constitution nationale. Napoléon a complété le dispositif en plaçant à la tête de chaque département un préfet nommé par le pouvoir central.

Selon la **tradition jacobine**, l'État impose ses propres valeurs pour que puisse réellement s'exercer la démocratie. Le principe de la laïcité protège l'espace public contre l'influence des églises. L'Éducation nationale socialise tous les Français dans le même moule. Les particularismes culturels et linguistiques doivent disparaître. Les fonctionnaires sont nommés par l'État afin qu'ils soient indépendants aussi bien du pouvoir politique que des intérêts privés.

L'État fort et centralisé veut rassembler les Français, garantir aux individus le respect de leurs droits et les protéger contre l'emprise des groupes de pression ou des notables locaux. Les hommes politiques font sans cesse référence à la nécessité de trouver un consensus, de ne pas diviser les Français.

■ L'État Providence

C'est sans doute dans le domaine de la protection sociale que le rôle de l'État est le plus important et le plus original.

Le principe de solidarité, inscrit dans le préambule de la Constitution de 1946, affirme que tout le monde doit pouvoir vivre dignement.

C'est pourquoi l'État a mis en place un système de protection sociale très étendu, qui couvre les risques de maladie et de chômage, qui donne une retraite aux personnes âgées et des allocations aux familles avec enfants.

Mais, alors que l'on croyait ainsi avoir définitivement résolu le problème de la pauvreté dans notre société, certaines personnes se sont trouvées malgré tout exclues de la protection sociale, en raison de la crise économique et du chômage prolongé. C'est pour venir en aide à ceux que l'on appelle « les nouveaux pauvres » qu'a été voté en 1988 le revenu minimum d'insertion (le RMI).

■ Plus ou moins d'État ?

Ce rôle omniprésent de l'État est depuis longtemps un enjeu majeur dans les débats politiques. Les prélèvements obligatoires — les impôts et cotisations sociales — ont, en 1987, atteint 45 % du PIB, ce qui est considéré comme un fardeau difficile à supporter pour l'économie française.

Les partisans du libéralisme veulent limiter l'intervention de l'État, considérant que le marché et la libre concurrence constituent les meilleurs atouts pour améliorer les performances économiques du pays.

La gauche s'est toujours méfiée des risques du « libéralisme sauvage » : l'État doit intervenir pour protéger les intérêts collectifs de la nation et le patrimoine industriel, maintenir l'indépendance nationale, et aussi pour défendre les faibles.

Ainsi, lorsque la gauche est arrivée au pouvoir en 1981, avec François Mitterrand, elle a créé plus de 100 000 emplois publics et a nationalisé un certain nombre de grandes entreprises. Cinq ans plus tard, quand la droite est redevenue majoritaire à l'Assemblée nationale, elle a décidé de privatiser plusieurs grandes entreprises et de réduire le nombre de fonctionnaires !

Il faut dire que les Français ont des opinions complexes et parfois paradoxales sur les fonctions de l'État... Tous s'accordent à critiquer la bureaucratie, son immobilisme et son inefficacité ! Mais, dans le même temps, une majorité considère qu'il est normal que ce soit l'État qui assure le fonctionnement des services d'intérêt public, et on a souvent tendance en France à se tourner vers l'État pour résoudre de nombreux problèmes, notamment en cas de faillites industrielles ou de conflits sociaux.

Les années 80-90 sont marquées par une progression des idées libérales, aussi bien à gauche qu'à droite, et un souci de limiter les fonctions de cet « État tentaculaire ».

Pour cela, il faudrait étendre le rôle de « la société civile », en développant les initiatives privées, en suscitant davantage l'action des associations, des organismes socioprofessionnels ou culturels.

136

4 L'ÉTAT ET SON TRÉSOR

La loi de finances — la répartition des recettes et dépenses de l'État — est préparée annuellement par le ministère des Finances, examinée par le Conseil des ministres puis votée par le Parlement et publiée au Journal Officiel. En cours d'année, le Parlement peut voter une loi de finances rectificative — ou collectif budgétaire — pour modifier le budget en fonction de nécessités particulières.

L'intervention de l'État dans de multiples domaines se traduit par la part des prélèvements obligatoires.

Cet argent qui alimente les caisses de l'État, des collectivités locales et des organismes de sécurité sociale sert à assurer les dépenses de fonctionnement des administrations et les salaires des fonctionnaires, mais aussi des dispositifs de redistribution — prestations sociales, subventions, etc.

L'importance des prélèvements obligatoires correspond au fait qu'en France, des dépenses qui, dans d'autres pays, sont assurées par des financements privés (en particulier la santé, les retraites, l'éducation) sont prises en charge par l'État.

Ces recettes sont constituées par deux types d'impôts :

— **les impôts directs**, en particulier l'impôt sur le revenu ;

— **les impôts indirects**, qui sont dus sur certaines transactions, par exemple la taxe sur la valeur ajoutée (TVA).

Le système français se caractérise par la faible contribution des impôts directs — l'impôt sur le revenu ne représente que 13 % des recettes fiscales — mais, en revanche, c'est un des pays industrialisés où l'impôt indirect — la TVA — est le plus fort : la TVA représente 45 % des recettes de l'État !

Le grand marché européen de 1992 exigera sans doute une harmonisation du système des impôts directs et indirects.

Case «recettes»

Les ressources de l'État sont constituées par
— les recettes fiscales ;
— les cotisations sociales ;
— les revenus de l'État-entrepreneur (les bénéfices des entreprises publiques) et de l'État-propriétaire (les domaines).

Les recettes fiscales représentent environ le quart du PIB — à peu près la même chose qu'en Allemagne ou en Italie — alors qu'en Angleterre elles s'élèvent à 30 % et au Danemark à 45 %.

LES RECETTES DE L'ÉTAT

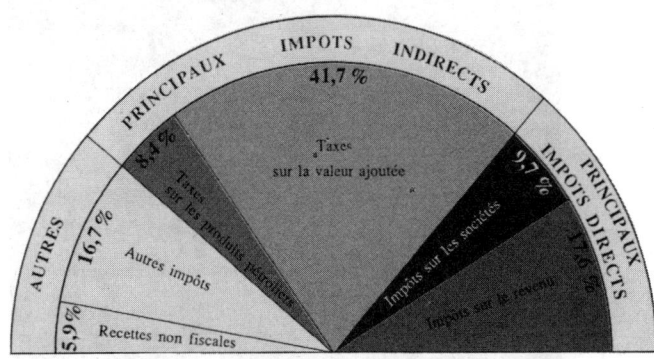

Éducation civique 3e, Nathan, 1989.

137

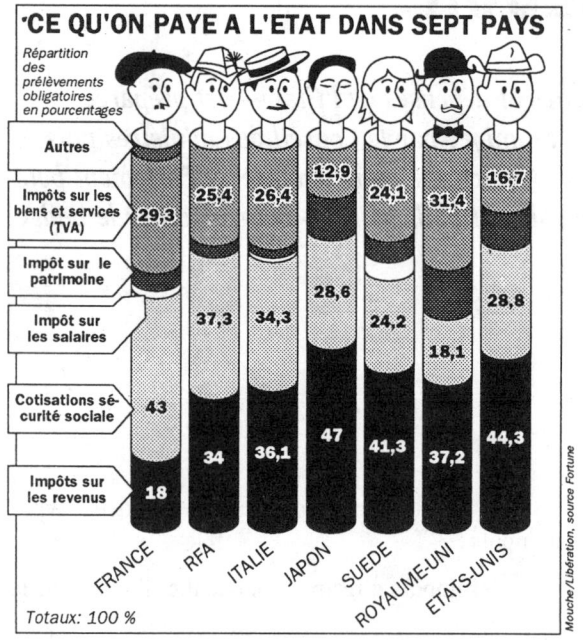

'CE QU'ON PAYE A L'ETAT DANS SEPT PAYS

Répartition des prélèvements obligatoires en pourcentages

Autres
Impôts sur les biens et services (TVA)
Impôt sur le patrimoine
Impôt sur les salaires
Cotisations sécurité sociale
Impôts sur les revenus

FRANCE / RFA / ITALIE / JAPON / SUEDE / ROYAUME-UNI / ETATS-UNIS

29,3 | 25,4 | 26,4 | 12,9 | 24,1 | 31,4 | 16,7
| 37,3 | 34,3 | 28,6 | 24,2 | | 28,8
| | | | | 18,1 |
43 | | | | 41,3 | 37,2 |
| 34 | 36,1 | 47 | | | 44,3
18 | | | | | |

Totaux: 100 %

Mouche/Libération, source Fortune

Les chiffres de l'OCDE mettent en évidence l'écart qui subsiste entre la structure des prélèvements obligatoires (impôts et cotisations sociales) en France et chez ses principaux partenaires. Dans l'hexagone, les impôts directs représentent une très faible part des prélèvements, du fait notamment de la faiblesse de l'impôt sur le revenu. À l'inverse, TVA et cotisations sociales sont plus lourds en France que dans les grands pays de l'OCDE.

Libération, 13 février 1990.

■ L'impôt sur le revenu

Instauré en 1914, l'impôt sur le revenu est perçu chaque année sur l'ensemble des revenus d'un foyer fiscal*. Il est progressif et non pas proportionnel, c'est-à-dire que son taux augmente au fur et à mesure que les revenus s'élèvent : le barème* comporte des tranches qui sont imposées de 0 à plus de 50 % (pour les hauts revenus). Près d'une personne sur deux n'est pas imposable, mais les hauts salaires sont lourdement taxés : 1 % des Français paient à eux seuls le quart de l'impôt sur le revenu.

Les ménages remplissent eux-mêmes chaque année leur déclaration de revenus (pour les salariés, le total des salaires annuels est également déclaré au fisc par les employeurs).

Le paiement de l'impôt est effectué par les contribuables* — et non pas retenu sur le salaire — en trois échéances, ou bien mensuellement après demande de prélèvement automatique sur un compte bancaire ou postal.

La fraude fiscale est importante en France : les professions non salariées, en particulier, peuvent dissimuler plus facilement certains de leurs revenus... Des contribuables « oublient » de faire une déclaration de revenus ou de payer leurs impôts...

LA DÉCLARATION D'IMPÔT !

Chaque année, en février, la déclaration d'impôt est considérée par les Français comme une épreuve difficile !

Les revenus doivent être déclarés par ménage : salaires, pensions, revenus fonciers*, bénéfices agricoles, industriels, commerciaux, actions.

Le revenu imposable est ensuite calculé en tenant compte du quotient familial, c'est-à-dire du nombre de parts constituant le ménage :
— un célibataire a une part ;
— un couple avec un enfant : deux parts et demie ;
— un couple avec deux enfants : trois parts ;
— une personne seule avec un enfant : deux parts (dans ce cas, l'enfant = une part entière).

Mais le casse-tête (et l'art!) consiste à faire l'inventaire des déductions diverses qu'il est possible de comptabiliser : souscription à une assurance-vie, travaux d'amélioration de l'habitat, intérêts liés à des emprunts pour l'accession à la propriété, achats de certaines actions en banque, versement de pensions alimentaires aux parents ou aux enfants, prise en compte de certains frais, etc.

LA TAXE SUR LA VALEUR AJOUTÉE (TVA)

Créée en 1954 et généralisée en 1968, la TVA est un impôt qui s'applique aux biens et aux services. Elle est incluse dans le prix affiché et payé par le consommateur.
La TVA est proportionnelle au prix, avec un taux normal de 18,6 % pour la majorité des biens et services, mais un taux réduit de 5,5 % pour des produits alimentaires courants, et un taux élevé d'environ 30 % pour les produits de luxe, y compris les voitures.

■ L'impôt sur la fortune

En 1982, la gauche crée un impôt sur les grandes fortunes (IGF). La droite, redevenue majoritaire, l'abroge* en 1986. La gauche, à son retour au pouvoir en 1988, institue l'impôt de solidarité sur la fortune (ISF)!

Cet impôt concerne très peu de gens — moins de 0,5 % de la population — et rapporte assez peu d'argent dans les caisses de l'État. Mais l'impôt sur le patrimoine constitue un enjeu* symbolique entre la gauche et la droite!

■ Les impôts locaux

Les impôts locaux sont perçus au profit des collectivités locales; ils représentent globalement une somme plus importante que l'impôt sur le revenu.

— **La taxe d'habitation** est due chaque année par toute personne propriétaire ou locataire occupant une habitation au 1er janvier. Elle est fonction du lieu et du standing de l'habitation.

— **Les impôts fonciers** sont payés par le propriétaire d'une habitation ou d'un terrain.

— **La taxe professionnelle** est imposée aux entreprises et aux personnes qui exercent une activité professionnelle non salariée, elle n'est pas fonction des bénéfices réalisés.

Case « dépenses »

Parmi les dépenses ordinaires de l'État, les salaires des fonctionnaires représentent un tiers du budget.

Le secteur Éducation et Culture représente la part la plus importante, car l'Éducation nationale est une énorme institution qui gère plus d'un million de personnes.

Le secteur Affaires sociales, Santé, Emploi vient en second, et la Défense en troisième position.

LES DÉPENSES DE L'ÉTAT PAR GRANDS SECTEURS EN 1989
(loi de finances initiales)

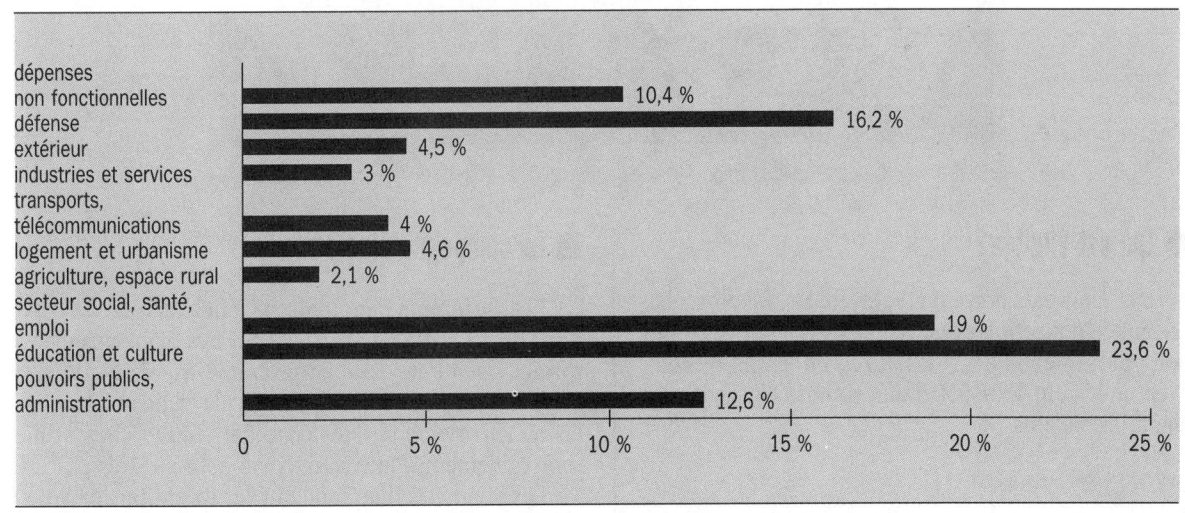

Ce découpage tient compte des grandes fonctions du budget de l'État et non de la répartition entre ministères.

5 AUX URNES, CITOYENS !

CENTRE D'INFORMATION CIVIQUE

prenez
vos
responsabilités

VOTEZ

CIC 242 Bis, bd. St Germain - 75007 - PARIS

■ Qui est éligible ?

Les candidats doivent être électeurs. De plus, chaque mode d'élection exige des conditions spécifiques pour présenter une candidature : un âge minimum, éventuellement le dépôt d'une somme d'argent, des signatures d'élus.

■ La campagne électorale

Les différents candidats bénéficient tous de certains droits : affichage officiel sur des panneaux électoraux, envoi de leur programme au domicile de chaque électeur, temps de parole à la radio et à la télévision. Bien entendu, les candidats plus riches utilisent également d'autres moyens publicitaires.

Les sondages d'opinion sur les intentions de vote ne peuvent pas être publiés dans la semaine précédant le jour du scrutin*.

Qui peut voter?

Le suffrage universel date de 1848, mais les femmes n'ont obtenu le droit de vote qu'en 1945.

Pour être électeur, il faut être de nationalité française, être majeur (la majorité est fixée à 18 ans depuis 1974) et jouir de ses droits civiques.

Pour pouvoir voter, il faut s'être inscrit sur les listes électorales à la mairie du lieu où l'on est domicilié. Les listes électorales sont ouvertes chaque année, entre le 1er septembre et le 31 décembre uniquement. Les électeurs inscrits reçoivent une carte d'électeur, renouvelée périodiquement, qui indique le lieu du bureau de vote.

Le vote n'est pas obligatoire en France, et le taux d'abstentions est parfois très élevé.

Le vote

Le jour du scrutin est toujours un dimanche.

Chaque bureau de vote est tenu par un président, nommé par le maire, et deux assesseurs, désignés par les partis politiques.

Les électeurs, après contrôle de leur identité et de leur inscription sur les listes, doivent passer par l'isoloir* pour que le vote reste secret lorsqu'ils mettent le bulletin de leur choix dans une enveloppe. L'enveloppe est déposée dans une urne fermée à clé.

Le vote par correspondance n'existe plus. Dans certains cas (maladie, déplacement pour raisons professionnelles), il est possible de faire établir par les autorités une procuration de vote à une personne de son choix, inscrite dans la même commune.

Lorsque le scrutin est clos, les conditions du dépouillement* doivent permettre d'éviter la fraude électorale. Des électeurs présents sont sollicités pour être scrutateurs* : les bulletins sont comptés et lus à haute voix. Un procès-verbal* est rédigé, signé par les membres du bureau et envoyé au préfet.

LES FRANÇAIS, LE SEXE ET LA POLITIQUE

73 % des interviewés estiment que c'est une bonne chose que la presse française ne parle pratiquement jamais de la vie intime des hommes politiques. S'ils avaient la certitude que leur député mène une vie sexuelle dissolue, 67 % voteraient quand même pour lui, 66 % voteraient pour un candidat à la présidence de la République dont ils sauraient qu'il a des maîtresses.

Échantillon 1 000 personnes de 18 ans et plus.
Sondage CSA pour L'*Événement du Jeudi*, 10 août 1989.

LES DIFFÉRENTES CONSULTATIONS ÉLECTORALES

Élections présidentielles :
Élection du président de la République.
Tous les sept ans.
Suffrage universel direct.

Élections législatives :
Élection des députés.
Tous les cinq ans.
Suffrage universel direct.

Élections européennes :
Élection des députés au Parlement européen.
Tous les cinq ans.
Suffrage universel direct.

Élections sénatoriales :
Élection des sénateurs.
Tous les trois ans, renouvellement par tiers.
Suffrage indirect.

Élections municipales :
Élection des conseillers municipaux dans chaque commune.
Tous les six ans.
Suffrage universel direct.

Élections cantonales :
Élection d'un conseiller général par canton.
Tous les trois ans, renouvellement de chaque conseil général par moitié.
Suffrage universel direct.

Élections régionales :
Élection des conseillers régionaux.
Tous les six ans.
Suffrage universel direct.

Les référendums :
Le président de la République consulte directement les électeurs sur une question précise portant sur l'organisation des pouvoirs publics. La réponse est «oui» ou «non».

141

PRENDRE PARTI

Au-delà de la multiplicité des partis, le paysage politique français est partagé traditionnellement en deux grands courants — la droite et la gauche. C'est pourquoi on a souvent parlé de « bipolarisation » de l'électorat. Mais depuis les années 80, on constate une montée du nombre de voix qui vont à des formations n'appartenant pas aux grands partis (les Verts, l'extrême-droite).

Les partis politiques ont un nombre d'adhérents très faible (entre 2 et 4 %) mais ils jouent un rôle déterminant dans les élections. Les candidats sont pratiquement toujours désignés par les partis et sont élus plus souvent pour leur étiquette politique que pour leur personnalité, du moins pour les élections dont les enjeux sont nationaux.

Les partis politiques ne correspondent pas totalement à des catégories sociales particulières. Même si les ouvriers votent plutôt massivement à gauche, les paysans et les catholiques à droite, les différents partis comptent parmi leurs partisans des gens de toutes catégories.

■ Les partis de gauche

— **Le parti socialiste** — le PS (siège : rue de Solférino, Paris 7e).

Créé en 1969, le PS est issu de la SFIO (Section française de l'Internationale ouvrière, fondée en 1905, et qui a eu pour dirigeants célèbres Jean Jaurès, Léon Blum, Guy Mollet). En 1971, au Congrès d'Épinay, François Mitterrand est élu premier secrétaire. En 1972, est signé avec le parti communiste un programme commun de la gauche. Cette union est rompue en 1978, mais le PS ne cesse de progresser.

En mai 1981, F. Mitterrand est élu président de la République (puis réélu en 1988). Lionel Jospin devient premier secrétaire du PS, remplacé en 1988 par Pierre Mauroy.

Le parti socialiste se réfère aux valeurs traditionnelles de la gauche : une démocratie politique, sociale et économique, la solidarité nationale, la lutte contre l'injustice sociale et les exclusions.

— **Le parti communiste Français** — le PCF ou le PC (siège : place du Colonel-Fabien, Paris 19e).

Le PCF se constitue à la suite d'une scission de la SFIO au Congrès de Tours en 1920 ; il adhère à l'Internationale communiste. Le PCF, ayant joué un grand rôle dans la Résistance*, était un parti très fort après la Seconde Guerre mondiale (28 % de voix aux élections de 1946). Mais il est maintenant en crise et son audience sans cesse décroissante tourne aujourd'hui autour de 10 %.

Les grands dirigeants du PCF ont été Maurice Thorez (de 1930 à 1964), Waldeck-Rochet, Jacques Duclos. Depuis 1972, le secrétaire général est Georges Marchais.

— Le Mouvement des radicaux de gauche (le MRG)
Le MRG est un petit parti qui se situe au centre gauche.

Il a fait alliance avec le PS et le PCF pour la signature du programme commun d'union de la gauche.

— Le parti socialiste unifié — Le PSU.
Constitué en 1960 au moment de la guerre d'Algérie, le PSU a rallié* des intellectuels de gauche comme Pierre Mendès-France. Beaucoup de ses membres ont rejoint le parti socialiste à partir de 1971, notamment Michel Rocard, qui avait été son dirigeant de 1967 à 1974. Il s'est auto-dissous en 1990.

■ L'extrême-gauche

Durant les cinq ou dix années qui ont suivi mai 68, les organisations politiques d'extrême-gauche — essentiellement trotskistes et maoïstes — ont constitué une référence importante pour de nombreux jeunes.

Elles n'ont plus actuellement une grande audience.

Les groupes encore existants sont des organisations trotskistes : la Ligue communiste (dirigée par Alain Krivine) et Lutte ouvrière (Arlette Laguillier).

■ Les partis de droite

— Le RPR — Rassemblement pour la république (siège : rue de Lille).

Le RPR, fondé sous sa forme actuelle en 1976 par Jacques Chirac, est issu du RPF (Rassemblement du peuple français) créé par de Gaulle en 1947, qui s'est appelé ensuite l'UDR (Union des démocrates pour la république).

Le RPR se veut l'héritier du gaullisme, le garant des institutions de la Ve République, et le représentant de la droite traditionnelle.

— L'UDF — Union pour la démocratie française.
L'UDF a été créée en 1978 par Giscard d'Estaing. Elle se situe au centre droit et regroupe des partisans du libéralisme appartenant à plusieurs formations politiques, dont les plus importantes sont le Parti républicain (le PR) et le Centre des démocrates sociaux (le CDS).

Les principaux leaders de l'UDF sont Raymond Barre, Simone Veil, François Léotard.

■ L'extrême-droite

Jean-Marie Le Pen crée **le Front national** en 1972, en regroupant diverses organisations d'extrême-droite.

La percée électorale du FN commence en 1983, avec des campagnes réclamant le départ des immigrés, le rétablissement de la peine de mort, l'autodéfense. Ce parti est régulièrement mis en cause devant la justice, dans des affaires d'incitation au racisme et à l'antisémitisme.

■ Les Verts

Le « mouvement écologiste » apparaît en France en 1981, lorsque Brice Lalonde est candidat à la présidence de la République ; il devient « le Parti des verts » en 1984 ; il est dirigé actuellement par Antoine Waechter.

Les écologistes ont des scores électoraux en constant progrès. Ils tiennent à se démarquer des partis traditionnels et refusent d'être assimilés aussi bien à la gauche qu'à la droite.

avec les verts pour l'écologie
les verts, 90 rue Vergniaud, 75013 Paris. Tel. 45 89 99 11

LE CLIVAGE* GAUCHE-DROITE
EST-IL ENCORE PERTINENT ?

Le clivage droite-gauche constitue une dimension historique fondamentale en France. Il a pendant longtemps permis de comprendre les idéologies et les coalitions* au sein du système des formations politiques. Il rendait également compte des opinions, des attitudes et des comportements des Français dans des domaines n'appartenant pas, à strictement parler, au champ de la politique. Aujourd'hui son importance est souvent contestée.

En fait, on vérifie la persistance de son emprise dans une très large partie de l'opinion. La dimension gauche-droite correspond à des opinions qui débordent largement la politique : la conception de la famille et de la hiérarchie, les attitudes à l'égard de la religion, de l'armée, du patronat, des syndicats.

	Gauche	Centre gauche	Centre	Centre droit	Droite	Ensemble
• *Tout à fait et plutôt d'accord :*						
— Les travailleurs immigrés et leurs familles devraient être intégrés le plus vite possible dans la société française	72	63	53	42	26	51
— Le maintien de la famille telle qu'elle a toujours existé est la chose la plus importante de toutes	61	80	86	91	94	83
— La religion est un domaine où on ne devrait pas faire trop de changements	29	42	58	68	73	55
— La peine de mort devrait être rétablie	39	48	60	68	84	60
— Je suis partisan d'une société avec une hiérarchie et des chefs	22	26	33	46	63	35
• *Il serait très grave de supprimer :*						
— le droit de grève	70	57	38	26	23	41
— les syndicats	60	43	29	20	16	32
— les écoles libres	22	31	45	60	70	45
• *En économie, évocation positive :*						
— du socialisme	74	69	28	15	13	36
— des nationalisations	66	46	23	14	18	30
— du capitalisme	12	25	35	49	61	33
• *Confiance ou plutôt confiance dans :*						
— le patronat	13	31	46	60	65	42
— l'Église	22	41	51	62	65	48
— l'armée	32	49	58	74	80	57

Source : Enquête OIP, 1985.
Lire ainsi : sur 100 personnes de l'échantillon, 51 pensent que «les travailleurs immigrés et leurs familles devraient être intégrés le plus vite possible dans la société française»; sur 100 personnes se positionnant «à gauche», 72 sont du même avis.
En gris, les pourcentages supérieurs à la moyenne.

INSEE, *Données sociales*, 1990.

LES ÉLECTIONS LÉGISLATIVES DEPUIS 1981 : L'ALTERNANCE

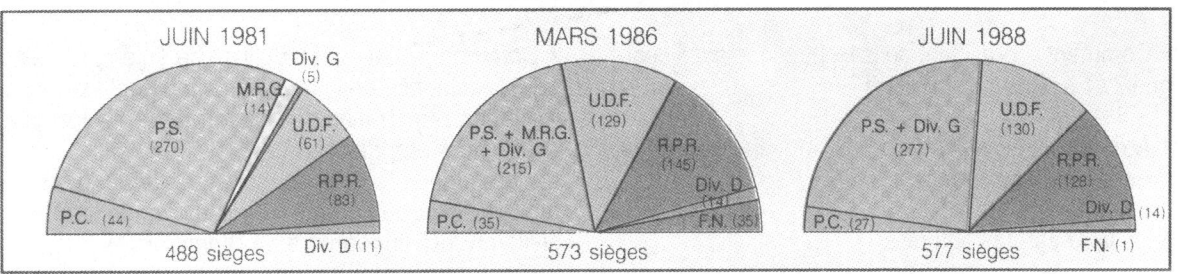

Histoire Terminale, Nathan, 1989.

■ L'alternance

En mai 1981, F. Mitterrand, candidat de la gauche, est élu Président de la République.
En juin 1981, le parti socialiste remporte à lui seul la majorité des sièges à l'Assemblée nationale.
Aux élections législatives de mars 1986, la droite (UDF et RPR) l'emporte d'une courte victoire. Jacques Chirac (RPR) est nommé Premier ministre.

En mai 1988, F. Mitterrand est réélu à la Présidence de la République.
Aux élections législatives de juin 1988, la gauche socialiste n'a pas la majorité (pas plus que la droite), mais elle peut jouer sur les votes soit des communistes, soit des députés du centre. Le socialiste Michel Rocard est nommé Premier ministre.

QUESTIONS-RÉFLEXIONS

• Comment le président de la République est-il désigné ? et le Premier ministre ?

• À quelle époque les femmes ont-elles obtenu le droit de vote en France ?

• Le vote est-il obligatoire ?

• Quelle est la différence entre les impôts directs et les impôts indirects ?
Quels sont ceux qui sont les plus lourds pour « le Français moyen » ?

• Certains débats politiques font allusion à une « crise de l'État-Providence ». Pourquoi ?

• À quels secteurs ces grands organismes publics appartiennent-ils ? (électricité, poste, aide à l'emploi, transports)

SNCF	EDF
RATP	ANPE
PTT	

• Pouvez-vous classer ces partis selon leur tendance sur l'échiquier politique français ? (extrême-gauche, gauche, droite, extrême-droite)

PS	FN
RPR	UDF
PC	

• Commentez cet extrait du livre de Thierry Pfister :
« (...) L'influence de la haute fonction publique dans les différents cercles de pouvoir de la société n'a cessé de s'étendre.
Le prestige des grands corps rayonne dans le monde politique comme parmi les administrateurs civils ou les dirigeants d'entreprise. (...) »

Thierry Pfister, La République des fonctionnaires,
Albin Michel, 1988.

Qu'appelle-t-on les grands corps de l'État ? Quelles sont les études qui permettent d'accéder à ces postes ? Comment des fonctionnaires peuvent-ils devenir cadres d'entreprises privées ?

• En groupes choisissez un thème en rapport avec la vie de votre lycée ou de votre institution et imaginez une campagne électorale. Trouvez des slogans, créez des affiches.

À RETENIR   -   À RETENIR   -   À RETENIR

un(e) Énarque
la TVA
la décentralisation
la régionalisation

AU NOM DE LA LOI

1

ORDRE ET DÉSORDRE

Gaston Lagaffe

Conformément au principe de la séparation des pouvoirs hérité de la Révolution française, les autorités judiciaires sont chargées de veiller à l'application de la loi, indépendamment du pouvoir législatif et du pouvoir exécutif. Cependant, les magistrats qui représentent le ministère public sont soumis à l'autorité du ministre de la Justice et donc du gouvernement qui peut faire pression sur eux. Ainsi, différentes affaires ont mis en lumière que ce principe de l'indépendance judiciaire vis-à-vis du politique était parfois bafoué au nom de la « raison d'État ».

Mais que fait donc la police ?

L'ordre et la sécurité, thèmes toujours en tête des préoccupations des Français, sont assurés par l'État par l'intermédiaire de la police, qui relève du ministère de l'Intérieur, et de la gendarmerie qui, elle, fait partie de l'armée. Pour les enquêtes portant sur les crimes et délits, la police est placée sous la dépendance étroite des autorités judiciaires.

Les fonctionnaires de police sont recrutés par concours selon leur niveau de qualification (gardiens de la paix, inspecteurs, commissaires) et affectés dans les différents services :

— **La police urbaine** assure la circulation, l'ordre et la sécurité dans les villes de plus de 10 000 habitants (dans les communes plus petites, le maintien de l'ordre est assuré par la Gendarmerie nationale).

— **Les Compagnies républicaines de sécurité** (CRS) maintiennent l'ordre public, par exemple en cas de manifestations. *Une matraque (bâton) provocateur (un dérapage, une bavure)*

— **La Police de l'air et des frontières** (PAF) contrôle les frontières, les ports et les aéroports.

— **La Police judiciaire** (PJ) lutte contre les activités criminelles (vols, crimes, banditisme*, trafics d'armes ou de drogue).

— **La direction des Renseignements généraux** (RG) recherche les renseignements nécessaires à l'information du gouvernement.

— **La direction de la Surveillance du territoire** (DST) lutte contre les activités d'espionnage.

— **L'inspection générale de la Police nationale**, appelée souvent **la police des polices**, contrôle l'ensemble des activités des services de police.

Le glaive et la balance

■ L'esprit des lois

Le système judiciaire français distingue plusieurs juridictions :

• **La juridiction civile** règle les rapports entre les particuliers.

— **Le tribunal d'instance** juge les affaires simples, et le **tribunal de grande instance** les litiges* plus importants ou plus complexes.

— **Les juridictions spécialisées** : le **conseil des prud'hommes**, qui statue sur les conflits entre employeurs et salariés (il est composé d'un nombre égal d'élus représentant employeurs et employés) ; **les tribunaux de commerce** ; **les juges aux affaires matrimoniales** pour les divorces.

• **La juridiction pénale** juge les infractions à la loi.

— **Le tribunal correctionnel** juge les délits (vols, escroqueries), faisant encourir dans la plupart des cas un maximum de cinq ans de prison.

— **La cour d'assises** juge les délits qualifiés de « crimes » (hold-up, meurtres, viols).

Sa composition est particulière puisque la justice est rendue par des juges assistés d'un jury de neuf citoyens tirés au sort.

La condamnation peut aller jusqu'à la réclusion* à perpétuité* (la peine de mort a été supprimée en 1981).

uniforme bleu foncé

• **La juridiction administrative** traite les litiges qui opposent les particuliers à l'Administration : abus administratifs, plaintes contre l'État employeur, permis de construire, etc.

Lorsqu'il y a un problème pour savoir de quelle juridiction relève une affaire, c'est le **tribunal des conflits** qui en décide.

La justice française est à deux degrés, c'est-à-dire qu'il existe des **juridictions de recours**.

— **La cour d'appel** réexamine les affaires déjà jugées — excepté les décisions de cour d'assises — lorsqu'une des deux parties n'est pas satisfaite et fait appel.

— **La cour de cassation** ne juge pas sur le fond, mais sur la forme du jugement et sa conformité avec les lois. Elle peut casser une décision, ou au contraire rejetter l'appel.

— **Le Conseil d'État** statue sur les recours pour excès de pouvoir de l'État et les décisions des tribunaux administratifs.

LE CODE CIVIL

Promulgué* en 1804 sous le nom de «Code civil des Français» puis «Code Napoléon», il régit le droit civil des Français et a influencé les législations de nombreux États dans le monde.
Le Code civil repose sur quatre idées essentielles :
— l'unité de droit : contrairement à ce qui est appliqué dans les États fédéraux*, le droit est valable sur l'ensemble du territoire, et pour tous les citoyens ;
— l'unité de la source juridique : la loi émane* du législateur et ne laisse au juge qu'une fonction mineure ;
— le droit régit tous les rapports sociaux, y compris les rapports familiaux ;
— le droit est séparé de la politique.

L'ORGANISATION DE LA JUSTICE EN FRANCE

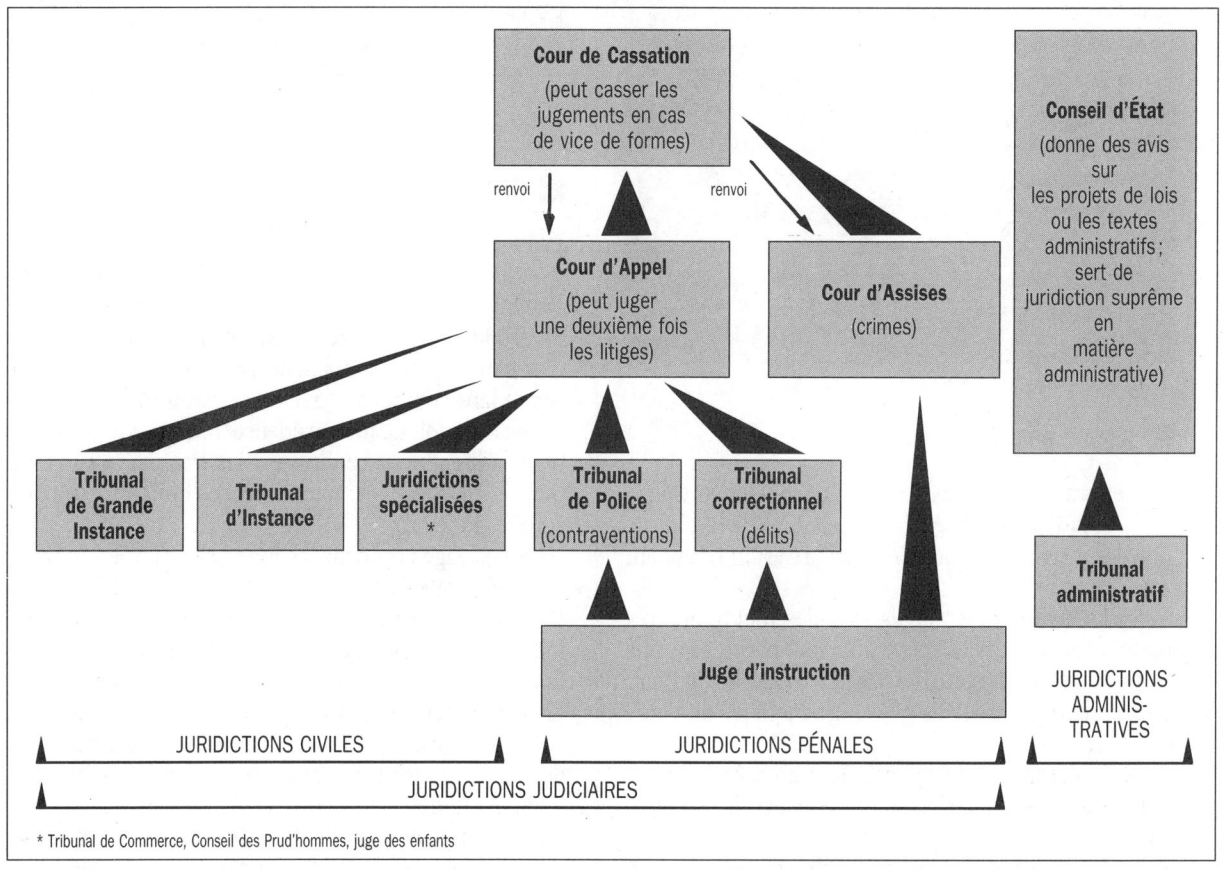

* Tribunal de Commerce, Conseil des Prud'hommes, juge des enfants

Éducation civique 3e, Nathan 1989.

Le permis de conduire est obligatoire pour les conducteurs de voiture. Il faut avoir dix-huit ans minimum pour le passer. Le permis peut être retiré ou suspendu par le tribunal en cas d'infraction. Lors des contrôles de police, tout conducteur doit pouvoir présenter son permis de conduire, la carte grise de la voiture (la carte d'immatriculation établie par la police), une attestation d'assurance et la vignette. La vignette est à acheter chaque année : c'est un impôt sur les voitures qui a été créé en 1956 pour alimenter le fonds de solidarité en faveur des personnes âgées (son prix varie selon la puissance et l'âge du véhicule).

Le port de la ceinture de sécurité est obligatoire pour le conducteur et le passager qui est à l'avant, aussi bien en ville que sur route.

La vitesse est strictement réglementée et les dépassements sévèrement réprimés :
130 km/heure sur les autoroutes (qui sont payantes en France), 110 km/heure sur les routes à quatre voies possédant un terre-plein central, 90 km/heure sur les routes normales, 60 km/heure maximum dans les villes (parfois moins).
Le taux d'alcoolémie dans le sang d'un conducteur ne doit pas être supérieur à 0,80 g/litre. Malgré toutes ces mesures et les contrôles de police fréquents, la France détient le triste record des accidents de la route dans les pays industrialisés.

■ Justice pour tous

Les grands principes de la justice sont les suivants :
— **L'indépendance :** selon le principe de la séparation des pouvoirs, le pouvoir judiciaire est indépendant des autres pouvoirs.
— **La gratuité :** les juges sont des fonctionnaires rémunérés par l'État. Cependant il faut payer les droits de justice et les honoraires d'avocats ; les particuliers à revenus très modestes peuvent bénéficier de l'aide judiciaire.
— **La garantie de la défense :** tout accusé peut bénéficier de l'assistance gratuite d'un avocat commis d'office.
— **Le caractère public des audiences :** sauf si un huis clos* est décidé pour des raisons morales ou de sécurité, le jugement est toujours énoncé publiquement.
— **La responsabilité pénale :** la majorité pénale est fixée à dix-huit ans. Les mineurs sont soumis à une juridiction spécialisée, le tribunal pour enfants et la cour d'assises des mineurs, pour les plus de seize ans ayant commis un crime. Ce sont les parents qui sont responsables des dommages causés par leur enfant. Mais les juges peuvent mettre les enfants en prison (dans des sections pour mineurs) ou les faire suivre par des éducateurs spécialisés.

Il n'y a pas de responsabilité pénale lorsque le prévenu était en état de démence* au moment du délit ou du crime.

LES CRIMES ET LES DÉLITS LES PLUS FRÉQUENTS

Vols liés à l'automobile et aux deux roues à moteurs	1 035 541
Autres vols sans violences ni effraction	528 011
Cambriolages	361 396
Chèques sans provision	186 865
Falsification et usage de chèques volés et de cartes de crédit	173 891
Dégradations de véhicules privés	119 942
Autres dégradations de biens privés (sauf incendies ou explosifs	66 406
Vols avec violences (avec ou sans armes)	50 415
Coups et blessures volontaires non mortels	42 244

INSEE, *Données sociales*, 1990.

■ Gens de robe

Les magistrats

Ce sont des fonctionnaires de l'État. Contrairement à ce qui se passe dans les pays qui suivent la tradition du droit anglo-saxon, ils ont peu de possibilités d'exprimer leur opinion personnelle. La rigidité des textes est cependant compensée par les possibilités d'interprétation de la loi. La jurisprudence*, c'est-à-dire l'ensemble des jugements rendus par les tribunaux sur telle ou telle question, est une référence qui constitue une source de droit.

• **Les juges** rendent les jugements : on les appelle **les magistrats du siège** car ils rendent la justice assis. Ils sont indépendants du pouvoir exécutif et donc inamovibles* ; ils rendent compte de leurs actes devant le Conseil supérieur de la magistrature. Certains juges ont des fonctions particulières :
— **le juge d'instruction** rassemble les éléments du dossier dans les affaires pénales, décide éventuellement de la détention* provisoire ;
— **le juge de l'application des peines** suit l'exécution de la peine après le jugement et la réinsertion à la sortie de prison.

• **Les magistrats du Parquet** (ou magistrats debout) requièrent debout. Leur rôle n'est pas de prononcer le jugement mais de réclamer l'application de la loi au nom de la société. Le **procureur de la République**, le **procureur général** (ou avocat général) et leurs substituts représentent le ministère public, c'est-à-dire le gouvernement. Ils sont soumis à l'autorité du **Garde des Sceaux** (le ministre de la Justice) et peuvent être déplacés ou révoqués*.

Les auxiliaires de justice

Ils assistent les magistrats : **les greffiers** sont des fonctionnaires chargés des fonctions administratives. Ils consignent les interrogatoires et le déroulement des audiences*, conservent les pièces à conviction*.

Les avocats

Ils exercent en profession libérale. Ils sont payés en honoraires par leurs clients. Ils donnent des consultations juridiques, font les actes de procédure au nom de leurs clients et plaident devant les tribunaux.

Les avocats doivent passer un examen d'aptitude professionnelle et s'inscrire à l'ordre des avocats : le « barreau ».

Derrière les barreaux

En avril 1988, les prisons françaises abritaient 52 000 personnes, alors qu'en principe il n'y a que 35 500 places !

Si la population carcérale* est si importante c'est que la France est le pays d'Europe où le taux de détention provisoire est le plus élevé : près d'un détenu sur deux est un prévenu, c'est-à-dire qu'il est poursuivi par la justice, mais pas encore jugé.

Après la garde à vue*, le juge d'instruction peut en effet ordonner la détention provisoire pour permettre le déroulement de l'enquête ou éviter que l'infraction ne soit renouvelée, s'il estime que le prévenu ne présente pas de garanties suffisantes.

Le jugement peut bien sûr aboutir à un acquittement*, mais aussi à une condamnation à l'emprisonnement qui peut être ferme ou avec sursis*. Toutes les condamnations sont inscrites au casier judiciaire*. Dans le cas de sursis, si une nouvelle peine survient dans les cinq années suivantes, la peine précédente doit être effectuée.

Depuis 1975, ont été créées des peines de substitution : l'emprisonnement est remplacé par des travaux d'intérêt général (entretien d'espaces verts, de voieries, de bâtiments publics), mais ces peines sont peu utilisées.

Les détenus peuvent effectuer un travail pénitentiaire*. Ils ont la possibilité de faire des études en suivant des cours, soit à l'intérieur de la prison, soit par correspondance.

Des réductions de peine sont accordées par le juge d'application des peines pour bonne conduite ou pour réussite à des examens.

Les condamnés ayant accompli la moitié de leur peine (quinze ans minimum pour les condamnations à perpétuité) bénéficient en principe d'une libération conditionnelle : ils doivent se présenter régulièrement à des contrôles de police et sont interdits de séjour dans certaines régions.

Les prisonniers politiques sont incarcérés dans des prisons ordinaires, mais avec un régime plus souple, un droit de visite plus étendu et sans obligation de travail.

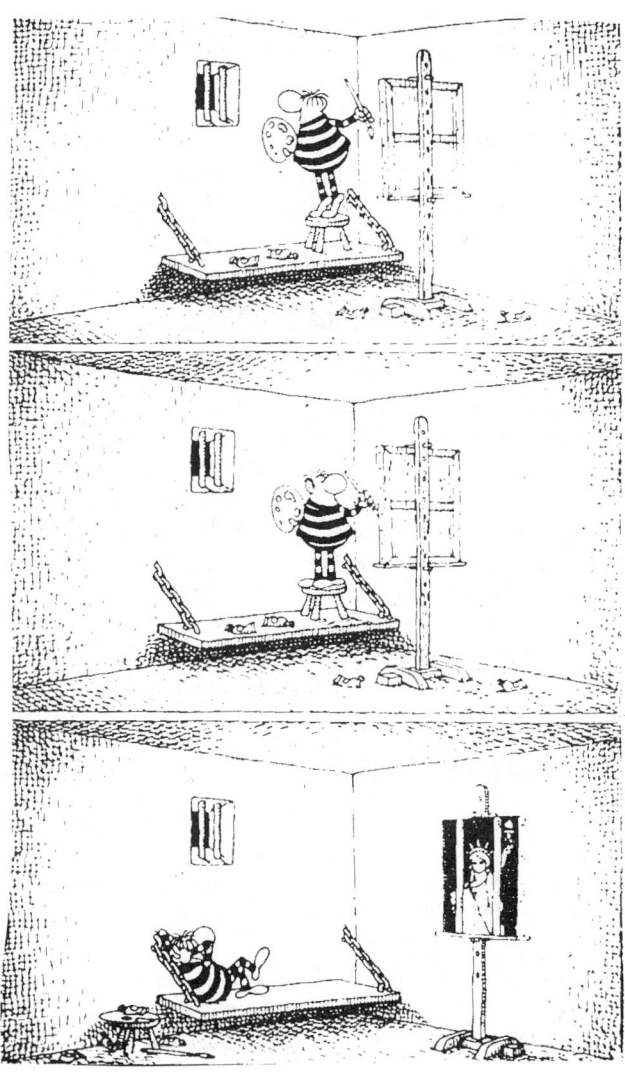

2 | SOUS LES DRAPEAUX

La Défense nationale a pour mission d'assurer la sécurité et l'intégrité du territoire, de défendre les intérêts français, et d'aider les alliés de la France. En 1989, le budget de la défense représente 3,7 % du PIB.

■ L'organisation de la défense

« La guerre est une chose trop sérieuse pour être laissée aux militaires » disait Clemenceau...

• C'est le président de la République qui est le chef des armées; il est le garant de l'indépendance nationale et du respect des traités.

• Le Parlement vote le budget et doit approuver la déclaration de guerre faite par le président de la République.

• Le Premier ministre est responsable de la Défense nationale.

• Le ministre de la Défense est responsable de l'exécution de la politique militaire et dirige l'ensemble des forces armées.

■ L'armée : la «Grande Muette»

Les forces armées sont constituées par les militaires de carrière et les appelés* du contingent*, soit au total près de 600 000 militaires :
— l'armée de terre : 300 000 dont 60 % d'appelés
— l'armée de l'air : 100 000 dont 38 % d'appelés
— la marine nationale : 70 000 dont 27 % d'appelés
— la gendarmerie, chargée de veiller à la sécurité : 77 000 gendarmes et 8 000 appelés.

Les militaires sont tenus de respecter la neutralité en matière de politique. C'est pourquoi on fait souvent allusion à l'armée en l'appelant la Grande Muette.

■ Le service national *Effectuer son service national*

Le service national est obligatoire depuis 1872 pour tous les citoyens français. Le service national féminin n'existe que depuis 1983 et uniquement pour les volontaires. En 1988, 1 136 jeunes filles seulement ont fait le service militaire.

Les garçons passent le conseil de révision. Ils peuvent être réformés pour inaptitude ou dispensés s'ils sont soutiens de famille ou pupilles* de la Nation.

Les appelés sont incorporés dans le contingent pour un service militaire de douze mois, en principe à l'âge de dix-neuf ans, mais avec la possibilité d'obtenir un sursis pour terminer leurs études.

Les diplômés peuvent demander « la coopération » (qui dure alors seize mois au lieu de douze) : ils sont alors envoyés dans des pays étrangers ou des DOM-TOM pour faire de l'enseignement ou de l'assistance technique.

Enfin, ceux qui, pour des motifs de « conscience » refusent d'effectuer le service militaire, peuvent demander le statut d'**objecteur de conscience** (reconnu depuis 1983) : ils effectuent pendant deux ans un service civil dans des organismes d'État, des collectivités locales, des associations à vocation sociale ou humanitaire.

Le service militaire n'est pas toujours apprécié par les jeunes gens qui supportent mal la discipline de l'armée et ont le sentiment qu'on y perd son temps. Un jeune français sur trois réussit à échapper à l'obligation militaire en se faisant réformer* ou dispenser.

■ La politique de défense

La France fait partie depuis 1949 du Traité de l'Atlantique Nord (OTAN), mais, depuis 1966, elle s'est retirée du système de défense intégré de l'OTAN.

La politique de défense est basée sur le principe de dissuasion, en particulier sur les forces de dissuasion nucléaire.

152

LES JEUNES ET LE SERVICE NATIONAL

70 % des jeunes interrogés sont favorables à ce que chacun puisse choisir entre un service national civil et le service militaire. 66 % sont pour le service national sous toutes ses formes.

Mais les étudiants sont majoritairement hostiles au service national (60 %), parce qu'ils le jugent inutile. S'ils en avaient le choix, 20 % choisiraient le service de coopération en entreprise, 17 % le service militaire classique, 17 % le service scientifique du contingent, 16 % le service de la coopération, 9 % l'objection de conscience et 4 % le service civil

dans la police. 40 % seraient prêts à consacrer deux ans à une tâche d'utilité collective.

Faire son service militaire, c'est perdre un an (61%), c'est apprendre à défendre son pays (47 % contre 49 % qui pensent le contraire). On n'y perd pas son identité (72 %). Cela n'évite pas le danger d'une armée de métier (62 %). 28 % seulement souhaitent exercer une responsabilité d'officier.

Échantillon : 1058 étudiants et lycéens.
Sondage SCP Communication pour *L'Étudiant*, juin 1989.

UNE UNITÉ TRÈS SPÉCIALE : LA LÉGION ÉTRANGÈRE

« Honneur et fidélité » : telle est la devise de la légion, créée en 1831. Contrairement aux autres unités de l'armée, elle est composée uniquement d'engagés volontaires (l'engagement minimum étant pour une période de cinq ans) et elle recrute environ 50 % d'étrangers, pour un effectif total de 8 000 hommes.

Les candidats ne sont pas obligés de donner leur véritable identité, l'anonymat leur est garanti. C'est pourquoi, parmi ceux qui veulent s'engager dans la légion, il y a un certain nombre de jeunes gens qui désirent rompre avec leur famille ou oublier un amour malheureux ; il y a ceux qui veulent « blanchir » leur passé lorsqu'ils ont fait des erreurs

de jeunesse. Les étrangers — plus de cent nationalités différentes — veulent fuir leur pays d'origine pour des raisons policières, politiques ou économiques. La sélection est sévère, puisqu'il y a à peu près quatre candidats pour une place !

La légion a la réputation d'avoir une discipline très dure, mais une très forte cohésion. Sa mission principale est d'être disponible en permanence pour des interventions armées et de garder les frontières lointaines. Une de ses unités est chargée d'accomplir de grands travaux (ce sont « les sapeurs »).

Les légionnaires se distinguent par leur tenue. En campagne, ils portent un béret vert et dans les défilés militaires ils sont coiffés du képi blanc.

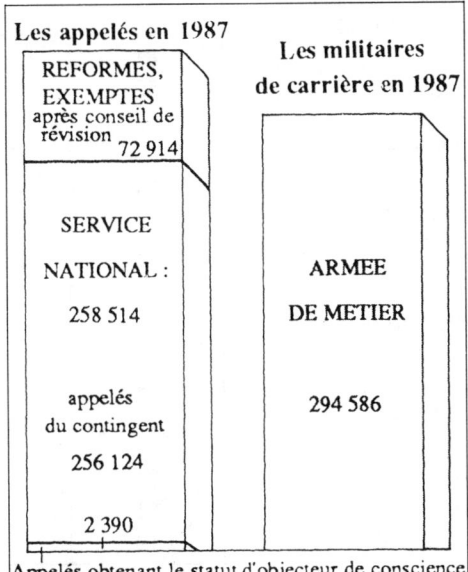

Les appelés en 1987	Les militaires de carrière en 1987
REFORMES, EXEMPTES après conseil de révision 72 914	
SERVICE NATIONAL : 258 514	ARMEE DE METIER 294 586
appelés du contingent 256 124	
2 390	

Appelés obtenant le statut d'objecteur de conscience

Éducation civique 3ᵉ, Nathan.

QUESTIONS-RÉFLEXIONS

• Est-ce que la législation peut être différente selon les régions ?

• Quelles sont, parmi les personnes suivantes, celles qui sont magistrats ?
— avocat
— garde des sceaux
— juge
— gendarme
— juré
— greffier
— inspecteur de police
— procureur de la république

• Quelle est la différence entre le droit pénal et le droit civil ?

• Dans quels cas peut-on exercer un recours devant le tribunal administratif ? devant le Conseil d'État ? et devant le tribunal des prud'hommes ?

• Est-ce que la peine de mort existe en France ?

• Savez-vous ce qu'est « un objecteur de conscience » ?

• Les Français et la délation.
Dans certains pays, des émissions télévisées à grand succès mobilisent la coopération du grand public pour des enquêtes de police.
Que feraient les Français si on leur demandait de « dénoncer une personne soupçonnée d'avoir commis un délit » ?

— Certains pensent que la délation « est un devoir civique » (17 %) ou que « c'est nécessaire pour lutter contre la criminalité » (21 %).
— 17 % jugent que c'est « moralement inacceptable ».
— 41 % considèrent « que cela ne se justifie que dans des cas exceptionnels ».
Le sondage nous donne une idée de ce que ces cas pourraient être.

Pouvez-vous classer ces délits par genres ?
— délinquance   — escroquerie économique
— délit politique   — infraction administrative
— coups et blessures volontaires

Vous-même, dans les situations suivantes, dénonceriez-vous ou ne dénonceriez-vous pas ?	Dénoncerait	Ne dénoncerait pas	Sans opinion	Propension à la dénonciation
Un voisin qui martyrise son enfant................	96	2	2	+ 94
Quelqu'un qui allume volontairement un incendie......	94	2	4	+ 92
Un revendeur de drogue....................	87	8	5	+ 79
Des enfants qui rackettent leurs camarades..........	76	19	5	+ 57
Un détenu en cavale qui se réfugie chez vous........	58	24	18	+ 34
L'auteur d'un hold-up....................	61	28	11	+ 33
Un voisin qui bat régulièrement sa femme............	59	32	9	+ 27
L'auteur d'un cambriolage....................	56	33	11	+ 23
Quelqu'un que vous soupçonnez d'être un terroriste....................	52	31	17	+ 21
Quelqu'un que vous soupçonnez d'être un criminel de guerre nazi....................	48	35	17	+ 13
Un voleur d'auto-radio....................	37	54	9	− 17
Un patron qui fait travailler des gens sans les déclarer....................	36	53	11	− 17
Un salarié qui vole son entreprise....................	34	51	15	− 17
Quelqu'un que vous soupçonnez d'être un espion	26	54	20	− 28
Un voleur dans un grand magasin................	23	69	8	− 46
Un immigré en situation irrégulière................	14	78	8	− 64
Quelqu'un qui fraude le fisc................	12	78	10	− 66

Sondage SOFRES réalisé pour *Le Nouvel observateur* en août 1989.

Et vous, qu'en pensez-vous ?

ÉCONOMIE, ÉCONOMIES

1

FIN DE L'ÂGE D'OR

La France fait partie aujourd'hui des grands pays industriels.
Mais l'industrialisation a été plus tardive et plus lente que dans d'autres pays. Les Français avaient une certaine méfiance pour l'argent et le grand capitalisme, l'esprit d'entreprise n'était pas très bien vu, la bourgeoisie investissait plus volontiers dans des placements immobiliers ou financiers que dans l'industrie.
C'est l'État qui, dans l'après-guerre, a joué un rôle moteur dans l'industrialisation.

faire son trou / une créneau (ex le bâtiment)
les faillites = faire banqueroute ; s'essouffler
Qui ne risque rien n'a rien
La prise de risques — la gestion
  — se lancer dans

Le PDG a une marge de manoeuvre réduite
La politique fait la pluie et le beau temps
nous sommes dépassés par les évènements.

■ Les Trente Glorieuses : 1945-1975

une intense fulgurante

Alors que sa situation économique était catastrophique en 1945, la France a connu un redressement rapide, puis une croissance économique continue et forte jusque dans les années 1975.

monter en flèche
la prospérité
la récession

La reconstruction du pays a bénéficié d'un soutien financier américain, le plan Marshall. Les efforts de modernisation de l'appareil productif ont été orchestrés par l'État. *Il faut être à la page / de son temps*

la compétitivité
la robotisation
la mise à pied
le licenciement
≠ être licencié en + embauché

Puis la production industrielle a été stimulée par un contexte favorable sur le plan national et international — demande d'équipement pour les entreprises et pour les particuliers — et par des relations privilégiées avec les colonies ou les ex-colonies françaises.

le champ exclusif des experts = la complexité phénoménal

■ Les années de crise : 1975 - 1986

les données chiffrées
les paramètres sont multiples
à chacun son analyse en fonction de ses intérêts propres

La croissance a été ralentie après le premier choc pétrolier de 1973, puis a subi les effets du second choc pétrolier en 1979, et de la hausse du dollar en 1981.

De nombreux secteurs de l'économie se sont trouvés menacés par l'augmentation de la facture pétrolière et des matières premières, et la concurrence internationale. La crise s'est manifestée par l'inflation et par un énorme taux de chômage. Pendant plus de dix ans, le déclin industriel laissait penser qu'on s'installait définitivement dans une crise latente*.

■ Un retour à la croissance ?

Après plus de dix années de stagnation, l'économie française enregistre depuis l'été 1987 des résultats économiques encourageants.

Le changement s'est manifesté en 1988 et 1989 par une reprise de la croissance, une progression de la production et des investissements industriels, une baisse du chômage.

Cette amélioration peut être expliquée par plusieurs facteurs : un meilleur environnement international, la baisse du prix du pétrole, mais aussi une politique salariale rigoureuse. Elle est encore trop fragile pour qu'on puisse parler d'un redressement durable.

L'ÉCONOMIE FRANÇAISE EN CHIFFRES

Produit national brut (PNB) en 1987
valeur totale en millions de dollars   714 994
PNB/Habitant, en dollars   12 860

Selon la banque mondiale, en 1987, la France était
— pour le PNB, au 4e rang mondial,
— pour le PNB par habitant, au 14e rang mondial
et au 4e rang au sein de l'Europe des Douze.

la main d'oeuvre bon marché → l'exploitation des pauvres
arracher un marché / s'implanter sur une région

PRODUIT INTÉRIEUR BRUT
(en pourcentage de variation)

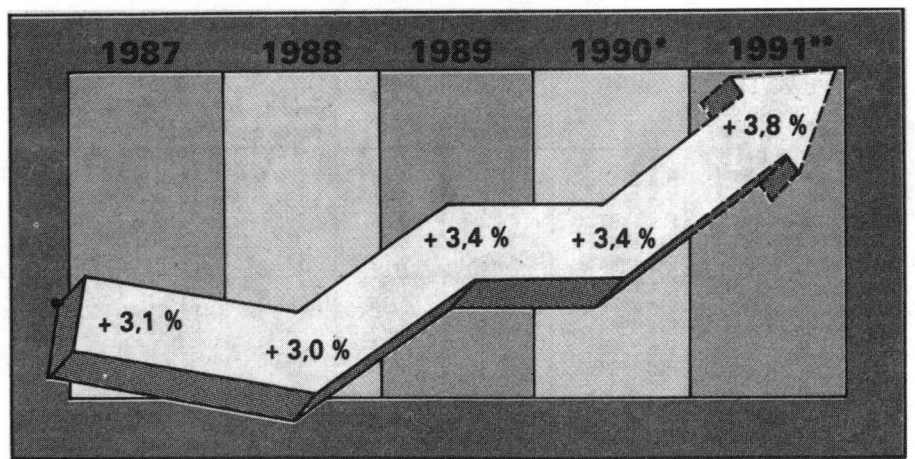

CHÔMAGE
(en pourcentage de la population)

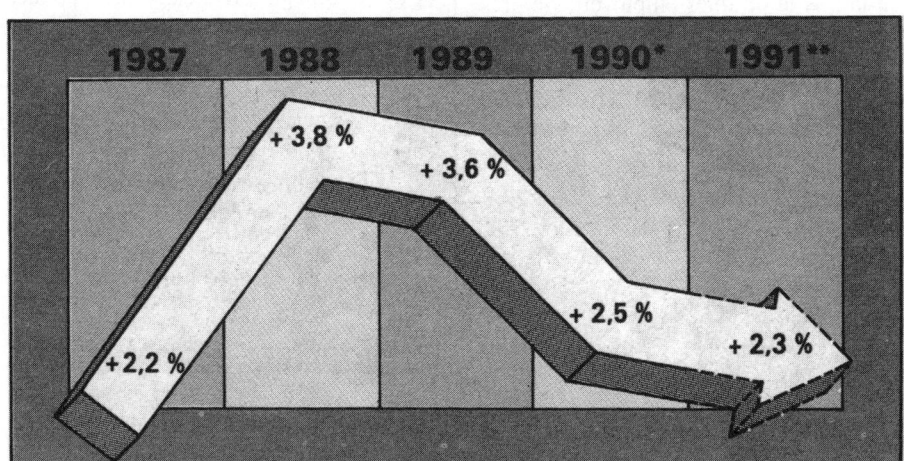

PRIX
(en moyenne annuelle)

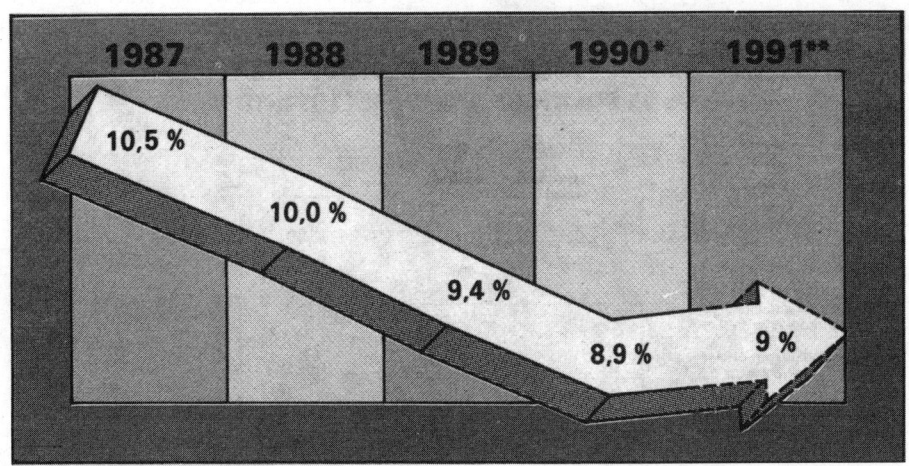

Estimation
Bilan économique et social, 1990.

2

GROS PLAN SUR L'ÉCONOMIE

La France fait partie des pays d'économie capitaliste — qui mettent donc l'accent sur l'économie de marché — mais le rôle joué par l'État est toujours particulièrement important.

Le rôle de l'État

L'État est à la fois le premier employeur, le premier producteur et le premier client français !

Si on considère tous les emplois qui dépendent de l'État ou des collectivités territoriales (en incluant les entreprises nationalisées), le secteur public emploie 31,4 % de la population active.

• Les entreprises dont l'État détient tout, ou une partie du capital, représentent une énorme part de la production.

• Dans l'industrie, l'État assure environ 25 % de la production, plus de 35 % des investissements et des exportations.

• L'énergie est produite à près de 90 % par l'État, avec les Charbonnages de France, EDF (Électricité de France) et GDF (Gaz de France), le CEA (Commissariat

> ### LES ENTREPRISES DU SECTEUR PUBLIC
>
> **A**u 1er janvier 1988, 1990 entreprises au total sont entièrement ou majoritairement contrôlées par l'État, ce qui représente près de 1,5 million de salariés.

à l'énergie atomique), et des participations majoritaires dans les entreprises pétrolières ELF-Aquitaine et CFP (Compagnie française des pétroles - Total).

• Les transports sont majoritairement gérés par l'État : la SNCF (Société nationale des chemins de fer français), Air-France et Air-Inter, la Compagnie générale maritime et financière (CGMF), la RATP (la Régie autonome des transports parisiens).

• Les commandes publiques font de l'État français le premier client des entreprises, que ce soit pour les grands travaux routiers et ferroviaires*, le nucléaire, l'aviation ou l'électronique.

La structure des entreprises

Le secteur privé emploie tout de même près de 40 % des salariés, et assure près de 70 % de la richesse nationale.

■ Un développement de la concentration

Pour faire face à la concurrence nationale et internationale, la modernisation de l'appareil productif s'est traduite par des regroupements d'entreprises : ce processus de concentration a modifié considérablement la structure des entreprises.

LES 10 PREMIÈRES ENTREPRISES PUBLIQUES

1	EDF	— (Électricité de France)
2	FRANCE TELECOM	— (Télécommunications)
3	LA POSTE	
4	SNCF	— (Société nationale des chemins de fer)
5	GAZ DE FRANCE	
6	RATP	— (Régie autonome des transports parisiens)
7	CHARBONNAGES DE FRANCE	
8	COGECOM	— (Compagnie générale des communications, holding des filiales de France Télécom)
9	UGAP	— (Union des groupements d'achats publics)
10	AÉROPORTS DE PARIS	

Extrait de *L'Expansion*, novembre 1989

Actuellement une vingtaine de groupes contrôlent les secteurs essentiels de l'économie. La part des entreprises étrangères a augmenté, mais les investissements français à l'étranger également. Certaines entreprises ont disparu. Ces restructurations ont entraîné des bouleversements dans la gestion de l'emploi... et de nombreuses suppressions d'emploi.

Cette concentration est malgré tout plutôt moins importante que dans d'autres pays industriels. Par ailleurs, elle est extrêmement variable selon les branches d'activité : elle est élevée dans l'industrie lourde*, l'industrie d'équipement et de haute technologie, alors qu'elle est faible dans l'industrie textile, par exemple.

■ Une majorité de petites et moyennes entreprises

Les PME (« petites et moyennes entreprises ») et les PMI (« petites et moyennes industries ») sont celles qui emploient moins de cinq cents salariés — les petites entreprises étant celles qui ont moins de cinquante salariés.

Les PME représentent 98 % du total des entreprises et 53 % des emplois industriels.

La place importante des PME est une donnée structurelle de l'économie française. C'est à la fois une faiblesse et une richesse.

La petite taille et la dispersion constituent une fai-

blesse face à la concurrence européenne. Les chefs d'entreprise, gênés par leur fragilité financière, doivent souvent s'endetter auprès des banques. Mais les PME, malgré leur vulnérabilité*, font souvent preuve de dynamisme et les grandes entreprises leur passent souvent des commandes en sous-traitance* parce que leur souplesse de gestion permet des capacités d'adaptation rapide.

Le nombre de PME a encore augmenté depuis les années 80 parce qu'avec la crise de l'emploi, beaucoup d'anciens salariés se sont lancés dans la création de leur propre entreprise. Mais chaque année, pour 10 % d'entreprises créées, il y en a autant qui disparaissent.

	Nombre	% du total
Grandes entreprises (+ 500 salariés)	3 500	0,13
Moyennes entreprises (de 50 à 499 salariés)	3 700	0,14
Petites entreprises (moins de 49 salariés)	1 200 000	44,30
Entreprises individuelles	1 500 000	55,40

Répartition des entreprises selon leur taille.
Le Monde contemporain 1ʳᵉ, Nathan Technique.

159

LES 50 PREMIÈRES ENTREPRISES INDUSTRIELLES FRANÇAISES EN 1988

1	RENAULT	Automobile
2	PSA	Automobile
3	CGE	Matériel électrique
4	ELF-AQUITAINE	Pétrole
5	TOTAL-CFP	Pétrole
6	USINOR-SACILOR	Sidérurgie
7	PECHINEY	Emballage, aluminium
8	THOMSON	Matériel électrique
9	RHÔNE-POULENC	Chimie, santé
10	SAINT-GOBAIN	Matériaux, emballage
11	MICHELIN	Pneumatiques
12	BOUYGUES	BTP
13	GEC ALSTHOM	Mat. électrique
14	BSN	Alimentation
15	SCHNEIDER	Électromécanique
16	AÉROSPATIALE	Aéronautique
17	IBM-FRANCE	Informatique
18	SHELL-FRANCE	Pétrole, chimie
19	SGE	Travaux publics
20	BÉGHIN-SAY	Alimentation
21	BULL	Informatique
22	CEA-INDUSTRIE	Nucléaire
23	ESSO-SAF	Pétrole
24	BP-FRANCE	Pétrole
25	L'AIR LIQUIDE	Gaz industriels
26	FIAT-FRANCE	Automobile
27	L'ORÉAL	Cosmétiques
28	HACHETTE	Édition
29	SAE	Bâtiment-TP
30	LAFARGE-COPPEE	Mat. de construction
31	PHILIPS-FRANCE	Électronique
32	DUMEZ	Bâtiment-TP
33	ORKEM	Chimie
34	NESTLÉ-FRANCE	Alimentation
35	MATRA	Électronique
36	DASSAULT-BRÉGUET	Aéronautique
37	SNECMA	Moteurs d'avions
38	VALÉO	Equipementier
39	LVMH	Produits de luxe
40	IMÉTAL	Métaux non ferreux
41	GTM-ENTREPOSE	Bâtiment-TP
42	EMC	Chimie
43	PERRIER	Boissons
44	CGIP	Industries, finances
45	SODIAAL	Produits laitiers
46	MOBIL OIL FRANÇAISE	Pétrole
47	POLIET	Mat. de construction
48	PERNOD-RICARD	Boissons
49	SOCOPA	Abattage
50	FRAMATOME	Nucléaire

L'Expansion, novembre 1989.

LE RETOUR DE L'ENTREPRENEUR

L'entreprise est à la mode. Il y a les grandes que l'on redresse, à coups de licenciements sévères, de cessations d'activité et de rigueur salariale, dont l'opinion publique admet souvent le bien-fondé. Et puis, dans l'univers plus souple et plus mobile des PME, il y a cette valorisation étonnante de l'acte d'entreprendre, du risque pris. Dans le monde du travail, circule comme un rêve l'idée de se mettre à son compte et, par ce moyen, d'échapper aux contraintes du salariat. Les émissions de télévision se multiplient qui racontent des expériences d'entreprises nouvelles. La création de petites activités nouvelles est aussi présentée, par nombre d'hommes politiques, comme le seul moyen possible de créer des emplois. Une aide publique est d'ailleurs accordée aux créateurs d'entreprises. L'idée court que l'entrepreneur incarne aujourd'hui le dynamisme et la liberté, et finalement le créateur contemporain, loin devant les artistes et les écrivains puisqu'il touche, lui, à ce qui semble maintenant l'essentiel, à savoir l'économie et l'emploi. Ce mythe nouveau, si éloigné de l'image sombre et conflictuelle des usines d'autrefois, un homme l'incarne au premier chef, repreneur d'activités de toute sorte qu'il gère à toute allure, sans oublier de développer son image dans les médias : Bernard Tapie.

L'État de la France, Éd. de La Découverte, 1987.

LES DIFFÉRENTS TYPES D'ENTREPRISES SELON LE STATUT JURIDIQUE

Types d'entreprises	Caractéristiques principales
1. Entreprises individuelles	— Les capitaux appartiennent à un propriétaire unique qui travaille dans son entreprise. Il peut employer des salariés. — Il supporte seul les risques de l'entreprise (bénéfices ou pertes).
2. Entreprises privées. * Sociétés de personnes (sociétés civiles, sociétés en nom collectif)	— Les associés apportent leurs capitaux. — Les associés participent à l'activité de l'entreprise. — Les associés sont solidairement responsables des dettes de la société.
* Sociétés de forme intermédiaire (S.A.R.L. : société à responsabilité limitée)	— 2 à 50 associés. Capital de 20 000 F minimum. — Les associés sont propriétaires de la société. — Les bénéfices et les pertes sont partagés entre associés à concurrence de leurs apports. — La société est dirigée par un ou deux gérants.
* Sociétés de capitaux (sociétés anonymes)	— 7 associés au minimum. Capital de 100 000 francs minimum. — Les dirigeants sont salariés. — Les actionnaires, propriétaires, perçoivent une distribution des bénéfices au prorata du nombre de leurs actions. Ils sont responsables au prorata du montant de leurs actions. — Seules, ces sociétés peuvent faire appel à l'épargne publique et être cotées en Bourse.
* Sociétés coopératives	— Les membres de la société sont à la fois associés et coopérateurs. — Les bénéfices sont répartis, non en proportion des apports, mais ristournés au prorata des opérations traitées ou du travail fourni.

3. Entreprises publiques
  * Entreprises nationalisées
 	
  * Sociétés d'économie mixte
	— Sociétés anonymes dont le capital appartient exclusivement à l'État, et soumises aux règles de la comptabilité publique.
	— Sociétés anonymes où une ou plusieurs collectivités publiques détiennent une part de leur capital et participent à leur administration.
	— Bien que détenant une part minoritaire, l'influence de la collectivité publique peut être prédominant.

Initiation économique et sociale 2e, Nathan.

3

MONNAIE D'ÉCHANGE

Pour conduire sa politique économique, le gouvernement — et en particulier le ministre de l'Économie et des Finances — définit une politique monétaire, c'est-à-dire les règles de la création monétaire et du crédit. Cette politique monétaire doit tenir compte de l'action des partenaires européens membres du SME (système monétaire européen).

La **Banque de France**, nationalisée depuis 1945, joue un rôle essentiel dans la politique monétaire de l'État.

— Elle est seule habilitée à émettre les billets de banque (ils sont fabriqués à l'imprimerie de Chamalières, dans le Puy-de-Dôme).

— Elle est l'autorité de tutelle du système bancaire et régule la croissance de la masse monétaire. Jusqu'en 1986, elle contrôlait l'encadrement du crédit, c'est-à-dire qu'elle imposait aux banques une norme de progression des crédits. Depuis la suppression de l'encadrement du crédit, les banques sont libres de distribuer des crédits, mais à condition de détenir des liquidités, c'est-à-dire des réserves obligatoires déposées à la Banque de France.

— Elle intervient sur le marché des changes*, défend la parité* du franc, gère les avoirs* officiels en devises.

Pendant longtemps le contrôle des changes* était très strict, mais il a été totalement libéralisé fin 1985. Il est désormais possible à un particulier d'exporter de l'argent à l'étranger, d'utiliser librement sa carte de crédit, de faire un chèque destiné à l'étranger.

Depuis le 1er janvier 1990, les Français peuvent même ouvrir un compte à l'étranger.

Mais la politique des réserves obligatoires impose aux banques de déposer à la Banque de France des liquidités (non rémunérées) pour un montant calculé en fonction des dépôts ou des crédits.

LA ZONE FRANC

Elle comprend bien sûr la France, les DOM-TOM, mais aussi de nombreux pays d'Afrique qui étaient d'anciennes colonies françaises (Bénin, Cameroun, Comores, Congo, Côte d'Ivoire, Gabon, Burkina Faso, Mali, Niger, République centrafricaine, Tchad, Togo), soit au total plus de 10 % des pays membres du FMI.

Elle comporte deux monnaies :
— le franc
— le franc CFA (franc de la Communauté financière africaine).

Le franc CFA est une unité monétaire qui a été créée en 1945, son cours est établi en fonction du franc :
100 francs CFA = 2 francs

La France garantit les monnaies émises par les États membres, et assure les équilibres monétaires entre ces différents pays, ce qui entraîne une certaine solidarité. Elle gère leurs réserves de change.

Cela maintient ces pays dans une certaine dépendance vis-à-vis de l'économie française, mais peut aussi encourager les investissements étrangers.

ARGENT COMPTANT

Une des évolutions les plus spectaculaires de l'économie française depuis 1984 est celle qui concerne le système financier : la création d'un « marché unique de capitaux ».

Jusqu'à une période récente, le marché des capitaux était caractérisé par une séparation très nette entre :

• d'une part **le marché monétaire**, c'est-à-dire le marché de l'argent à court et moyen terme, dont les banques avaient le monopole, sous la tutelle de la Banque de France ;

• d'autre part **le marché financier**, c'est-à-dire les emprunts et les placements à long terme, soumis à la tutelle de la Commission de Bourse (la COB). Ce sont soit des **actions**, émises par les entreprises, soit des **obligations** émises par l'État.

Les pouvoirs publics ont décidé de moderniser le système financier par une déréglementation, c'est-à-dire l'annulation des règlements qui cloisonnaient les fonctions des différentes institutions financières. Le marché unique des capitaux doit permettre la mise en relation de l'offre et de la demande pour l'ensemble des capitaux.

Chaque marché est dorénavant accessible à tous les acteurs économiques — banques, entreprises, particuliers — pour emprunter et prêter à n'importe quelle échéance*, à court et long terme.

Cette déréglementation paraissait nécessaire pour encourager le placement de capitaux dans l'industrie et pour faire de la Bourse de Paris une grande place financière. Mais elle a ses opposants, qui considèrent que la sphère financière est devenue une jungle de spéculateurs*, sans pour autant apporter une amélioration véritable du financement de l'économie.

«Votre argent m'intéresse...»

Le système bancaire a connu de profondes modifications.

Depuis 1945, on distinguait les banques d'affaires et les banques de dépôt. Pour le grand public, « la banque » était une banque de dépôt, l'organisme où l'on dépose son argent pour l'utiliser au fur et à mesure de ses besoins. Les principales banques de dépôt étaient des banques nationalisées depuis 1945 — le Crédit Lyonnais, la Société Générale, et la BNP — mais leur fonctionnement n'était pas différent de celui des banques privées.

Il existait aussi des établissements financiers qui ressemblaient beaucoup à des banques de dépôts, mais qui avaient un statut spécial, dû à leur caractère de coopératives ou de mutuelles — le Crédit agricole, le Crédit mutuel, les Banques populaires.

En 1981, lorsque la gauche est arrivée au pouvoir, elle a nationalisé de nombreuses banques privées. En 1987, la droite a privatisé certaines banques nationalisées (notamment la BNP)...

Depuis 1984, la loi a transformé le système bancaire en englobant dans un même cadre juridique l'ensemble des organismes qui effectuent des opérations de banque, que ce soit la réception de fonds du public, les opérations de crédit, la mise à disposition et la gestion de moyens de paiement pour la clientèle.

Tous sont désignés désormais comme «établissements de crédit». Il n'y a a plus de distinction entre banques de dépôt et banques d'affaires. Tous les organismes proposent à peu près les mêmes possibilités, qu'ils soient publics ou privés, caisses d'épargne, chèques postaux, crédit municipal, etc.

LA CARTE A LA COTE...

Les adhérents du GIE-cartes bancaires (toutes les banques de la place) [...] n'ont qu'à se louer de leur bébé. La carte a la cote chez les Français. Toutes les enquêtes récentes le confirment. Celle réalisée par la SOFRES pour le compte du groupement auprès de mille personnes montre que les consommateurs l'utilisent de plus en plus. Avec satisfaction.

Environ 53 % des porteurs disent l'utiliser au moins une fois par semaine pour les retraits effectués dans les distributeurs. 85 % des porteurs se déclarent satisfaits ou très satisfaits du service. Pour le paiement, 55 % des porteurs avouent l'utiliser au moins une fois par semaine.

Conséquence, le chiffre d'affaires de la carte a encore connu un nouveau boom au premier trimestre de 1988 (plus 60 %). Malgré le développement des cartes accréditives de commerçants, la carte bancaire reste la star. Dans le chiffre d'affaires total réalisé par les cartes en France, elle est passée de 50 % environ en 1984 à 71 % l'an dernier. [...]

... LE CHÉQUIER AUSSI

Le chèque a la vie dure. Pour la première fois, le nombre des chèques émis par les Français avait diminué en 1987. Mais depuis le début de cette année, il a repris sa progression. Les paiements par cartes bancaires continuent eux aussi à croître très rapidement. La menace d'une facturation des chèques et la campagne de publicité en faveur des moyens modernes de paiement avaient, en 1987, finalement intimidé les Français. La première étant écartée, la seconde arrêtée, ils ont donc recommencé à tirer sur leurs carnets, au grand dam des banquiers. Cette augmentation du nombre des chèques est aussi liée au dynamisme de l'économie et à la progression sans doute très forte des transactions.

Le Monde Dossiers et documents, avril 1990.

164

NOS OREILLES ONT LES PIEDS SUR TERRE.

CREDIT AGRICOLE
D'ILE-DE-FRANCE

CA

■ «La bancarisation des Français»

La loi interdit le paiement en argent liquide des salaires de plus de 2 500 francs et des sommes importantes (loyers, transports, travaux). Toute personne qui réside en France est donc pratiquement obligée d'avoir un compte courant, qu'il soit bancaire ou postal, pour vivre au quotidien.

Les banques se sont livrées à une véritable compétition pour attirer la clientèle en ouvrant de nouvelles agences.

Les comptes courants ne sont pas rémunérés : il n'y a pas de versement d'intérêts pour les sommes déposées, mais les carnets de chèques sont gratuits.

Les Français ont perdu l'habitude d'avoir des sommes d'argent liquide importantes sur eux :

— **Le paiement par chèque** s'est généralisé (souvent même pour des sommes minimes, ce qui coûte très cher aux banques en gestion),... y compris avec des chèques sans provision ; c'est pourquoi certains commerçants sont réticents à accepter le paiement par chèque. Ils exigent la présentation d'une pièce d'identité et peuvent, pour les grosses sommes, téléphoner à la banque pour vérifier que le compte est bien approvisionné*.

— **Les cartes de paiement** se sont beaucoup développées : un ménage sur deux en possède une. La **carte bancaire** est donnée au titulaire d'un compte, moyennant une cotisation annuelle assez faible. La plus courante est la « Carte Bleue », créée en 1967, et rattachée depuis 1976 au réseau international VISA. Elle est acceptée chez tous les commerçants qui affichent sur leur vitrine le sigle CB (Groupement des cartes bancaires).

Il existe aussi des **cartes de paiement non bancaires** qui sont attribuées moyennant une cotisation (*Ame-rican Express, Diner's Club*) ou après ouverture d'un dossier pour les clients de grandes surfaces ou de vente par correspondance (l'intérêt pour le magasin est de fidéliser une clientèle).

Les commerçants paient aux banques des frais de gestion pour les sommes encaissées par carte de paiement mais ils ont beaucoup plus de garantie de paiement que pour les chèques. Les clients bénéficient même d'une sorte de crédit gratuit puisque le prélèvement des factures est généralement effectué en fin de mois : c'est pourquoi on utilise souvent le terme « carte de crédit » pour les simples cartes de paiement.

La carte bancaire peut être utilisée non seulement comme moyen de paiement mais aussi pour retirer de l'argent vingt-quatre heures sur vingt-quatre dans les guichets automatiques de toutes les banques : chaque possesseur de carte possède un code secret qu'il tape sur le clavier de l'appareil distributeur.

Les banques ne se contentent pas d'encaisser de l'argent à leurs guichets. De nombreuses opérations — crédits ou débits — peuvent être « domiciliées » sur un compte bancaire, selon les instructions du titulaire du compte (il suffit de fournir un RIB — « relevé d'identité bancaire » — fourni avec chaque chéquier). Les salaires sont pratiquement toujours versés directement par les employeurs sur un compte. Des dépenses peuvent être prélevées automatiquement : notes d'électricité, de téléphone, loyer, mensualités d'impôts ou d'assurance. Des ordres de virement peuvent être donnés à titre permanent ou occasionnel pour régler certains frais ou faire circuler des sommes d'un compte à un autre.

Les banques multiplient aussi auprès de leurs clients les propositions de produits divers : encaissement de l'épargne, placements, prêts, etc.

■ Des banques très spéciales !

Le Trésor public (qu'on appelle souvent simplement le Trésor) est en quelque sorte la banque qui gère les fonds de l'État.

C'est une administration qui relève du ministère des Finances :

• elle perçoit tous les revenus de l'État, en particulier les impôts.

• elle règle toutes les dépenses publiques, et notamment les traitements des fonctionnaires.

Le trésor peut faire des emprunts :

• à long terme, ce sont des **obligations**

• à court et moyen terme, ce sont les **bons du Trésor.**

La Caisse des dépôts et consignations est un établissement public qui a été créé en 1816 pour recueillir les dépôts à caractère litigieux ou les dépôts des titulaires de certaines charges, en particulier les notaires.

Elles collecte les fonds des Caisses d'épargne, de la Sécurité sociale, des mutuelles, de certaines collectivités publiques.

Elle finance les prêts de l'État aux logements sociaux (les sociétés d'HLM).

« Chez ma tante »

Les monts-de-piété sont des organismes de prêt sur gage qui sont apparus en Italie dès le XVe siècle.

Celui de Paris, créé en 1777, est devenu en 1918 **le Crédit municipal**, mais dans les milieux populaires on l'a toujours appelé « Chez ma tante », expression ironique à l'adresse de ceux qui prétendent avoir emprunté de l'argent à leur famille alors qu'ils ont mis en gage un objet au mont-de-piété.

Le prêt sur gage permet d'obtenir sur-le-champ une somme qui est fonction de la valeur des objets « mis au clou » : bijoux, argenterie, mais aussi toutes sortes d'objets divers. Les objets non repris dans un certain délai sont vendus aux enchères*.

Depuis quelques années, le Crédit municipal offre pratiquement les mêmes services qu'une banque ordinaire.

LES 10 PREMIÈRES BANQUES (1988)

1	CRÉDIT AGRICOLE
2	B N P
3	CRÉDIT LYONNAIS
4	SOCIÉTÉ GÉNÉRALE
5	CAISSES D'ÉPARGNE ÉCUREUIL
6	PARIBAS
7	SUEZ
8	FINANCIÈRE DE CIC
9	BANQUES POPULAIRES
10	CRÉDIT MUTUEL

L'Expansion, Novembre 1989

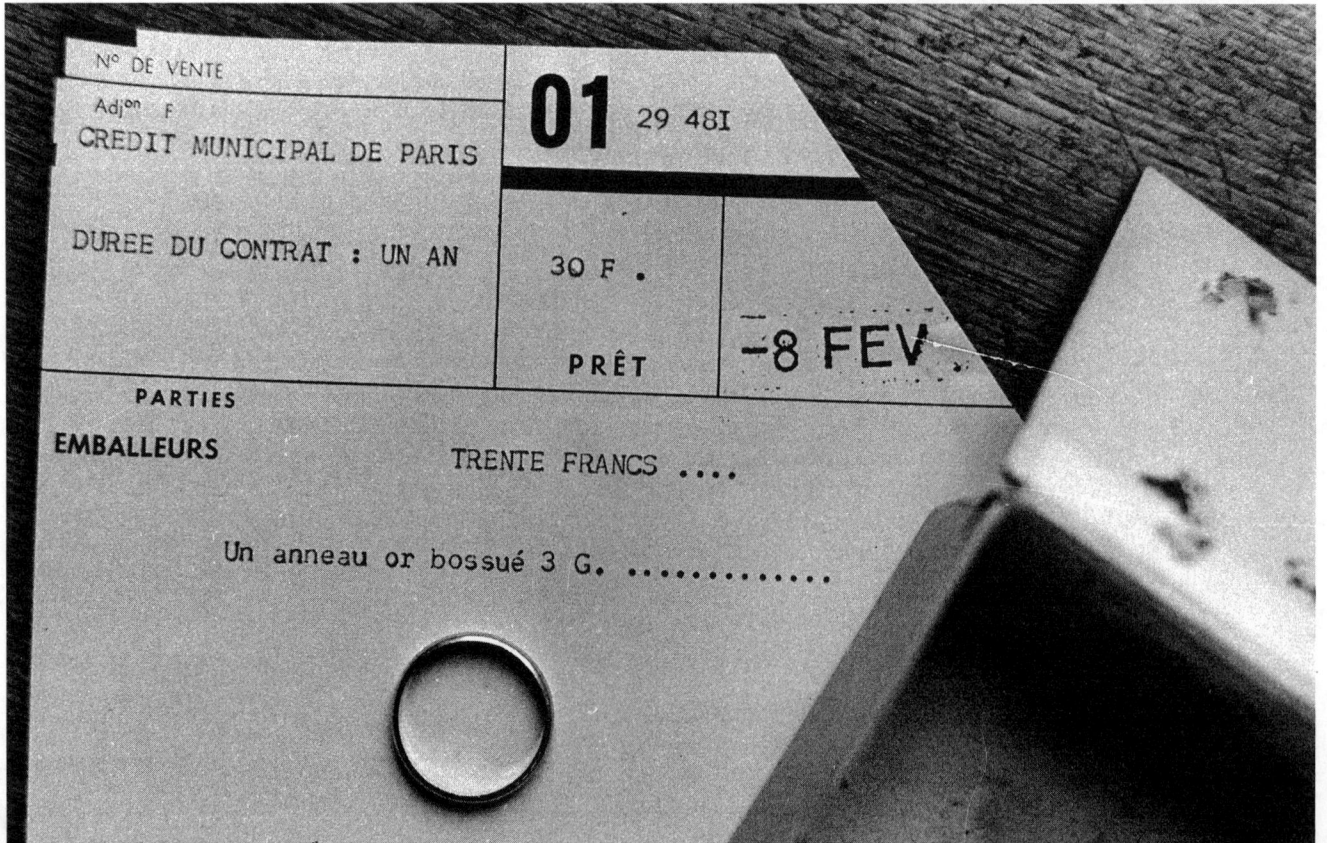

LA BOURSE OU LA VIE?

Le marché boursier est un échange de valeurs mobilières — les actions et les obligations — à des cours fixés en fonction de l'offre et de la demande.

Les obligations sont des titres émis par l'État, ou une société privée, remboursables à une échéance fixe, et dont le taux de rémunération est fixe également. Les SICAV sont celles qui ont le plus de succès ; leur rémunération est calculée en fonction de la durée du placement.

Les actions sont des titres émis par les entreprises cotées* en Bourse, qui donnent aux actionnaires un droit de propriété sur l'entreprise. La valeur d'une action dépend de sa cote sur le marché boursier et son revenu dépend du pourcentage des profits qui sont distribués aux actionnaires.

Le rôle de la bourse est très important dans l'économie puisque la plupart des grandes sociétés sont anonymes et cotées en bourse.

Depuis 1983, a été créé un « **second marché** », pour des entreprises qui n'ont pas accès à la cote officielle, c'est-à-dire en général des PME.

Lorsqu'une entreprise veut renforcer son capital, elle peut émettre des titres financiers — des actions — pour se procurer des fonds. Une société peut aussi par le jeu boursier chercher à prendre le contrôle d'une autre société en faisant **une OPA** (une offre publique d'achat). L'opération peut être bienveillante ou hostile selon que l'entreprise est d'accord ou pas pour être rachetée. L'entreprise qui tente l'OPA propose d'acheter les actions d'une société à un cours supérieur au cours de la Bourse et dans un délai donné, ce qui déclenche alors une hausse du cours. L'OPA n'est réalisée que si, au terme du délai, le montant proposé est atteint.

Pour le profane, la Bourse est une grande bâtisse aperçue à la télévision, où les hommes crient, courent dans tous les sens et s'expriment dans un langage parfaitement incompréhensible.

Cette image appartient presque au passé depuis que les cotations sont passées progressivement en continu. Les négociations n'ont plus guère lieu selon le système de la « criée ». Désormais, l'ordinateur et les salles de marchés ont détrôné les agents coteurs qui indiquaient à la craie, sur un tableau, les cours selon les indications orales et gestuelles que leur communiquaient les commis des agents de change. [...] La Bourse n'est plus vraiment un lieu de cotation puisque l'ordinateur permet la délocalisation. C'est un réseau qui permet l'échange de valeurs mobilières, un marché où s'établit un cours en fonction de l'offre et de la demande.

La cote officielle : [...] Pour y accéder, les entreprises doivent répondre à des conditions strictes définies par la COB, le « gendarme de la Bourse », et le Conseil des Bourses de valeurs (CBV).

Elles doivent, en particulier, publier régulièrement des rapports d'information sur leur situation, leur chiffre d'affaires et leurs comptes de résultat semestriels consolidés, des rapports longs et coûteux mais indispensables au bon suivi des valeurs. Par ailleurs, les sociétés doivent mettre 25 % de leur capital à la disposition du public.

En pratique, seuls les grands groupes acceptent de se conformer à toutes ces conditions. En effet, les démarches en vue d'une cotation sur le marché officiel relèvent du parcours du combattant.

C'est pourquoi de nombreuses sociétés préfèrent acheter des sociétés déjà cotées qui n'ont plus de réelle activité et qui végètent en Bourse. En effet, une fois acquises, il suffit de faire un apport de nouvelles activités pour accéder au marché financier à moindre frais et, surtout, en économisant un temps précieux. Les sociétés d'accueil sont appelées « coquilles vides ».

Cinquante millions de consommateurs,
« Numéro pratique » n° 13.

■ De plus en plus de boursicoteurs

La Bourse était surtout un lieu de rencontre entre trois partenaires : les entreprises, les agents de change et les investisseurs institutionnels.

Les agents de change avaient (jusqu'en 1988) le privilège des négociations boursières. Officiers ministériels, ils assuraient la gestion du portefeuille* de leurs clients sur le marché boursier.

Les investisseurs institutionnels sont les organismes qui collectent l'épargne à long terme — les caisses de retraite, les compagnies d'assurance, la Caisse des dépôts et consignations — et le placent dans différents titres, actions et obligations.

À partir des années 80, les particuliers ont été de plus en plus nombreux à s'intéresser au placement de leurs économies dans les valeurs mobilières. Ils se sont mis à « boursicoter », c'est-à-dire à faire de petites opérations en bourse. De 1983 à 1987 le cours des actions est monté tellement vite que la valeur marchande de certains portefeuilles a pu augmenter de 370 % en quatre ans !

Le krach boursier d'octobre 1987, avec une baisse de 30 % à la Bourse de Paris en très peu de temps, a stoppé la frénésie boursière de beaucoup d'entre eux.

Mais de nombreux Français se sont pris au jeu et continuent à spéculer en Bourse. Tous les quotidiens ont désormais leur rubrique « cours de la Bourse » et le journal télévisé donne l'indice du « Dow Jones » (la moyenne des cours du jour à la bourse de New York), puisque l'activité boursière ne peut plus se concevoir en dehors du contexte international.

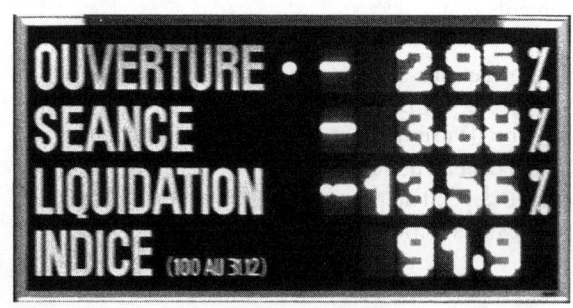

UN SOU EST UN SOU !

Épargne et patrimoine sont deux notions proches qui permettent de mesurer « la richesse des Français ». L'épargne est la partie du revenu qui n'est pas utilisée immédiatement (dans le langage courant, épargner signifie faire des économies). Le patrimoine correspond aux biens accumulés grâce à cette épargne, et aux biens hérités.

Des cigales ou des fourmis

Autrefois, la sagesse consistait à « mettre de l'argent de côté ». Il fallait prévoir les coups durs, la maladie, la vieillesse. Les paysans avaient la réputation de conserver leurs économies... dans une lessiveuse ! Le bas de laine était aussi une cachette courante... et il est resté synonyme d'épargne (« remplir son bas de laine »).

Les Français modestes ont ensuite pris l'habitude de déposer leurs économies à la Caisse d'épargne. Cet argent était en lieu sûr, disponible immédiatement, et les intérêts versés, même minimes, n'étaient pas négligeables.

— **Les livrets d'épargne** ont toujours un énorme succès populaire. 80 % des Français en possèdent un. Les sommes déposées, limitées à un certain plafond fixé par l'État (80 000 francs en 1990), rapportent des intérêts exonérés d'impôts.

Il existe deux réseaux de Caisses d'épargne : la Caisse d'épargne et de prévoyance « Écureuil » (en raison de son emblème) et la Caisse nationale d'épargne (CNE) qui a ses guichets dans les bureaux de poste. Les sommes colossales déposées dans les Caisses d'épargne sont gérées par un organisme public, la Caisse des dépôts et consignations.

Les Caisses d'épargne proposent les mêmes services que les banques : chèquiers, domiciliation de salaires et de factures, etc.

— **Les CODEVI**, proposés par les banques depuis les années 80, constituent à peu près le même produit : une épargne plafonnée, rapportant un petit intérêt non soumis à l'impôt.

— **Les livrets d'épargne-logement** peuvent être ouverts aussi bien dans les banques que dans les Caisses d'épargne.

Ils constituent un placement intéressant, également exonéré* d'impôts. Ils permettent d'obtenir, au bout d'un certain temps, lorsque le livret est arrivé à terme — dix-huit mois pour un compte-épargne, et cinq ans pour un plan-épargne — des prêts très intéressants, qui

sont fonction des intérêts acquis, pour financer l'achat, la construction ou l'amélioration d'un logement. 30 % des ménages ont un livret d'épargne-logement.

— **Le PEP** (plan d'épargne populaire) lancé en 1989, est proposé à grands renforts de publicité par tous les organismes financiers. C'est une épargne qui a du succès à la fois pour ce qu'elle rapporte et pour les déductions fiscales qu'elle permet.

— **L'assurance-vie** est un terme générique qui englobe un ensemble de placements volontairement souscrits, que ce soit des assurances en cas de décès ou des produits d'épargne-retraite.

— **Les SICAV** (Société d'investissements à capital variable) sont des actions et obligations gérées par les organismes financiers, qui accordent des exonérations fiscales.

LES FRANÇAIS ET L'ÉPARGNE

Non seulement les Français épargnent moins mais ils épargnent différemment. La France a vécu depuis cinq ans une véritable révolution financière. Les banques offrent une gamme de produits digne d'un supermarché, couvrant tous les besoins de l'épargnant, du court au long terme, avec ou sans risques. Si elles n'ont toujours pas le droit de rémunérer les dépôts à vue, les particuliers peuvent obtenir une rémunération à 10 % de leurs liquidités, en achetant des SICAV de trésorerie. Et même gérer leur épargne à distance : « Nos clients ont maintenant la possibilité d'acheter 24 heures sur 24, en utilisant un Minitel ou un simple téléphone à touches ». [...]

Le Nouvel Observateur, 30 août - 5 septembre 1990.

PLUS D'UN MÉNAGE SUR DEUX EST ENDETTÉ

Selon une enquête menée en décembre 1989, 52,8 % des ménages sont endettés. 39,2 % ont un crédit immobilier, 36,4 % un crédit de trésorerie, et 24,4 % cumulent les deux. C'est entre 35 et 44 ans qu'on s'endette le plus pour l'immobilier. Les 25-34 ans font plus appel aux crédits de trésorerie et les moins de 25 ans ont souvent des découverts bancaires (près de 49 % des ménages).

La proportion de ménages endettés croît avec la taille de la famille : à partir de trois enfants à charge, 87 % des ménages sont endettés.

Mais elle est aussi d'autant plus forte que le revenu est élevé : la proportion atteint 67,4 % chez les ménages qui disposent de ressources mensuelles atteignant 25 000 à 30 000 francs, alors qu'elle est de 31 % chez ceux qui ont un revenu de 5 000 francs !

■ Les héritiers

En France, la notion de patrimoine se réfère aux biens qui peuvent être transmis ou cédés. Le patrimoine d'un ménage se compose :

— d'actifs financiers : des dépôts d'argent, des valeurs mobilières (actions, obligations);

— d'un patrimoine physique : des terrains, des logements, du matériel productif.

On exclut, à la différence d'autres pays comme les États-Unis, les biens durables tels que les automobiles ou l'électroménager. On exclut aussi, parce qu'on n'a aucun moyen d'évaluation, les bijoux, l'or, les objets d'art, le mobilier.

On mesure généralement la concentration du patrimoine par la proportion de patrimoine détenu par les 10 % des ménages les plus riches.

En France, les 10 % les plus fortunés possèdent plus de la moitié du patrimoine total (1 % possède près du quart du patrimoine total !).

Le degré de concentration des richesses est donc très élevé, beaucoup plus marqué encore que les inégalités de revenus.

Le patrimoine dépend de la catégorie sociale mais aussi de l'âge puisque la transmission héréditaire joue un rôle important. La transmission du patrimoine peut se faire sous deux formes : l'héritage (à la suite d'un décès) ou la donation — par laquelle un propriétaire décide de transmettre un bien de son vivant.

Cette transmission ne fait qu'accroître les inégalités. Plus de 50 % du patrimoine détenu par les ménages viennent d'un héritage ou d'une donation. La donation des parents constitue notamment un moyen privilégié lors de l'achat d'un logement.

L'HÉRITAGE

Avant la Révolution française, coexistaient deux pratiques de transmission du patrimoine : une répartition plus ou moins équitable entre les enfants et le droit d'aînesse (avantageant l'aîné) qui dominait dans le sud de la France.

Le code civil a imposé à tous une pratique égalitaire entre les enfants. Nul ne peut deshériter ses enfants ou un de ses enfants. Les deux tiers du patrimoine sont réservés aux «héritiers réservataires», c'est-à-dire aux enfants. Un tiers seulement peut être légué* à un bénéficiaire choisi.

Légalement, l'ordre de succession est le suivant dans l'ordre décroissant : les descendants (enfants, petits-enfants, arrière-petits-enfants) du défunt, les ascendants directs (père et mère), les collatéraux directs (frères et sœurs, neveux, petits-neveux), les ascendants ordinaires (aïeuls, bisaïeuls), puis les collatéraux ordinaires (oncles, tantes, cousins).

La fiscalité privilégie fortement la transmission en ligne directe aux enfants. Les droits de succession sont lourds — et de plus en plus importants — avec l'éloignement de la parenté.

En moyenne, plus d'un Français sur deux reçoit un héritage au cours de sa vie. Il s'agit généralement d'un héritage consécutif à la mort d'un des deux parents, et les biens transmis sont pour moitié des logements.

«L'ARGENT NE FAIT PAS LE BONHEUR»

Les français ont longtemps été éduqués avec cette idée qu'il ne faut pas attacher trop d'importance à l'argent, et que «plaie d'argent n'est pas mortelle».

D'ailleurs, il ne faut même pas en parler! On dit que dans un dîner mondain, il y a deux questions à ne jamais aborder :
— Pour qui votez-vous ?
— Combien gagnez-vous ?

La réputation des Français d'être cachottiers en matière d'argent n'est pas totalement surfaite. Beaucoup ne savent pas combien gagnent leurs proches, y compris dans leur propre famille. Ceux qui ont fait fortune sont souvent considérés avec un peu de mépris et traités de «nouveaux riches».

Mais le rapport à l'argent est en train de changer. L'argent est devenu une valeur importante, qui peut servir de référence et qu'il n'est plus indécent de mentionner.

LE GRAND RETOUR DE L'HÉRITAGE

Comment expliquer ce retour en force de l'héritage dans la société française ? «Ces trente dernières années, explique l'économiste Denis Kessler, le meilleur spécialiste du patrimoine en France, la transmission des richesses a joué un rôle mineur dans l'économie française.» D'abord, les vieux d'hier avaient moins à transmettre à leurs héritiers que ceux d'aujourd'hui. Ensuite, les générations actives des «Trente Glorieuses» épargnaient beaucoup plus que celles de maintenant; elles attendaient donc moins de l'héritage et plus de leur propre épargne. En clair, elles comptaient sur leurs propres forces plutôt que sur le maigre coup de pouce que pourraient leur donner leurs parents. Enfin, il était intéressant hier d'investir dans l'éducation des enfants. Le plus bel héritage que les parents pouvaient léguer à leurs enfants, c'était un diplôme d'université ou de grande école.

«Aujourd'hui, poursuit Kessler, les trois raisons qui contribuaient à minimiser le rôle de l'héritage dans la société française ont disparu. La tendance s'est inversée.» Grâce au système actuel de retraites, les «pauvres petits vieux», comme on disait autrefois, sont en train de disparaître. Dorénavant, les retraités reçoivent une pension confortable, parfois deux si l'épouse a travaillé; mais, en plus, ils touchent les dividendes de l'épargne qu'ils ont réussi à constituer dans les années de forte croissance de l'économie française. Actuellement, ils n'ont plus besoin d'entamer leur capital pour vivre. A l'inverse, les jeunes générations vivent comme des cigales. Leur épargne est en chute libre et leur endettement gonfle.

La perspective de recevoir un héritage conséquent un jour ou l'autre explique sans doute cette insouciance des jeunes ménages. D'autant plus grosse que, le nombre des enfants par famille diminuant, la part du gâteau est plus grosse. En fait, les ménages sont en train d'adopter un nouveau comportement financier : ils intègrent dans leur stratégie la perspective d'un héritage important à terme. Cet héritage financier tend à prendre de plus en plus le pas sur l'héritage culturel que représentaient hier de solides études et un bon diplôme. «Le développement du chômage et la dévalorisation des diplômes, dit Kessler, sont en train de faire chuter le rendement des études.»

Le Nouvel Observateur, 18 janvier 1990.

QUESTIONS-RÉFLEXIONS

• Classez ces dictons populaires qui décrivent une situation financière ou un comportement vis-à-vis de l'argent : être pauvre, être riche, être dépensier, être économe (avare).

Il n'y a pas de petites économies
Être pauvre comme Job
Se constituer un bas de laine
Être panier percé
Faire des économies de bout de chandelle
Ne pas avoir un sou vaillant
Être à l'aise
Être fauché (familier)
Mettre de l'argent à gauche
Avoir du bien au soleil
Être sans un rond (familier)
Être plein aux as (familier)

• Pouvez-vous citer au moins un nom de grande entreprise française dans chacun des secteurs suivants :
— pétrole
— construction automobile
— édition
— banque
— sidérurgie
— informatique
— agro-alimentaire
— industrie chimique ?

• Les nouveaux capitalistes, enquête indiscrète sur les 200 plus grosses fortunes françaises.
«(...) La crise et le krach ont changé la donne. Dans l'histoire lente de la fortune française, un événement a bouleversé les vieilles hiérarchies : la montée d'une nouvelle classe de possédants. Ces ''nouveaux riches'' qui viennent attaquer les héritiers et les enrichis des ''Trente Glorieuses'', ce sont les aventuriers du capital. (...)»

Le Nouvel Observateur, 8 décembre 1988.

En vous remettant en mémoire ce que vous avez appris sur la société française, assurez-vous que vous comprenez bien le texte :
— Que signifient les expressions suivantes : le krach, les nouveaux riches, les héritiers, les Trente Glorieuses ?
— Pourquoi avoir précisément choisi le chiffre «200» pour les plus grosses fortunes ?
— Quelle opinion avez-vous sur ces «nouveaux capitalistes» ?

À RETENIR - À RETENIR - À RETENIR

Les différents moyens de paiement :
— en espèces
— par chèque
— par carte de paiement
Le choc pétrolier
Les marchés financiers

ANNEXES

abrogation (v.) : annulation (d'une loi).

accession (nf.) : l'accession à la propriété est le fait de devenir propriétaire de son logement (il y a aussi l'accession d'un homme politique au pouvoir, l'accession d'un pays à l'indépendance).

accréditer (v.) : reconnaître quelqu'un de manière officielle pour qu'il puisse exercer ses fonctions (les ambassadeurs et les journalistes en poste dans un pays étranger doivent être accrédités par les autorités officielles).

accroissement (nm.) : augmentation.

acquittement (nm.) : jugement qui déclare un accusé non coupable.

action (nf.) : titre financier qui donne un droit de propriété partielle sur une entreprise.

action sanitaire et sociale : services sociaux.

actionnaire (nm.) : qui possède des actions.

actionnariat (nm.) : distribution d'actions au personnel de l'entreprise pour le faire participer aux bénéfices.

acupuncture (nf.) : médecine d'origine chinoise (considérée comme une médecine douce). De fines aiguilles de métal sont piquées en certains points du corps sur la peau pour rééquilibrer les apports d'énergie et supprimer certains troubles physiques ou nerveux.

adhérent (nm.) : membre d'une association, d'un parti.

adhérer (v.) : s'inscrire à une association, un parti.

adonner (s'), (v.) : participer intensément à une activité.

affilié (adj. ; être affilié) : adhérent, membre d'un groupement, d'une association, d'un parti.

agent de change (nm.) : professionnel du marché boursier qui exécute les ordres de vente et d'achat pour ses clients.

agronomique (adj.) : qui concerne la science de l'agriculture.

allaitement (nm.) : alimentation en lait du bébé.

allocations familiales (nf. pl.) : sommes d'argent versées par la CAF aux familles.

amende (nf.) : contravention, somme d'argent réclamée en cas de faute.

amiable (adj.) : à l'amiable : sans intervention de la police ou de la justice.

Ancien Régime (nm.) : période qui précède la Révolution française (avant 1789).

appelé (nm.) : jeune homme appelé par l'armée pour faire son service militaire.

appel (nm.) : faire appel d'un jugement, c'est avoir recours à une juridiction supérieure pour obtenir que le procès soit jugé à nouveau.

approvisionner (v.) : alimenter, fournir.

arbitre (nm.) : personne qui est prise comme juge dans un conflit, un débat ou une épreuve sportive.

aristocratie (nf.) : noblesse, classe supérieure.

ascendants (nm. pl.) : parents dont on descend.

asile (nm.) : refuge ; le droit d'asile protège une personne contre ses poursuivants.

audience (nf.) : séance d'un tribu-nal. Attention apportée par le public à une émission de télévision, à une organisation, etc.

audimat : système qui permet (grâce à des appareils installés chez de nombreux téléspectateurs) de mesurer en permanence le taux d'écoute de chaque émission de télévision.

autonomie (nf.) : indépendance, liberté.

autoritarisme (nm.) : manière de gouverner (ou de se comporter) avec autorité, par la force.

avoir (nm.) : ce que l'on possède.

ayant-droit (nm.) : personne qui par relation familiale peut bénéficier des mêmes droits.

baby-boom : terme qui désigne la période de forte natalité qu'il y a eu après la guerre, de 1945 à environ 1955.

bachotage (nm.) : façon d'étudier, non pas de manière vraiment intelligente, mais de manière intensive et très intéressée, comme on travaille la veille d'un examen (le bachot, c'est-à-dire le bac).

balnéaire (adj.) : une station balnéaire est un endroit où on prend des bains de mer.

banditisme (nm.) : actions des bandits, des brigands (des « truands »).

banque de données (nf.) : documentation accumulée sur un thème, et généralement traitée par informatique, qui peut être consultée par différents usagers, sur place ou à distance.

barème (nm.) : tableau donnant les différents tarifs.

bénigne (adj.) : sans gravité.

biochimie (nf.) : partie de la chimie qui étudie les êtres vivants.

biographie (nf.) : genre littéraire qui raconte la vie d'un personnage.

bourse (nf.) : lieu où s'échangent des marchandises ou des valeurs.

carcéral, ale, aux (adj.) : qui concerne la prison. L'univers carcéral, c'est la vie en prison.

caritatif, ive (adj.) : une institution caritative se donne comme objectif d'aider les populations défavorisées.

carte scolaire (nf.) : la carte scolaire détermine dans quel établissement doit aller un enfant en fonction de son lieu d'habitation.

casier judiciaire (nm.) : dossier qui enregistre les condamnations prononcées contre quelqu'un.

casino (nm.) : établissement de jeux.

caste (nf.) : classe sociale très fermée (l'Inde est un pays divisé en castes).

censure (nf.) : interdiction. Une motion de censure est une sanction prononcée par une assemblée.

chambre de commerce et d'industrie (nf.) : établissement public qui a pour fonction de représenter les intérêts des commerçants et des industriels.

chambre des métiers (nf.) : assemblée élue pour représenter les intérêts d'une profession.

change (nm.) : achat ou vente de devises, de monnaies.

circonscription (nf.) : division administrative d'un territoire.

civique (adj.) : qui concerne le citoyen (les droits civiques sont les droits que la loi donne aux citoyens d'un pays).

clandestin, ine (adj.) : secret, non déclaré officiellement.

clivage (nm.) : séparation.

coalition (nf.) : union.

code Napoléon ou code civil (nm.) : ensemble des lois établies entre 1800 et 1804.

col bleu et col blanc (nm.) : ce sont des termes traduits de l'américain. Un col bleu est un ouvrier, par allusion au vêtement de travail (un bleu de travail) que portent souvent les ouvriers, un col blanc est un employé de bureau.

collectif, ive (adj.) : qui concerne plusieurs personnes.

collégialement (adv.) : collectivement.

compensatoire (adj.) : qui compense, qui équilibre (les montants compensatoires équilibrent les prix agricoles dans la CEE ; dans un divorce, une prestation compensatoire peut être versée à l'époux qui se retrouve avec une grosse perte de revenus).

concubin, ine (n.) : personne qui vit en couple sans être mariée.

concubinage (nm.) : union libre.

concurrence (nf.) : rivalité, compétition (être en concurrence avec quelqu'un).

confédération (nf.) : groupement d'associations, de fédérations.

confessionnel, elle (adj.) : qui se réfère à une religion. Une école confessionnelle est une école liée à une religion particulière.

conjoint, conjointe (adj. et nm., nf.) : mari, épouse.

consécutif, ive (adj.) : qui suit dans le temps ou dans l'espace. Le lundi et le mardi sont des jours consécutifs.

consentant, ante (adj.) : qui accepte.

consentement (nm.) : accord.

conservatoire (nm.) : établissement qui donne des enseignements artistiques (danse, musique, etc.).

consultant (nm.) : personne extérieure appelée par une entreprise pour faire un diagnostic des problèmes et donner son avis sur la manière de les résoudre.

contingent (nm.) : ensemble des jeunes gens qui font leur service militaire.

contrôle des changes : contrôle exercé par l'État sur la vente et l'achat de devises.

controverse (nf.) : discussion à propos d'une opinion ; un sujet à controverse.

contribuable (nm. ou f.) : personne qui paie des impôts.

convention collective (nf.) : accord collectif signé entre employeurs et organisation de salariés d'une même branche pour établir des règles concernant le travail, les salaires, etc.

conviction (nf.) : une pièce à conviction est une preuve.

copropriété (nf.) : un immeuble en copropriété appartient à plusieurs personnes. Chaque personne est propriétaire de son appartement, mais les parties communes (hall, escalier, ascenseur, etc.) appartiennent à l'ensemble des copropriétaires. Les droits et devoirs de chacun sont fixés par le règlement de copropriété ; les décisions sont prises en assemblée des copropriétaires.

corporatiste (adj.) : qui concerne les intérêts d'un groupe professionnel. Une revendication de type corporatiste ne tient pas compte de l'ensemble des travailleurs.

coté en bourse : expression qui signifie «admis en Bourse».

cotisation (nf.) : somme d'argent que l'on verse à un groupement pour avoir certains droits, ou à une association pour en être membre.

cursus (nm.) : déroulement des études.

délinquance (nf.) : conduite non conforme aux règles sociales ou à la loi.

délit (nm.) : faute vis-à-vis de la loi (commettre un délit).

démence (nf.) : folie.

dépouillement (nm.) : comptage des bulletins de vote.

dérogation (nf.) : disposition particulière qui permet de ne pas observer une règle ou une loi.

descendant (nm.) : les enfants sont les descendants directs d'un individu.

détention (nf.) : emprisonnement.

dette (nf.) : ce qu'une personne doit à une autre (un pays peut aussi avoir des dettes).

deuxième génération (nf.) : désigne les personnes qui sont nées en France, qui vivent en France, mais dont les parents étaient des immigrés.

discrimination (nf.) : distinction, ségrégation. La discrimination raciale consiste à considérer que certaines races sont inférieures à d'autres.

disparité (nf.) : diversité, différence.

dispersion (nf.) : dissémination, éparpillement (contraire de concentration).

dissoudre (v.) : annuler ; supprimer une institution.

diversification (nf.) : le fait de multiplier les productions ou les possibilités.

échéance (nf.) : délai fixé pour qu'une obligation ou un engagement soit réalisé ; date à laquelle une chose doit arriver.

effectif (nm.) : nombre.

élitiste (adj.) : qui favorise l'élite, c'est-à-dire les personnes considérées comme étant les meilleures.

émaner (v.) : provenir de.

enchère (nf.) : offre d'un prix supérieur à celui qui est proposé ; vente aux enchères.

égide (nf.) : sous l'égide de ... : sous la protection de ...

englober (v.) : réunir dans un ensemble.

enjeu (nm.) : ce que l'on peut gagner ou perdre dans une compétition, un pari, une affaire.

entité (nf.) : ce qui constitue l'essence d'un être ; ce qui constitue une unité.

épargner (v.) : faire des économies, ne pas tout dépenser.

ergothérapeute (nm.) : profession paramédicale qui pratique l'ergothérapie. Le travail est utilisé à la fois comme mode de soin, de rééducation et de réinsertion sociale, pour des personnes atteintes de troubles moteurs ou mentaux.

état civil (nm.) : service public chargé d'enregistrer la situation des personnes (naissance, mariage, décès).

exonération (nf.) : dispense. L'exonération fiscale permet de ne pas avoir à payer d'impôts.

exonérer (v.) : dispenser, décharger d'une obligation.

fécondité (nf.) : capacité d'avoir des enfants.

fédéral, ale, aux (adj.) : un État fédéral est constitué de plusieurs États qui se sont regroupés en un seul État.

ferroviaire (adj.) : qui concerne le chemin de fer (les transports ferroviaires).

filière (nf.) : la voie, la façon de parvenir à quelque chose.

fiscal (adj.) : qui concerne le fisc, c'est-à-dire les impôts (un foyer fiscal est l'unité familiale qui sert au calcul de l'impôt).

flambeur (nm.) : celui qui joue beaucoup d'argent au jeu.

fléau (nm.) : catastrophe ; événement ou personne nuisible.

foncier, ière (adj.) : qui concerne des propriétés (les revenus fonciers sont les revenus encaissés par le propriétaire).

fonctionnaire (nm. et f.) : personne qui occupe un poste dans une administration publique, qui travaille pour l'État.

fonction publique (nf.) : l'ensemble des services qui dépendent de l'État.

forfait (nm.) : prix fixé à l'avance (un forfait journalier : le prix que l'on doit payer pour une journée).

gain (nm.) : ce que l'on gagne.

garde à vue (nf.) : surveillance.

gérer (v.) : administrer, conduire.

Girondin : parti politique pendant la Révolution française.

grade (nm.) : niveau dans une hiérarchie.

groupe de presse (nm.) : ensemble de journaux appartenant à la même société ou à la même personne.

hausse (nf.) : augmentation.

hébergement (nm.) : logement.

hémicycle (nm.) : espace ayant une forme de demi-cercle.

hérédité (nf.) : caractères transmis d'une génération à la suivante.

hiérarchie (nf.) : classification en différents niveaux.

homéopathie (nf.) : forme de médecine douce qui soigne avec des plantes ou des minéraux, la plupart du temps toxiques, mais utilisés en doses minuscules obtenues par dilution (des doses « infinitésimales »), pour soigner non pas les symptômes d'une maladie précise, mais le corps tout entier. Les homéopathes se définissent comme s'opposant à « l'allopathie », c'est-à-dire à la médecine classique.

huis clos (à) : un tribunal siège à huis clos quand le public n'est pas admis.

immunité (nf.) : privilège accordé par la loi à certaines personnes (immunité parlementaire, immunité diplomatique).

immunologie (nf.) : étude sur la façon de résister aux maladies.

inamovible (adj.) : qui ne peut pas être déplacé ou privé de ses fonctions.

indemnisation (nf.) : paiement d'une indemnité, d'une somme d'argent, pour réparer un dommage.

indice des prix (nm.) : calcul fait à partir d'une liste de postes de dépenses pour établir l'évolution du coût de la vie.

industrie lourde : grosse industrie, celle qui transforme les matières premières.

insertion (nf.) : intégration. L'insertion professionnelle est la façon dont une personne trouve un travail et s'y adapte.

intérim (nm.) : période pendant laquelle une fonction est exercée par une autre personne que le titulaire de cette fonction.

intérimaire (adj.) : un travail intérimaire est un remplacement provisoire.

intermédiaire (adj.) : qui est entre deux situations, entre deux personnes ou entre deux catégories de personnes.

interventionnisme (nm.) : doctrine qui préconise une forte intervention de l'État, en particulier dans le domaine économique.

invalidité (nf.) : diminution des capacités qui empêche de mener une vie normale et de travailler.

isoloir (nm.) : cabine dans laquelle l'électeur s'isole pour préparer son bulletin de vote.

jachère (nf.) : laisser une terre en jachère : ne pas la cultiver pour la laisser reposer.

Jacobin : pendant la Révolution française, club de révolutionnaires auquel appartenait Robespierre.

journalier, ière (adj.) : qui se fait chaque jour. Une indemnité journalière est calculée par journée.

Journal Officiel (nm.) : publication de l'État dans laquelle paraissent tous les textes officiels.

judéo-chrétien (adj.) : qui relève de la tradition commune au christianisme et au judaïsme.

judiciaire (adj.) : qui concerne la justice (un casier judiciaire).

jurisprudence (nf.) : ensemble des décisions prises par les tribunaux sur un domaine.

krach boursier (nm.) : effondrement des cours de la bourse.

laborantin (nm.) : personne qui travaille dans un laboratoire d'analyses médicales ou dans un laboratoire de recherche, non pas comme responsable mais comme assistante.

laïc, laïque (adj.) : qui est indépendant de toute religion.

latent, ente (adj.) : qui n'est pas apparent, qui reste caché.

législation (nf.) : ensemble des lois.

léguer (v.) : donner, transmettre.

licenciement (nm.) : renvoi de quelqu'un.

licencier (v.) : mettre quelqu'un à la porte, le renvoyer de son emploi.

litige (nm.) : objet de contestation ou de conflit.

mairie (nf.) : hôtel de ville, siège de l'administration municipale.

manche (faire la manche, familier) : demander l'aumône, tendre la main pour demander de l'argent.

mandat (nm.) : fonction d'un membre élu (le mandat d'un homme politique) ; c'est aussi l'acte par lequel une personne donne pouvoir à une autre pour faire quelque chose en son nom (donner mandat à quelqu'un).

manœuvre (nm.) : travailleur manuel.

manufacture (nf.) : fabrique industrielle, usine.

marginal, ale, aux (adj. et n.) : qui vit en marge de la société.

masse salariale (nf.) : ensemble des salaires versés par une entreprise dans une année.

média (nm.) : support pour une diffusion massive de l'information (presse, radio, télévision, cinéma, publicité).

médiatique (adj.) : transmis par les médias ou qui concerne les médias.

ménage (nm.) : dans les enquêtes

démographiques, c'est l'unité de population vivant dans un même lieu ; ça peut être un couple ou une famille, mais aussi une personne seule.

mineur (nm.) : personne qui n'a pas atteint l'âge de la majorité, qui a donc moins de 18 ans.

minitel (nm.) : terminal d'interrogation qui fonctionne avec un téléphone.

mitigé, ée (adj.) : pas très fort, pas très net.

mobilité sociale (nf.) : changement de classe sociale d'une génération à l'autre. Elle permet de voir dans quelle mesure la position d'un individu dépend de son origine sociale.

mobilité professionnelle (nf.) : changement de catégorie professionnelle d'un individu au cours de sa vie.

moduler (v.) : adapter selon les cas particuliers.

monétaire (adj.) : qui concerne la monnaie. La masse monétaire d'un pays est constituée par l'ensemble des moyens de paiement utilisables, c'est-à-dire non seulement la monnaie mais aussi les placements d'épargne. Le marché monétaire est l'ensemble des offres et des demandes d'argent à court terme.

monopole (nm.) : exclusivité.

motion de censure (nf.) : proposition de vote par laquelle l'Assemblée nationale met en cause la responsabilité du gouvernement.

mutation (nf.) : changement.

mutuelle (nf.) : association, société d'entraide contre certains risques.

néo- : qui revient avec une nouvelle forme ; une néo-bourgeoisie, le néo-colonialisme, l'architecture néo-classique.

niveau de vie (nm.) : niveau moyen de capacité de consommation des habitants d'un pays.

noir (au noir) : travail qui n'est pas déclaré officiellement.

nomenclature (nf.) : ensemble des termes d'une discipline tels qu'ils ont été classés scientifiquement.

norme (nf.) : modèle.

notaire (nm.) : profession libérale (ayant un statut d'officier public) qui rédige et conserve les actes, les contrats, pour les enregistrer et les rendre authentiques.

numerus clausus (nm.) : une limitation décidée de façon arbitraire.

obligataire (adj.) : un emprunt obligataire est une dette qui se présente sous la forme d'obligations, de titres boursiers.

obligation (nf.) : titre financier dont le taux de rémunération est fixe et qui est remboursable à une date fixe.

office (nm.) : fonction qui doit être acquittée ; un avocat peut être nommé d'office, c'est-à-dire sans l'avoir demandé, pour assurer la défense d'un accusé.

officine (nf.) : local dans lequel le pharmacien effectue certaines préparations de médicaments ; le terme d'officine est utilisé pour désigner la pharmacie elle-même.

onéreux, euse (adj.) : qui coûte de l'argent. Si on a acquis quelque chose à titre onéreux, c'est donc que ce n'était pas un cadeau !

O.P.A. — offre publique d'achat — (nf.) : opération engagée par une société qui cherche à prendre le contrôle d'une autre société.

ordonnance (nf.) : prescription faite par un médecin. Mais c'est aussi un ensemble de textes législatifs émanant du gouvernement.

ostéopathie (nf.) : forme de médecine douce qui soigne en faisant des manipulations sur les os, les articulations. Les ostéopathes sont surtout consultés pour des problèmes de mal de dos et par des sportifs.

pair (nm.) : personne semblable.

pantoufle (nf.) : voir pantouflage.

pantouflage (nm.) : situation d'un haut fonctionnaire lorsqu'il quitte le service de l'État pour aller travailler dans le secteur privé (« la pantoufle » est la somme que l'élève d'une grande école doit rembourser pour se libérer de son engagement vis-à-vis de l'État).

paritairement (adv.) : avec un nombre égal de personnes différentes. Une commission paritaire réunit en nombre égal des représentants des employeurs et des salariés.

parité (nf.) : égalité de la valeur d'échange. Sur le marché des changes, deux monnaies sont à parité lorsqu'elles s'échangent au même taux dans des places financières différentes.

participation (nf.) : toutes les entreprises de plus de cent salariés doivent « intéresser » leur personnel en leur distribuant des compléments de salaires liés aux résultats financiers.

patrimoine (nm.) : les biens transmis par la famille.

patronal, ale, aux (adj.) : qui concerne le patron, le directeur de l'entreprise.

pavillonnaire (adj.) : l'habitat pavillonnaire est constitué de pavillons, c'est-à-dire de maisons individuelles.

pénal, ale, aux (adj.) : qui concerne des délits punis par la loi.

pénitentiaire (adj.) : qui concerne la prison.

pénurie (nf.) : le manque.

perdition (nf.) : un navire en perdition est un bateau en danger.

périphérie (nf.) : la banlieue des villes.

perpétuité (nf.) : pour une durée illimitée, pour toujours. Une condamnation à perpétuité est une peine de prison à vie.

phytothérapie (nf.) : médecine douce qui soigne par les plantes.

planification (nf.) : organisation selon un plan.

polyculture (nf.) : culture de diffé-

rents produits dans une même région ou dans un même domaine.

polygamie (nf.) : fait d'avoir plusieurs épouses ou plusieurs époux.

portefeuille boursier (nm.) : un portefeuille boursier est l'ensemble des valeurs détenues en bourse par une personne, une entreprise, une banque.

poujadiste (adj.) : Poujade était, sous la quatrième République, à la fin des années 50, le leader d'un parti politique de droite soutenu essentiellement par les petits commerçants. Une attitude poujadiste qualifie des prises de position populistes.

pouvoir d'achat (nm.) : l'ensemble des biens et services que l'on peut acheter avec les revenus dont on dispose.

pouvoirs publics (nm. pl.) : l'État.

préavis (nm.) : avertissement préalable.

précaire (adj.) : pour une durée incertaine.

prélèvements obligatoires (nm. pl.) : ensemble des impôts et cotisations sociales à caractère obligatoire, prélevés par l'État, les collectivités locales et les organismes de Sécurité sociale.

prestation sociale (nf.) : versements effectués au titre des lois sociales pour protéger les individus contre les risques de maladie, de vieillesse, de chômage.

procédure (nf.) : règle à suivre, en particulier pour les actes juridiques.

procès-verbal (nm. ; pluriel : des procès-verbaux) : acte dressé par un policier ou un juge pour constater un fait ou un délit ayant des conséquences juridiques. Mais, dans de nombreuses réunions, on fait aussi « un procès-verbal de séance », pour enregistrer ce qui a été dit et décidé.

promotion (nf.) : avancement, passage à un meilleur emploi ou un niveau de vie supérieur.

promulguer (v.) : publier une loi pour la rendre officielle et exécutoire.

pronostic (nm.) : prévision de ce qui va arriver. Les pronostics de courses prévoient quel sera le cheval gagnant.

propagande (nf.) : sorte de publicité politique ou religieuse pour influencer l'opinion des gens.

puéricultrice (nf.) : profession paramédicale ; une puéricultrice s'occupe des très jeunes enfants (moins de trois ans).

pupille (nm. ou f.) : enfant orphelin. Les pupilles de la Nation sont les enfants des victimes de la guerre.

quota (nm.) : quantité déterminée à ne pas dépasser.

rallier (v.) : rejoindre.

rebouteux (ou rebouteur ; nm.) : guérisseur — non médecin — qui prétend avoir un don pour remettre en place, par de simples manipulations, les membres démis à la suite d'une fracture ou d'une luxation.

réclamation (nf.) : plainte.

réclusion (nf.) : peine de prison.

reconversion (nf.) : transformation, adaptation à une nouvelle situation. C'est un changement de métier pour une personne, un changement d'activité pour une entreprise ou une région.

recours (nm.) : demande d'aide ; le recours en grâce est le recours ultime qu'adresse un condamné au président de la République pour faire transformer sa peine.

recrudescence (nf.) : réapparition et aggravation d'un phénomène.

recruter (v.) : embaucher ; rassembler des gens (des recrues) pour qu'ils fassent partie d'une association ou de l'armée.

référendum (nm.) : vote direct de l'ensemble des citoyens sur une mesure législative ; consultation de tous les membres d'un groupe, d'une association.

réformer (v.) : déclarer l'inaptitude au service, notamment le service militaire.

réintégration (nf.) : redonner à quelqu'un la place qu'il occupait ou les droits qu'il avait.

rémunérer (v.) : payer.

reproduction sociale (nf.) : le maintien des inégalités d'une génération à l'autre.

réseau (nm.) : ensemble de personnes qui sont en relations directes ou indirectes, de manière pas forcément officielle. Ensemble des lignes de communication entre différents points (le réseau du métro).

Résistance (la) : pendant la Deuxième Guerre mondiale, action clandestine qui s'est opposée à l'occupation allemande et qui a participé activement à la libération du pays.

ressortissant, ante (adj. et n.) : personne qui appartient à la juridiction d'un pays. Une ambassade protège ses ressortissants.

retraite (nf.) : période pendant laquelle on n'exerce plus d'activité professionnelle.

revenu (nm.) : somme d'argent que l'on gagne.

révoquer (v.) : enlever à quelqu'un ses fonctions officielles.

rural, ale, aux (adj.) : qui concerne la vie à la campagne.

sanitaire (adj.) : qui concerne la santé et l'hygiène.

scission (nm.) : division.

scolaire (adj.) : qui concerne l'école.

scolarisation (nf.) : fait d'aller à l'école.

scrutateur (nm.) : personne qui participe à la vérification et au comptage des bulletins de votes.

scrutin (nm.) : vote, opération électorale ; le mode de scrutin est l'ensemble des règles qui organisent une élection.

Sécurité sociale (nf.) : assurance obligatoire, contrôlée par l'État, qui encaisse les cotisations et verse aux assurés leurs prestations sociales.

serveur minitel (nm.) : entreprise qui met en exploitation un système informatique fonctionnant sur minitel.

signataire (adj.) : qui a signé un accord, un traité, une pétition.

ski de fond (nm.) : le ski alpin est le ski de descente sur de fortes pentes ; le ski de fond (ou ski nordique) se pratique sur des terrains plus plats.

socialisation (nf.) : les relations entre les gens.

socioprofessionnel (adj.) : qui fait référence à la fois à la profession et à la catégorie sociale à laquelle appartient cette profession.

souche (nf.) : origine (des Français de souche = des Français d'origine).

sous-traitance (nf.) : recours à une personne ou à une société pour effectuer une partie du travail. Un sous-traitant fabrique des marchandises pour une entreprise plus importante.

spéculateur (nm.) : personne qui fait des spéculations financières, c'est-à-dire qui, dans des opérations financières ou commerciales, réalise des bénéfices en achetant et en revendant au bon moment.

statuer (v.) : rendre un jugement.

statut (nm.) : situation, position occupée dans la société. Le statut social est déterminé à la fois par la profession, les revenus, les diplômes, le style de vie.

subvention (nf.) : aide financière de l'État.

succursale (nf.) : commerce qui dépend d'un autre.

suffrage (nm.) universel (adj.) : système électoral dans lequel tous les citoyens peuvent participer au vote, sans distinction de fortune, de race ou de religion.

suspension (nf.) : interruption.

sursis (nm.) : renvoi à une date ultérieure.

«taupe» : classe préparatoire aux grandes écoles scientifiques.

taux (nm.) : pourcentage. Le taux de natalité ou de mortalité donne le nombre de naissances ou de décès enregistrés en un an pour mille habitants.

taux de change (nm.) : le prix d'une monnaie (le cours du change) par rapport à une monnaie étrangère.

taux d'intérêt (nm.) : l'emprunteur rembourse au prêteur non seulement la somme d'argent qu'il a empruntée, mais également des intérêts dont le taux est fixé à l'avance.

taylorisme (nm.) : forme d'organisation du travail développée par l'ingénieur américain Taylor (c'est le travail à la chaîne).

télécopie (nf.) : photocopie à distance.

télématique (nf.) : ensemble des techniques et des services qui relèvent à la fois des télécommunications et de l'informatique.

téléphobe (nm.) : personne qui a la phobie de la télévision, qui déteste la télévision.

tertiaire (adj.) : le secteur tertiaire comprend toutes les activités économiques qui ne sont ni agricoles, ni industrielles : les administrations, les banques, les commerces, les transports, l'enseignement.

thèse (nf.) : doctorat, travail de recherche universitaire.

tiercé (nm.) : le tiercé est un jeu de l'État qui parie sur les courses de chevaux.

tiers état (nm.) : avant la Révolution française, la société était divisée en trois catégories — trois ordres : la noblesse, le clergé (l'église) et le tiers état, qui englobait tous ceux qui n'étaient ni nobles ni membres du clergé.

tirage au sort (nm.) : tirage au hasard.

titulariser (v.) : nommer une personne titulaire de sa fonction.

tract (nm.) : texte distribué pour faire de la propagande, généralement politique ou syndicale.

trajet (nm.) : chemin à parcourir pour aller d'un endroit à un autre. (Le temps de trajet pour se rendre sur le lieu de travail.)

travail au noir (nm.) : travail non déclaré, accompli de manière illégale, sans payer les charges sociales et fiscales.

travail à la chaîne (nm.) : travail répétitif ; l'ouvrier accomplit toujours les mêmes tâches et n'a aucune initiative.

travail posté (nm.) : plusieurs équipes se succèdent sur le même poste de travail.

troisième âge (nm.) : terme qui désigne l'ensemble des personnes âgées, à partir d'environ 60 ans. On parle parfois de «quatrième âge» pour les personnes très âgées.

tutelle (nf.) : contrôle, surveillance.

union libre (nf.) : vie en couple sans mariage officiel (concubinage).

universel, elle (adj.) : qui concerne tout le monde.

urbanisation (nf.) : augmentation de la population dans les villes.

vacance (nf.) **du pouvoir** : situation dans laquelle il n'y a plus de direction, que ce soit dans une institution politique ou dans une entreprise.

vacataire (adj.) : qui a un emploi pour une durée déterminée, qui n'est pas titulaire de son emploi dans la fonction publique.

vétuste (adj.) : vieux et en mauvais état (un logement vétuste).

veuf, veuve (adj. et n.) : personne dont le conjoint est mort.

virologie (nf.) : recherche médicale sur les virus.

vivier (nm.) : bassin dans lequel on élève des poissons ; par extension, lieu dans lequel on sélectionne (on pêche ?) les personnes qui exerceront certaines responsabilités.

volant, ante (adj.) : qui peut être déplacé facilement. Une équipe volante n'a pas de lieu de travail fixe.

vulnérabilité (nf.) : fragilité.

xénophobie (nf.) : hostilité vis-à-vis des étrangers.

SIGLES ET ABRÉVIATIONS COURAMMENT UTILISÉS

(En italiques les sigles correspondant à des noms d'organismes)

ACP (États ACP) : 46 pays d'Afrique, des Caraïbes et du Pacifique qui sont associés à la CEE dans le cadre de la convention de Lomé.

AFP : Agence France-Presse (agence de presse nationale).

AFPA : Association pour la formation professionnelle des adultes.

AG : *abrév.* pour «assemblée générale».

Agreg : *abrév.* pour «agrégation».

AL : allocation logement.

AM : *abrév.* pour «École d'ingénieurs des Arts et Métiers».

ANPE : Agence nationale pour l'emploi.

ANVAR : Agence nationale de valorisation de la recherche.

APL : aide personnalisée au logement.

ASSEDIC : Association pour l'emploi dans l'industrie et le commerce (elle verse les allocations de chômage).

AUPELF : Association des universités partiellement ou entièrement de langue française.

BAD : Banque africaine de développement.

Bcbg : «Bon chic, bon genre».

BCG : vaccin contre la tuberculose (bacille Billé de Calmette et Guérin).

BD : *abrév.* pour «bande dessinée».

BEPC : brevet d'études du premier cycle (que l'on passait à la fin de la classe de Troisième).

BEP : brevet d'études professionnelles (formation courte en 2 ans).

BIT : Bureau international du travail.

BN : *abrév.* utilisée pour «Bibliothèque Nationale».

BNP : Banque nationale populaire.

BO : Bulletin officiel de la République française.

BTS : brevet de technicien supérieur (2 ans après le bac).

CA : *abrév.* pour «conseil d'administration», et aussi pour «chiffre d'affaires».

CAF : Caisse d'allocations familiales.

Caisses «Écureuil» : Caisses d'épargne et de prévoyance.

CAPES : certificat d'aptitude au professorat de l'enseignement du second degré.

CAPET : certificat d'aptitude au professorat de l'enseignement technique.

CAP : certificat d'aptitude professionnelle.

CBV : Conseil des bourses de valeurs (autorité chargée de réglementer le marché boursier).

CB : Groupement des cartes bancaires.

CCA : Centre de communication avancée.

CDD : contrat à durée déterminée.

CDI : contrat à durée indéterminée (emploi stable).

CDS : Centre des démocrates sociaux (parti politique).

CE1, CE2 : cours élémentaire 1re année, 2e année (école primaire).

CE : *abrév.* pour «comité d'entreprise».

CEA : Commissariat à l'énergie atomique.

CEE : Communauté économique européenne.

CEP : certificat d'études primaires.

CERC : Centre d'études des revenus et des coûts.

CFA : Communauté financière africaine (le franc CFA).

CFDT : Confédération française démocratique du travail (syndicat de salariés).

CFTC : Confédération française des travailleurs chrétiens (syndicat de salariés).

CGC : Confédération générale des cadres (syndicat de salariés cadres).

CGMF : Compagnie générale maritime et financière.

CGPME : Confédération générale des petites et moyennes entreprises (syndicat patronal).

CGT : Confédération générale du travail (syndicat de salariés).

CHSCT : comité pour l'hygiène, la sécurité et les conditions de travail.

CID : centre d'information et de documentation.

CID-UNATI : Comité interprofessionnel d'information et de défense de l'union des travailleurs indépendants (mouvement de défense des petits commerçants).

Club Med : *abrév.* pour «Club Méditerrannée».

CM1, CM2 : cours moyen 1re année, 2e année (école primaire).

CNAM : Conservatoire national des arts et métiers.

CNC : Centre national du cinéma.

CNE : Caisse nationale d'épargne.

CNES : Centre national d'études spatiales.

CNET : Centre national d'études des télécommunications.

CNJA : Centre national des jeunes agriculteurs (syndicat).

CNPF : Conseil national du patronat français (syndicat patronal).

CNRS : Centre national de la recherche scientifique.

COB : Commission des opérations de Bourse (organisme d'État chargé de vérifier le bon fonctionnement de la Bourse).

CODEVI : compte pour le développement industriel (compte bancaire rémunéré).

COREPER : Comité des représentants permanents des pays membres de la CEE ; son siège est à Bruxelles.

CP : cours préparatoire (1re année d'école primaire).

CROUS : Centre régional des œuvres universitaires (organisme qui gère les restaurants universitaires, les cités universitaires, etc.).

CRS : Compagnies républicaines de sécurité (police).

CSA : Conseil supérieur de l'audiovisuel.

CSP : catégories socioprofessionnelles (ont été remplacées par les PCS : professions et catégories socioprofessionnelles).

DATAR : Délégation à l'aménagement de territoire et à l'action régionale.

DEA : diplôme d'études approfondies (diplôme universitaire de 3e cycle qui atteste d'une formation à la recherche et constitue la première année dans la préparation d'une thèse).

DESS : diplôme d'études supérieures spécialisées (diplôme universitaire professionnel de 3e cycle qui se prépare en un an).

DEUG : diplôme d'études universitaires générales (obtenu après deux ans d'études universitaires, c'est-à-dire à la fin du premier cycle).

DOM-TOM : départements et territoires d'outre-mer.

Dr : *abrév.* utilisée pour « Docteur ».

DST : Direction de la surveillance du territoire.

DUT : diplôme universitaire de technologie (deux ans d'études après le bac, dans un IUT).

ECU : European Currency Unit, unité monétaire européenne.

EDF : Électricité de France.

EHESS : École des hautes études en sciences sociales.

EN : *abrév.* pour « Éducation nationale ».

ENA : École nationale d'administration.

ENS : École Normale supérieure.

ESEU : examen spécial d'entrée à l'université (pour ceux qui n'ont pas le bac).

ESSEC : École supérieure des sciences économiques et commerciales.

ETAM : catégorie qui désigne dans les entreprises les employés, techniciens, agents de maîtrise.

FCPE : Fédération des conseils de parents d'élèves.

FEN : Fédération de l'Éducation nationale (syndicat).

FNSEA : Fédération nationale des syndicats d'exploitants agricoles.

FN : Front national (parti politique fondé par Jean-Marie Le Pen).

FO : Force ouvrière (syndicat).

Franc CFA : franc de la Communauté financière africaine.

GATT : Accord général sur les tarifs douaniers et le commerce (General agreement on tariffs and trade).

GDF : Gaz de France.

GIGN : Groupe d'intervention de la Gendarmerie nationale.

GRETA : Groupement d'établissements pour la formation continue (à l'intérieur de l'Éducation nationale).

G. TEST : test de grossesse utilisable par les femmes elles-mêmes (a été le premier test de ce type, mis en vente dans les pharmacies en 1973).

hebdo : *abrév.* utilisée pour « magazine hebdomadaire ».

HEC : École des hautes études commerciales.

HLM : habitation à loyer modéré.

INA : Institut national de l'audiovisuel.

INED : Institut national d'études démographiques.

INRA : Institut national de la recherche agronomique.

INSEE : Institut national de la statistique et des études économiques.

INSERM : Institut national de la santé et de la recherche médicale.

ISF : impôt de solidarité sur la fortune.

IUT : institut universitaire de technologie.

IVG : interruption volontaire de grossesse (avortement).

KO : *abrév.* pour « knock out » (hors de combat).

LEP : lycée d'enseignement professionnel.

Libé : *abrév.* utilisée pour désigner le journal *Libération*.

LICRA : Ligue internationale contre le racisme et l'antisémitisme.

MJC : maison des jeunes et de la culture.

MLF : Mouvement de libération des femmes.

MRAP : Mouvement contre le racisme et pour l'amitié entre les peuples.

MRG : Mouvement des radicaux de gauche (parti politique).

MST : maîtrise de sciences et techniques (diplôme universitaire de 2e cycle).

MST : *abrév.* utilisée pour désigner les « maladies sexuellement transmissibles ».

NB : *abrév.* pour « Nota bene » (bien noter).

Normale Sup : *abrév.* souvent utilisée à la place de « École Normale supérieure ».

Nouvel Obs : *abrév.* utilisée pour le magazine *Le Nouvel Observateur*.

OAS : Organisation armée secrète (organisation terroriste qui luttait pour que l'Algérie reste française).

OCDE : Organisation de coopération et de développement économique ; elle joue un rôle de coordination, d'information, de prévision économique entre les pays qui sont membres (Europe, USA, Japon, Canada).

OFPRA : Office français de protection des réfugiés et apatrides (organisme qui attribue le statut de réfugié politique).

OMS : Organisation mondiale de la santé.

ONG : organisation non gouvernementale qui défend les droits de l'homme ou vient en aide à certaines populations, dans un but non lucratif (Amnesty International, Comité international de la Croix-Rouge, MRAP, Médecins sans frontières, Médecins du monde, etc.).

ONU : Organisation des Nations unies (fondée en 1945 pour favoriser la paix, son siège est à New York).

OPA : offre publique d'achat (opération engagée par une entreprise pour prendre le contrôle d'une autre entreprise).

OP : *abrév.* pour ouvrier professionnel.

ORTF : Office de la radio-télévision française.

OS : *abrév.* pour « ouvrier spécialisé ».

OTAN : Organisation du traité de l'Atlantique nord.

PAC : politique agricole commune (entre les pays de la CEE).

PAF : Police de l'air et des frontières.

PAF : *abrév.* utilisée pour « paysage audiovisuel français ».

PAP : prêt d'aide à l'accession à la propriété.

PC ou **PCF** : Parti communiste français.

PCS : professions et catégories socioprofessionnelles.

PDG : président-directeur général.

PEEP : Fédération des parents d'élèves de l'enseignement public.

PEGC : professeur d'enseignement général de collège.

PEP : plan d'épargne populaire.

PIB : produit intérieur brut.

PIC : programme universitaire de coopération (entre pays européens).

PJ : police judiciaire.

PME-PMI : petites et moyennes entreprises, petites et moyennes industries (moins de 500 employés).

PMU : Pari mutuel urbain (jeu de l'État qui parie sur les courses de chevaux).

PNB : produit national brut.

PNUD : Programme des Nations unies pour le développement.

PR : Parti républicain.

prépa : *abrév.* pour « classe préparatoire aux grandes écoles ».

PS : Parti socialiste.

PS : *abrév.* pour « post-scriptum ».

PSU : Parti socialiste unifié.

P et T : Postes et télécommunications.

PTT : Postes télégraphes téléphone.

QI : quotient intellectuel.

RAS : *abrév.* utilisée pour signifier « Rien à signaler ».

RATP : Régie autonome des transports parisiens (métro et bus parisien).

RD : service « recherche et développement » (dans les entreprises).

R.-de-ch : *abrév.* pour « rez-de-chaussée ».

RER : réseau express régional (métro rapide).

RF : République française.

RFI : Radio France internationale.

RG : Renseignements généraux (service de police).

RIB : relevé d'identité bancaire.

RTL : Radio-Télévision luxembourgeoise.

RMI : revenu minimum d'insertion.

RPR : Rassemblement pour la république (parti politique dirigé par J. Chirac).

RSVP : *abrév.* utilisée sur les cartes d'invitation, pour demander de répondre impérativement oui ou non à l'invitation (« Répondez s'il vous plaît »).

RV : *abrév.* pour « rendez-vous ».

SARL : société à responsabilité limitée.

S.d.b. : *abrév.* pour « salle de bains ».

Sciences-Po : *abrév.* pour « Institut d'études politiques ».

Sécu : *abrév.* familière souvent utilisée pour « Sécurité sociale ».

SFIO : Section française de l'Internationale ouvrière.

SFP : Société française de production et de création audiovisuelles.

SICOB : Salon des Industries du commerce et de l'organisation du bureau (salon surtout spécialisé dans le matériel informatique).

UFR : unité de formation et de recherche (appelée auparavant UER) : département dans une université.

SICAV : société d'investissements à capital variable ; portefeuille de valeurs mobilières.

SIDA : syndrome immunodéficitaire acquis.

SIVP : stage d'initiation à la vie professionnelle (pour les jeunes).

SME : Système monétaire européen, mis en place par la CEE.

SMIC : salaire minimum interprofessionnel de croissance (a remplacé le *SMIG* : salaire minimum interprofessionnel garanti).

SNAU : Syndicat des personnels administratifs dans l'Éducation nationale.

SNCF : Société nationale des chemins de fer français.

SNE-Sup : Syndicat national des enseignants du supérieur.

SNES : Syndicat national des enseignants du secondaire.

SNI : Syndicat national des instituteurs.

SOFRES : Société française d'enquêtes par sondages (le plus important institut de sondage en France).

SPA : Société protectrice des animaux.

Sté : *abrév.* pour «société».

SVP : *abrév.* pour «s'il vous plaît».

TD : *abrév.* pour «Travaux dirigés».

TDF : Télédiffusion de France.

Télécom : *abrév.* pour «Télécommunications».

toxico : *abrév.* souvent utilisée à la place de «toxicomane».

TGV : train à grande vitesse.

TP : *abrév.* pour «travaux pratiques».

TSVP : *abrév.* pour «Tournez, s'il vous plaît» (pour indiquer qu'un texte se poursuit sur la page suivante).

TTC : *abrév.* pour «Toutes taxes comprises» (prix net).

TUC : travaux d'utilité collective ; contrats proposés aux jeunes de moins de 25 ans dans des organismes à but non lucratif.

TVA : Taxe à la valeur ajoutée (impôt indirect perçu par l'État sur toutes les transactions commerciales).

UDF : Union pour la démocratie française (parti politique créé par Giscard d'Estaing).

UNEDIC : Union nationale pour l'emploi dans l'industrie et le commerce. (Organisme national regroupant l'ensemble des ASSEDIC, qui gèrent l'indemnisation du chômage.)

UNEF : Union nationale des étudiants de France (syndicat étudiant).

UV : *abrév.* pour «unité de valeur» (une unité d'enseignement universitaire consacrée à un domaine et sanctionnée par un contrôle des connaissances).

V.F. : *abrév.* indiquant qu'un film est projeté en «version française», avec doublage des voix (voir un film en v.f.).

V.O. : *abrév.* pour «version originale», avec sous-titres en français (voir un film en v.o.).

VRP : voyageurs de commerce, représentants et placiers.

Vve : *abrév.* pour «veuve».

Vx : *abrév.* pour «vieux».

X : désigne l'École polytechnique.

X : utilisé pour indiquer une personne ou une chose inconnue («lancer une plainte contre X» ; «ça va durer X temps»).

ZUP : zone à urbaniser en priorité.

INDEX

Crédits photographiques

p. 8 : Plantu ; p. 9 : Aéroport de Paris ; p.12 : C.E.E. ; p.13 : Sygma, Van Parys;p.14 : Pessin ; p. 17 : Wolinski; p.18 : Loup ; p.19 : Pessin ; p.20 : Pessin ; p.21 : Fédération Nationale des Banques Alimentaires ; p.22 : Pessin;p.23 hg :UGC ; p.23hd : Christophe L. ; p.24 : Jacques Faizant, extrait de " Les vieilles dames et les loisirs " , c) Charillon, Paris ; p.25 : France Télecom ; p.26 : SOS Racisme ; p.30 : Pessin ; p.33 : Christiane Olivier, extrait de "La Psychafamille", Denoël ; p.34 : Lee Cooper ; p.35 : Avenir,Dauphin, Giraudy ; p.37 : Sempé, extrait de " Face à face", c) Charillon, Paris ; p.39 : Cabu, extrait de " Le grand Duduche, il lui faudrait une bonne guerre ", Dargaud ; p.40 : Sygma, Nogues ; p.41 : Wolinski , Nouvel Observateur ; p.44 : Reiser, extrait de " On vit une époque formidable", Albin Michel ; p.46 : Christiane Olivier, extrait de " Le psychafamille", Denoël ; p.49 : Christiane Olivier, extrait de " Le psychafamille", Denoël; p.52 : Rémi Martin Grey, Libération ; p.53 : Wolinski; p.54 : Pessin; p.55 : Plantu ; p.58-59 : Lauzier, extrait de " Les cadres", Dargaud ; p.60: Sempé, extrait de " Tout se complique", Denoël, c) Charillon,Paris ; p.61 : L'Express ; p.64 : Avenir, Dauphin, Giraudy et France Rail ; p.68 : Serre, extrait de " Les meilleurs dessins de Serre", Glénat ;p.76 : Meyer Productions ; p.77 : Plantu ; p.78 : Nouvel Observateur ; p.79 : Frapar ; p.83 : Sygma, Bisson ; p.86 : Wolinski, extrait de " On vit une époque formidable" , Albin Michel ; p.89 : Pessin ; p.90 : Binet, extrait de " Les Bidochons, maison, sucrée maison ", Editions Audie/ Fluide Glacial ; p.93: Reiser, extrait de " On vit une époque formidable" , Albin Michel ; p.96-97 : Serre, extrait de " Les meilleurs dessins de Serre", Glénat ; p.101 : Ministère de la Culture, de la Communication, des Grands Travaux et du Bicentenaire ; p.103 : RATP ; p.104 : Festival d'Avignon ; p.105 :Claire Bretecher, extrait de " Agrippine" ; p.106 : Musée du Louvre ; p.108 : Jacques Faizant, extrait de " Encore des vieilles dames", c) Charillon, Paris ; p.109 : Pessin ; p.111 : Sygma, Pavlovsky ; p.112 : Serguei, Les Echos ; p.115 : Sygma, Aubert ; p.117 : Resto du Coeur ; p.121 : Pessin ; p.122h : Comité Français d'Education pour le Santé ; p.122- 123 b : Plantu ; p.123h : Frapar; p.125 : Pessin ; p.128 : Plantu ; p.130 : Sygma, Orban ; p.131: Plantu; p.133 : Le Parisien ; p. 135: Sygma ; p.136 : Nouvel Observateur; p.139: Nouvel Observateur ; p.140h : Plantu ; p.140b : Centre d'Instruction Civique ; p.142 : Parti Socialiste ; p.143 : Les Verts ; p.145 hg : Parti Socialiste ; p.145hd : Les Verts ; p.145bg : UDF ; p.145bm : RPR ; p.145bd : Parti Communiste Français ; p.148 : Daniel Kox, extrait de "Poulet aux amandes", Dupuis ; p.151 : Mordillo, extrait de " Les meilleurs dessins d'Opus", Glénat ; p.152 : Plantu ; p.163 : Pessin ; p.166 : Sygma, Pavlovsky ; p.167: Plantu ; p.168 : Sygma, Bisson ; p.169: Wolinski, extrait de " Plus on en parle moins on le fait", Flammarion; p.170 : Rosy.

Édition : Corinne BOOTH-ODOT
Conception graphique : CLAUDINE PIZON
Recherche iconographique : ATELIER D'IMAGES
Fabrication : PIERRE DAVID
N° Éditeur : 100241 - V - (33) - OSB - 80 - Septembre 1994
Imprimé en France par Pollina, 85400 Luçon - n° 66109